高等院校文化产业基础教材

WENHUA CHANYE

丛书主编 王育济 韩 英

文化创意与策划

张鲁君 编著

海峡出版发行集团 THE STRAITS PUBLISHING & DISTRIBUTING GROUP | 福建人民出版社 FUJIAN PEOPLE'S PUBLISHING HOUSE

图书在版编目（CIP）数据

文化创意与策划/张鲁君编著．--福州：福建人民出版社，2014.2（2022.3 重印）

高等院校文化产业基础教材/王育济，韩英主编

ISBN 978-7-211-06884-5

Ⅰ.①文…　Ⅱ.①张…　Ⅲ.①文化活动－策划－高等学校－教材　Ⅳ.①G114

中国版本图书馆 CIP 数据核字（2014）第 003315 号

文化创意与策划

WENHUA CHUANGYI YU CEHUA

作　　者：张鲁君
责任编辑：江叔维
出版发行：福建人民出版社　　**电　　话**：0591-87533169(发行部)
网　　址：http://www.fjpph.com　　**电子邮箱**：fjpph7211@126.com
地　　址：福州市东水路 76 号　　**邮政编码**：350001
经　　销：福建新华发行（集团）有限责任公司
印　　刷：福州万达印刷有限公司
地　　址：福州市闽侯荆溪镇溪头工业区徐家村 166－1 号
开　　本：787 毫米×1092 毫米　1/16
印　　张：12.25
字　　数：192 千字
印　　数：9001－12000
版　　次：2014 年 2 月第 1 版　　2022 年 3 月第 4 次印刷
书　　号：ISBN 978-7-211-06884-5
定　　价：26.00 元

本书如有印装质量问题，影响阅读，请直接向承印厂调换。

序

2004年1月，教育部新设“文化产业管理”本科专业，山东大学历史文化学院成为全国首批承担这一专业的四所院系之一，并于当年实现了本科招生。次年春，山东大学文化产业管理学系成立。

任何一门学科的基础与范式，都只能建立在对研究史的总结之上，这是学科建设的第一块基石。山东大学已故史学名师郑鹤声先生有言：历史系每成立一个教研组，其首要工作必是整理学界相关著述之索引。基于这种办学传统，山东大学文化产业管理学系成立伊始，即会同历史系、档案系、考古系等，着手基础资料库的建设，并渐次启动《中国文化产业学术年鉴1979—2008年卷》的编纂工作。《中国文化产业学术年鉴》按学术编年史的框架，通过“年度学术论著选编”“评价集成与结论”“研究总目索引”等形式，对改革开放30年来中国文化产业研究的学术历程进行了系统的梳理。《中国文化产业学术年鉴》的编纂工作历时7年，出版后获得学术界、文化界的广泛好评，被认为是“涵盖了近30年相关领域中最完整的学术信息和最丰富的理论内容，既包括文化产业的概念、定义、逻辑内涵、行业边际、学科特点等学理方面的研究，又包括中国文化产业的历史、现状、行业模式、区域布局、新兴业态、业内典范等方面的宏观理论、政策和案例研究……近700万字的各类索引，更是为文化产业的学术理论研究和文化产业发展提供了海量资讯”（《光明日报》2010年3月31日）；产业界、政府管理层，甚至央视《新闻联播》等，也对这套历时7年而成的学术年鉴给予了特别关注。

与《中国文化产业学术年鉴》相类似，现由福建人民出版社出版的这套“高等院校文化产业基础教材”，也是山东大学文化产业管理学系成立伊始即已启动，历时多年才完成的一套大学本科基础教材。该教材所对应的都是山东大学文化产业管理专业的核心课程，从最初的备课教案、自编讲义开始，经历过2004年至2012年间的若干轮授课实践和若干轮修改。

同时，这也是目前国内唯一一套由同一所院系的一线授课教师完成的本科基础教材。因而，除了相对严谨、扎实之外，这套教材也非常适合大学本科教学。

作为一套完全由山东大学一线授课教师所完成的教材，自然还会表现出某些“山大特色”，即山东大学师生有关文化产业的某些共识性的理念。

第一，关于“文化产业”自身的发展历程，我们的共识有两点：

1. 认为“文化产品”的历史可以追溯久远，但“产业”意义上的“文化产业”则是现代“工业革命”后形成的一种产业体系。工业革命提供了强大的能源动力，如留声机、照相机、印刷机、播放器、摄影机等可以把一件文化产品按产业的需求海量复制，火车、轮船、飞机又足以把海量文化产品的营销链条无限延展。正是伴随着工业文明体系的建立，才产生了真正产业意义上的现代文化产业。

2. 认为“农业文明”关联的只是“文化产品”，“工业文明”关联的是“现代文化产业”，而数字技术关联的则是“当代文化产业”。数字技术对文化产业的最大影响，就是使文化产品彻底突破了时间与空间的限制，从而创造出巨大的利润，“文化产业”也因此而成为“朝阳产业”“黄金产业”，或“最后一块暴利蛋糕”。但是，这也同时提醒我们，不能笼统地把“文化产业”认定为“朝阳产业”，只有数字技术所催生的“当代文化产业”才是“朝阳产业”。从这一意义上说，以“三屏产品”（电视屏、网络屏、手机屏）为代表的数字文化产业，应该成为当代文化产业发展的主要方向。

第二，关于文化产业的公众认知和理论导向，我们的共识有四点：

1. 认为“文化、创意、财富”是文化产业三个最为本质的表达元素，也是“文化产业”最通俗、最平实的诠释。

2. 认为“文化”经过“创意”而产生“财富”，这之间并不存在“阿里巴巴”式的神话，存在的永远是《资本论》中所描述的从商品到货币的“惊险一跃”。而且，与工业、农业相比，文化产业的市场需求是“弹性”而非“刚性”的，这也就意味着这一产业更大的风险性。因而在宣传文化产业是“黄金产业”“最后一块暴利蛋糕”的同时，更应突出“文化产业的高风险性”这一往往被忽视的观点。

3. 认为文化产业的发展对“文化”始终是一把双刃剑，既有普及、提升文化的功能，又始终包含着强烈的“反文化性”。

4. 高度认同“历史文化资源的丰富是中国文化产业的最大特点和最大

的优势所在”。2002年的中国共产党第十六次全国代表大会，首次在大会报告中提出发展文化产业的战略部署。2003年1月，时任中共中央政治局委员、中国社科院院长的李铁映撰文指出：“中华民族有着五千年悠久的历史和灿烂的文化，其文化累积之丰厚、文化形态之多样和文化哲学之深刻，是世界上其他国家少有的。这是一笔怎么估价也不过分的宝贵的文化资源，是我们得天独厚的优势。对于中国新兴的文化产业来说，启动并整合、包装这些文化资源，就有可能形成具有中国特色的文化产业，并在全球市场的激烈竞争中占有可观的优势。”这些关于中国文化产业优势与特征的科学认识，至今仍然有着强烈的导向意义，当下中国文化产业最现实、最积极的发展策略就是将“历史文化资源大国”变为“文化产业强国”。其中，历史文化资源与数字技术的结合，可能是最值得关注的方向。

第三，关于近30年中国文化产业理论研究的“学理架构”和当下的学科建设，我们的共识有三点：

1. 认为“文化产业”这一概念在近30年的中国出现，并不是对法兰克福学派“文化工业”概念的简单转译，它的生成，可以直接追溯到改革开放之初对知识分子地位的认定：由于当时知识分子已从“臭老九”跃升为工人阶级的一部分，于是各个“知识部门”，如教育、文化部门等，也就与“农业”“工业”一样，成为“一种生产部门，一种产业部门”。正是在这种理论思维的推动下，“第三产业”的概念在1980年前后即为中国学术界所关注。“第三产业”作为一个包含着“知识生产”在内的术语，又直接导致了“文化产业”这一概念的生成。因而早在1981年就出现了“文化的产业化”的说法，出现了“第四产业”与“精神经济学”之间的讨论，至1987年就出现了“文化产业”的概念。尽管当时尚无学者对这一概念进行定义，但是这一概念所具有的“望文生义”的优势十分明显，与中国传统思维的路数亦十分吻合——无需定义和解说，即可粗知内涵。正因如此，“文化产业”这一概念才能超越“第四产业”“精神经济学”，以及后来的“文化工业”“创意产业”“内容产业”“版权产业”等外来概念，被中国学术界和社会普遍接受。“文化产业”这一概念在中国首度出现的时间是1987年，远早于20世纪90年代末才为学界所引介的“文化工业”，因而“文化产业概念的内生性”，是近30年来中国文化产业理论最重要的“学理性起点”。

2. 认为作为国家战略层面上的文化产业发展起始于近十年，但关于文化产业的学术研究则贯彻于近30年。其中重要的节点是：1979年以来经济学界关于“精神产品”和“知识价值”的讨论；20世纪80年代学术界关于“第三产业”“第四产业”“精神经济学”“文化市场”“文化个体户与经纪人”“文化搭台与经济唱戏”“大众消费文化与精英文化”的讨论；20世纪80年代中期“文化产业”概念的首度出现，以及20世纪90年代有关“文化产业”“创意产业”“版权产业”“文化经济学”“文化管理学”的诸多讨论；2000年以来关于“文化事业与文化产业”的讨论，以及党的十六大以后国家战略层面上的文化产业研究；等等。对这些节点进行整合性梳理，可以为当下中国文化产业学科奠定坚实的基石，也是创立有中国气派、中国风格的文化产业理论体系的必由之路。

3. 认为文化产业管理专业作为教育部新设的一个十分年轻的应用型专业，就其人才培养目标而言，可以简单表述为：既要有纵贯古今的文化视野，也要有策划经营的文化理念，以及现代产业意识和经营思路的复合型人才。但就课程的设置和教学的重心而言，文化产业管理专业显然应该与具体的工艺美术设计、图书编辑出版、游戏创意、景区规划，以及演艺产业、广告产业、体育产业、旅游产业等有所区别。所以，在文化产业的教学、科研和学科建设中，应该突出“通识意识”“学问意识”和“经典意识”，要从学术史的梳理中奠定这一应用学科的学理基础；要引导学生关注工业革命以来有关“文化工业”“文化产业”的经典文献，关注近30年来中国学术界在文化与文化产业问题上的深度思考，从而保持大学教育应有的内在思想的活力、反省能力、质疑能力和价值动力。换言之，“文化产业”这一学科所面对的问题可能非常现实、非常政治和非常经济，但大学教育和学科建设仍应该与“现实”“政治”“经济”拉开距离，要努力建立并坚持大学自身的学术话语，并依据大学应有的治学逻辑设计学科建设的路径。

以上理念和观点主要体现在《山东大学关于增设“文化产业管理”本科专业的建议报告》（2003年）、《山东大学关于建立山东省文化产业研究基地的论证报告》（2003年）、《培养文化产业管理专业的合格人才》（2004年）、《文化产业：学术阐释的原则与目的》（2006年）、《加强文化产业的基础理论研究》（2006年）、《文化·创意·财富：三论“文博会”主题词》（2006年）、《论文化、创意、财富三者之间的关系》（2006年）、《关于文化创意产业的几点认识》（2006年）、《也谈文化与文化产业的关系》（2006年）、《1987：中国文化产业的重要节点》（2009年）、《中国文化产业学术年鉴2003—2008年卷出版说明》（2009年）、《中国文化产业学术年鉴

1979—2002 年卷特别说明》（2009 年）、《文化产业学科建设要有四大意识》（北京大学第七届文化产业新年论坛主题发言）（2010 年）、《济南历史文化资源与文化产业》（济南市政策研究室委托课题结项报告；文化部基层文化干部培训班讲义）（2012 年）、《数字技术与当代文化产业》（济南市第三届青年科学家论坛主题发言）（2012 年）等相关文献和著述中。山东大学的各位同仁在教学和研究中对这些方面的问题思考和讨论也较多，所形成的共识也都以这样或那样的方式渗透、沉淀在这套教材的相关章节之中。这也使得这套教材有了一些区别于其他著述的显著特色。

这套“高等院校文化产业基础教材”的出版，得益于福建人民出版社的全力支持和赖炳伟先生的促成，从选题调研、审定编写提纲、编稿到今天的付梓，时间已过去了一年多，这期间，赖炳伟先生以及责任编辑们的工作热忱和辛劳，感动了我们每一位作者。可以说，没有他们的努力，这套教材可能还会以内部讲稿的形式存在若干年。

《中国文化产业学术年鉴 1979—2008 年卷》的编纂和这套教材的出版，大致夯实了山东大学文化产业学科建设的基础，但能否在这一基础上更筑层楼，显然还有待更多的努力。

是为序。

王育济

2012 年 8 月 23 日

目　录

第一章　文化创意与策划概论

21世纪是创意经济的时代，在这样的时代，创意是一个国家经济增长的主要动力，正如米切尔·J·沃尔夫所说："文化、娱乐——而不是汽车制造、钢铁、金融服务业——正在迅速成为新的全球经济增长的驱动轮。"① 著名经济学家约瑟夫·熊彼特也曾指出，现代经济发展的根本动力不是资本和劳动力，而是创新。"创意产业之父"约翰·霍金斯则向全世界宣布，资本时代已经过去，创意时代已经到来。

随着文化产业尤其是文化创意产业的迅速发展，文化创意与策划被提到了一个新的高度。目前，世界各国都高度重视文化创意产业的发展，把它作为国民经济的重点和支柱产业，文化创意产业已成为一国国际竞争优势的重要标志之一。发展文化创意产业离不开创意与策划，只有将文化创意和文化策划完美结合，才能带动文化创意产业的崛起。

文化创意与策划的研究范围主要包括文化创意与策划的含义、文化创意与策划的关系、文化创意与策划的历史、文化创意与策划的原则与规律、文化创意与策划的任务与功能、文化创意与策划的理论与实践等。

第一节　文化、创意、策划的概念

一、文化的起源和定义

文化（culture）是一个复杂的概念，其内涵和外延都非常丰富。要想深刻理解文化的概念，首先必须对文化的起源进行梳理分析。

---

① ［美］米切尔·J·沃尔夫著，黄光伟、邓盛华译：《娱乐经济》，14页，北京，光明日报出版社，2001。

古文字中“文”是指纹理。《易·系辞下》记载：“物相杂，故曰文。”《说文解字》：“文，错画也，象交文。”《礼记·乐记》曰：“五色成文而不乱。”“化”是指转化、生发。如《易·系辞下》：“男女构精，万物化生。”《易·贲卦》之《彖传》中有“观乎天文，以察时变；观乎人文，以化成天下”，这里“化”指用礼仪、风俗、典籍教化天下苍生。《礼记·中庸》：“可以赞天地之化育。”这些“化”已有当今“文化”之意。

西汉以后，“文”与“化”合成一个词，即“文化”。例如《说苑·指武》：“凡武之兴，为不服也。文化不改，然后加诛。”《文选·补之诗》：“文化内辑，武功外悠。”南齐王融《曲水诗序》：“设神理以景俗，敷文化以柔远。”《旧唐书·音乐志》：“经纬两仪文化洽，削平万域武功成。”“既荐羽旌文化启，还呈干鍼武威扬。”《旧唐书·李纾传》：“帝德广运，乃武乃文，文化武功，皇王之二柄，祀礼教敬，国章孔明。”这些“文化”都是文治教化之意。《清史稿》中“文化”一词出现频率明显增加。如《清史稿·曾国藩传》：“礼聘名儒为书院山长，其幕府亦极一时之选，江南文化遂比隆盛时。”《清史稿·饶应祺传》：“又规复丰登书院，创修府志，文化蔚兴，士民为立生祠。”《清史稿·文苑传三·林纾传附严复传》：“穷无所之，日人聘讲东方文化，留东数年，归。”其中的“文化”一词，与今天的文化含义相同。

梁漱溟先生对中国文化的起源与形成有独到见解。他认为，所谓文化不过是一个民族生活的种种方面，总括起来不过三个方面：一是精神生活方面，如宗教、哲学、科学、艺术等。宗教、文艺是偏于情感的，哲学、科学是偏于理智的。二是社会生活方面，即我们周围的人、家族、朋友、社会、国家、世界——的生活方法，如社会组织、伦理习惯、政治制度及经济关系。三是物质生活方面，如饮食、起居等种种享用，以及人类在自然界中求生存的各种方式。①

杨宪邦对“文化”的定义是：“文化是一个社会历史范畴，是指人类创造社会历史的发展水平、程度和质量的状态。文化的主体是社会的人，客体是整个客观世界。所谓文化不是受人的影响而自然形成的自然物，而是人在社会实践过程中认识、掌握和改造客观世界的一切物质活动和精神活动及其创造和保存的一切物质精神财富和社会制度的发展水平、程度和

① 梁漱溟：《东西文化及其哲学》，19页，北京，商务印书馆，1999。

质量的总和整体，它是一个有机的系统。”①

陈华文在《文化学概论》中认为：“所谓文化，就是人类在存在过程中为了维护人类有序生存和持续的发展所创造出来的，关于人与自然、人与社会、人与人之间各种关系的有形无形的成果。”②

《辞海》对文化的释义是：从广义的角度来说，文化指人类社会历史实践过程中所创造的物质财富和精神财富的总和；而狭义的作为意识形态的文化是一定社会政治和经济的反映，同时又反作用于社会政治和经济。

在西方，“culture”一词来源于拉丁文 cultura，最初是指农耕以及对植物的栽培。15 世纪后，对人的品德和能力的培养也被称为文化。随着社会发展和文明进步，西方人对文化的研究越来越深入，其定义也不断发展，比较有代表性的观点主要有下面几种：

英国人类学家爱德华·泰勒在《原始文化》中认为：“文化或者文明就是作为社会成员的人所获得的，包括知识、信念、艺术、道德法则、法律、风俗以及其他能力和习惯的复杂整体。就对其可以作一般原理的研究的意义上说，在不同社会中的文化条件是一个适于对人类思想和活动法则进行研究的主题。”③

英国人类学家马林诺夫斯基认为文化是指传统的器物、货品、技术、思想、习惯、价值及社会组织等，这一概念包容及调节着一切社会科学。

马克思和恩格斯在《德意志意识形态》中提出文化起源于人类物质生产活动的思想。恩格斯在《劳动在从猿到人转变过程中的作用》中指出文化是人类特有的现象和符号系统，文化借助于意识和语言而存在，文化起源于人类劳动。④

英国人类学家 R·弗思认为文化就是社会。英国人类学家 A·R·拉德克利夫-布朗认为，文化是一定的社会群体或社会阶级在与他人的接触交往中习得的思想、感觉和活动的方式。

法国人类学家列维-斯特劳斯提出：“文化是一组行为模式，在一定时期流行于一群人之中，……并易于与其他人群之行为模式相区别，且显示

① 程京生：《文化研究与哲学研究——杨宪邦先生答问录》，《东南文化》，1990（Z1）。

② 白庆祥、李宇红：《文化创意学》，2—3 页，北京，中国经济出版社，2010。

③ 转引自［美］马文·哈里斯著，顾建光、高云霞译：《文化、人、自然——普通人类学导引》，136 页，杭州，浙江人民出版社，1992。

④ 白庆祥、李宇红：《文化创意学》，2—3 页，北京，中国经济出版社，2010。

出清楚的不连续性。”①

以上定义为我们提供了对文化概念不同角度的思考。综合以上各种观点，我们给文化一个尽可能宽泛的定义：文化是人类在社会变迁和自身发展过程中长期积累形成的具有民族特色的、能够促进社会整合与前进的一种社会现象。

二、创意的定义

21世纪，“创意”成为一个时尚的词汇，也成为新的财富之源。下面我们来看一下国内外专家对“创意”的阐释。

“创意”顾名思义就是“创造意识”，它是人类认识活动中一种神奇的精神现象。“创意”的英文是“Creativity”，中文也翻译成“创造”。在古希腊，“创造”关乎人的精神与思维，是人类独有的能力。柏拉图曾说：“创作的意义是极广泛的。无论什么东西从无到有中间所经过的手续都是创作。所以，一切技艺的创造都是创作，一切手艺人都是创作家。”②

创意经济研究权威约翰·霍金斯对“创意”的阐释是：“创意可以被简单地定义为‘有新点子’。有四个标准来衡量一个新创意：它必须是个人的、独创的、有意义和有用的。”他指出“信息社会”已经不再能够满足当今社会的需要了：“如果我仅仅是一种数据，我也许会为生活在信息社会而感到自豪。但是作为有思想、有情感、有创造力的人——至少在状态不错的时候——我们需要更好的东西。我们需要信息，但是我们更需要活跃的思想、智慧和对这个信息的不断的挑战。我们需要创新、质疑和好辩精神，我们常常执著并偶尔也会碰壁——一句话，创意。”③ 因此约翰·霍金斯认为创意“现在成为竞争优势的决定性来源”，成为社会和经济变革的驱动器。

美国广告大师詹姆斯·韦伯·杨在20世纪60年代提出“旧元素，新组合”这个理念，指出创意不是发明创造，创造是无中生有，而创意是将一些司空见惯的元素以常人意想不到的方式展现给消费者，从而令消费者与品牌之间建立某种关系；一条创意其实就是常规要素的一个新的组合。

---

① Claude Lévi-Strauss. *Structural Anthropology*, New York: Basic Books, 1963.

② ［古希腊］柏拉图著，朱光潜译：《柏拉图文艺对话集》，263页，北京，人民文学出版社，1963。

③ ［澳］约翰·哈特利著，曹书乐等译：《创意产业读本》序言，北京，清华大学出版社，2007。

他认为创意的生产过程和福特轿车的生产过程颇为相像：创意的生产也是在一条流水线上进行的；在这一生产过程中，思维适用一套可以被学习与掌握的操作技巧，它的有效应用与其他任何工具的有效应用一样，只不过是件技巧训练的事情。创意必须符合具体条件或者实际要求，才可发挥作用；为了让大多数创意能够符合具体条件或者实际要求，需要十分耐心地琢磨它，否则许多很好的创意就会夭折。

爱因斯坦谈到他自己的思维过程时写道："写下来的词句或说出来的语言在我的思维机制里似乎不起任何作用。那些似乎可用来作为思维元素的心理实体，是一些能够'随意地'使之再现并且结合起来的符号和多少有点清晰的印象。……在创造性思维同语词或其他可以与别人交往的符号的逻辑构造之间有任何联系之前，这种结合的活动似乎就是创造性思维的基本特征。"①

中国学者陈放在《创意学》中指出："创意起源于人类的创造力、技能和才华，创意来源于社会又指导着社会发展。人类是在创意、创新中诞生的，也要在创意、创新中发展。"②

《现代汉语词典》对"创意"赋予了两层含义：一是有创造性的想法、构思等，二是提出创造性想法、构思等。

概而言之，创意是人的一种创造性的、突破传统的神奇的思维活动，它将带来巨大经济价值，它源于社会生活又促进社会发展。

三、策划的定义

我国古代就有"策划"思想。"策"在古代指编好的记录文字的竹简，后来成为一种考试形式，称为"策问""对策"。现代"策"的含义延伸为计划、计谋、策略。"划"主要是指设计。"划"同"画"，是出谋划策的意思。《礼记·中庸》"凡事豫则立，不豫则废。言前定则不跲，事前定则不困；行前定则不疚，道前定则不穷"说的就是策划的重要作用。《孙子·虚实》"故策之而知得失之计"里的"策"就是谋划、策划。

现代意义上的"策划"指策略规划、预先计划安排。国内外学术界对"策划"概念不乏研究。国外如美国学者威廉·H·纽曼认为策划就是在事前决定做什么事情。马修·E·迪莫克认为策划使将来的问题与预期的

① 许良英、范岱年编译：《爱因斯坦文集》第一卷，416页，北京，商务印书馆，1976。

② 陈放、武力：《创意学》，1页，北京，金城出版社，2007。

结果联系起来，是为有效地掌握将来的问题而展望未来、寻找合理对策。韩国权宁赞认为策划是为达到目标而寻找最适当的手段、对未来采取的行动做决定的准备过程。哈罗德·D·史密斯认为策划与管理属于一体，合则两实，分则两虚。哈罗德·库恩兹和塞瑞尔·O·多恩德认为策划是管理者从各种方案中选择目标、政策、程序及事业计划的过程。赫伯特·A·史密斯认为策划是对将来的一种构想，是对此种构想方案予以评价并达成最终方案的各种有关活动。约翰·D·米勒特从行政管理的角度指出，策划是提示行政运营方向的手段，重点是为明确的活动和行政路线设计具体的提案。《哈佛管理通书》认为：策划是一种程序，在本质上是一种运用脑力的理性行为。①

国内学者王浣尘认为策划就是筹划、计划、打算，也指计谋、计策、谋略、韬略。杨仕辉在《企业整体策划理论与实施》中认为，策划是一种运用脑力的理性行为程序，是当前针对未来发生的事情所做的决策，换句话说就是要找出事物的因果关系，衡量可取途径，作为当前决策的依据。赵承宗等编著的《策划学》认为，策划是人们对自己所要进行的活动，事先在观念中做出打算，也就是预先做出计划、安排，对要达到什么目的、依靠什么来进行、具体步骤怎样安排等一系列问题，进行具体的设计、计划、筹划。舒咏平在《实用策划学》中提出，策划就是为实现特定目标，提出新颖的思路对策，并制定出具体的实施方案的思维活动。李通平、陈黎在《企业形象策划》中认为，策划是人类运用脑力的理性活动，是一种思维活动、智力活动，是人们认识、分析、判断、推理、预测、构思、想象、设计、运筹、规划的过程。胡屹在《策划学全书》中认为，策划是根据现实的各种情况与信息，判断事物变化的趋势，围绕某一活动的特定目标，全面构思、设计、选择合理可行的行动方式，从而形成正确的决策。周培玉在《商务策划原理》中认为，策划是一种创造性思维活动，它一方面是针对未来的构想、谋划，包括制订计划、决策和实施方案，另一方面是运用各种工具及手段改变现状的实施过程。梁朝晖在《TOP 策划学经典教程》中认为，策划的科学内涵是指人类在社会活动中，为达到一定的目标，借助于一定的科学方法和艺术手段，遵循一定的程序，对未来某些工作或事件事先进行系统、全面的构想、谋划，制定和选择合理可行的执

① 以上观点详见美国学者苏珊的《现代策划学》，转引自吴廷玉《文化创意策划学》，44—45 页，大连，大连理工大学出版社，2010。

行方案，并根据目标要求和环境变化对方案进行修改、调整的一种创造性社会活动过程。雷鸣雏主编的《中国策划学教程》认为，策划是通过概念和理念创新，利用、整合各种资源，实现预期利益目标的过程。①

陈放在《策划学》中认为策划是指如何在全面谋略上指导操作者去圆满地实现对策、计策或计谋，从而达到成事的目的。陈放在《文化策划学》中这样阐述策划：策划是以人类的实践活动为条件，以人类的智能创造为动力，随着人类的实践活动与智能水平的发展而发展起来的，策划的水平直接体现了社会的发展水平。生产力的进步推动社会的发展，社会的发展同时必然要求策划也随之发展，而策划的发展又依托于人类智力水平的提高；社会越发达，人类的智能创造越丰富，策划的水平也就越高。②

吴粲在《策划学精要》一书中认为："策划是对市场信息进行管理、运行、技巧处理或操作的过程以及对市场进行计划、酝酿、决策并运用谋略的过程。"③ 他还认为策划是一个系统的整合过程，策划学作为一门学科有自己独立完整的理论体系，不是能让企业很快发展的"点子"，不是能让企业立竿见影的谋略，也不是自作聪明的小手段，更不是能让企业起死回生的灵丹妙药，而是对新闻、广告、营销、公关、谋略等手段的综合实施运行。策划应该立足现实、着眼长远，而不应该为了眼前利益只追求所谓的轰动效果，那样结果只能是昙花一现或者得不偿失。④ 因此，策划是指运用人的智能对未来所做的事情进行预测、分析、设计、规划，保证有效地完成任务的一个过程。策划的重点是从市场的角度对产品进行设计，通过周密有效的宣传，对事件的发生、发展进行操纵，并提出项目运作的一整套解决方案。策划是关于整体性和未来的策略规划，它是为实现某一目标而制定的一套程序或是一张蓝图。

综上所述，策划是根据现有资源信息，判断事物变化的趋势，确定可能实现的目标和预期结果，再由此来设计、选择能产生最佳效果的资源配置与细致周密的行动方式，进而形成决策计划的复杂思维过程。一个成功的策划，必须有准确的预测、有效的实施方案、周密详细的运作计划和脚踏实地的执行能力。

---

① 吴廷玉：《文化创意策划学》，46页，大连，大连理工大学出版社，2010。
② 陈放、谢宏：《文化策划学》，16页，北京，时事出版社，2000。
③ 吴粲、李琳：《策划学精要》，2页，北京，中国人民大学出版社，2009。
④ 吴粲、李琳：《策划学精要》，69页，北京，中国人民大学出版社，2009。

第二节　文化创意与文化策划

认识了“文化”“创意”和“策划”的概念，我们再来了解一下“文化创意”和“文化策划”这两个概念。

一、文化创意

文化创意，顾名思义就是与文化有关的创意。其核心是创意，也就是“创造力”；内容是文化，即文化领域；文化创意就是在文化领域发挥人的创造力。具体来讲，文化创意就是以文化为基本元素和核心内涵，整合文化资源，运用多学科、多种载体创新再造文化理念和文化产品。文化创意是人类创造性劳动的结果。任何一种文化创意活动，都要在一定的文化背景下进行，但创意不是对传统文化的简单复制，而是依靠人的灵感和想象力推陈出新。文化是时代的思想和社会发展的灵魂，而文化创意是文化超常规、超传统的创新和发展。

文化创意的实现不仅需要个人的思想创造、技术技巧、智慧才华，还是观念、市场、资本、机制、组织、生产、产品、品牌、推广、博弈等内容综合作用的结果，其最终目标在于在更高程度上满足人类的精神追求和物质体验。

美国“艺术、文化与国家对策”项目研究报告认为，文化是智慧和创造精神积聚而成的一种资本，是人类创造力和创新精神的源泉。作为资本的文化可以产业化，文化创意也可以产业化，文化创意的产业化形成了文化创意产业。文化创意产业由英国首倡。创意产业的概念最早出现在1998年出台的《英国创意产业路径文件》中，该文件明确指出，所谓创意产业，就是指那些从个人的创造力、技能和天分中获取发展动力的企业，以及那些通过对知识产权的开发而创造潜在财富和就业机会的活动。其后许多国家和地区也纷纷提出相关概念。文化创意产业是一种在经济全球化背景下产生的以创造力为核心的新兴产业，是文化主体或文化因素依靠个人或团队经过技术、创意和产业化的方式开发、营销知识产权的行业。我国《国家“十一五”时期文化发展规划纲要》明确提出了国家发展文化创意产业的主要任务，全国各大城市也都推出相关政策支持和推动文化创意产业的发展。

二、文化策划

文化产业意义下的文化创意势必要实现经济价值最大化，其创造的价值越多，意义也就越大。所以文化创意离不开策划，只有独特的创意加上成功的策划才能实现文化创意的经济价值最大化，产生最大的经济效益和社会效益。而且任何一个文化项目的运营都需要一套完整的策划方案以规定路线、范围，控制风险，这就需要进行文化策划。

陈放认为文化策划是指策划人通过对文化环境的市场调查和系统分析，利用已经掌握的有关文化资料及手段，科学、合理、有效地推动文化活动的进程，并提前判断文化活动开展是否顺利、预测其效果，具有一定功利性质的活动。[①]

李锡东在《文化产业策划实务》中认为文化策划者要先对文化环境做市场调查，然后进行系统分析，利用已掌握的有关文化数据和方法，合理化、系统化、科学化实施文化活动，并且要预测文化活动开展后的效果，通过这些活动，为现代商业社会的经济发展创造商机和价值。

我们认为，所谓文化策划，就是策划者在对策划对象进行充分调查研究分析的基础上，通过新颖的创意、先进的技术、专业的视角，运用相关的文化背景资料科学、合理、有效地推动文化活动的进程。

文化策划在操作过程中有明显的目的性和功利性，获得经济效益和社会效益的双赢是其最终目标。它主要由四要素组成，即策划者、策划商品、策划目标、策划方案。

文化策划涵盖的领域非常广泛，主要有报刊策划、图书策划、电视频道与栏目策划、演出策划、文化品牌策划、大型活动策划、家居装修策划、国学项目策划、企业文化策划、旅游策划等等，现在已发展成为一门新兴的实践性很强的学科。

三、文化创意和文化策划的关系

文化创意和文化策划在文化产业的发展过程中息息相关，密不可分。唐代李翱在《答朱载言书》中说："六经之词也，创意造言，皆不相师。"李翱所谓"创意"与我们现在所说的创意在精神上是一致的，而"造言"则属于我们所说的策划。创意强调思维、构思的创新与突破，是充分发挥

① 陈放、谢宏：《文化策划学》，16页，北京，时事出版社，2000。

认识的能动作用、突破固定的逻辑通道、不断以新的方式和多角度的思维转化来寻求新成果的思维活动；策划则更强调实施程序的科学与严谨。精彩的创意不一定能得到成功的策划，但成功的策划背后必然有绝妙的创意。

在文化产业中，文化创意是内容和核心，文化策划是方法和手段，两者的有机结合能更好地实现文化创意的经济价值和社会价值。如果一个文化产品没有新颖的创意，再好的计划谋略也难以赢得市场；同样，如果文化产品没有专业的策划方案设计和制作，再独特的创意也难以发挥作用。所以，文化创意是文化策划的前提，文化策划是文化创意的保障；文化创意是文化策划的灵魂，文化策划则是提出创意→明确创意→制作创意方案→实施创意方案的过程。一方面，创意的高度决定了策划活动的广度和深度，一个有高度的创意通常能衍生出许多子创意，使文化策划沿着主线可持续地进行下去；另一方面，在文化策划的过程中，不断增强认识和整合资源的本领，也会激发出文化创意的火花。只有将创意思维方法与科学的策划手段相结合，才能创造出富有文化内涵的系列文化产业群，打造出更多富有特色的文化产品和文化服务，最终形成文化产业链模式和规模化效应，实现经济利益和社会利益的双丰收。

文化创意和文化策划居于文化产业中的核心地位。国内外文化产业发展的实践表明，文化创意和文化策划已经成为文化产业发展的先导，成为保持文化产业发展活力的保证。文化创意不仅体现在文化产品设计方面的灵感和创造力，更重要的是民族文化资源开发利用方面的巧思新意，以文化创意来激发全民族的文化创造力。而文化策划是文化产业市场化运作中极为重要的前期工作，策划的好坏直接关系到文化企业能否把握市场机会、规避投资风险、取得理想的经济效益和文化传播效果。因此，文化的创意与策划要贯穿于文化产业发展的全过程，包括文化项目的开发、文化活动的构想、文化产品的设计，也包括文化内容、文化服务、文化产业经营方式的创新等。在今天的文化产业领域，成功的创意和策划异彩纷呈、各具特色，但总体来看又具有一些共同特点；把握这些特点和规律是保障文化产业顺利运作的基础，也是对文化产业从业者的基本素质要求。

总之，文化创意与文化策划是不可分割的，它们之间既有区别又有联系。创意只是一个点子，而策划是一个系列；创意是脑海中的虚的概念，而策划是将创意具体化并付诸实践，是实的。但是，策划建立在好的创意的基础上，没有好的创意就不会有好的策划，每个精彩的策划都是围绕一个经典的创意展开的。所以说，创意是策划的灵魂，策划是创意的实现蓝图。

第三节 文化创意与策划的思维及原则

一、创意思维与策划思维

《现代汉语词典》对“思维”的解释是：“在表象、概念的基础上进行分析、综合、判断、推理等认识活动的过程。思维是人类特有的一种精神活动，是从社会实践中产生的。”

创意思维是指人在强烈的动机意识驱使下，综合运用各种共有和独有的思维方式，对感觉素材和已有知识进行新的思维加工组合，形成独特的新思想、新观点、新方法的思维过程。现代权威心理学家吉尔福特（J. P. Guilford）教授提出创造性思维应该包括四个要素：流畅性、灵活性、独创性和描述性。流畅性是指在一定的时间内表达出观点和设想的数量；灵活性是指多方向、多角度思考问题的灵活程度；独创性是指产生与众不同的新奇思想的能力；描述性是指对自我的观点和思想描述的细致、准确程度。[①]

策划思维是人类先进的思维形式，也是包含多种思维形式的复合思维系统，包含逻辑思维、辩证思维、发散思维、形象思维、直觉思维和横纵思维等。发散思维主要解决思维目标指向即思维的方向性问题；辩证思维和横纵思维为高难度复杂问题的解决提供有效的指导思想与加工策略；形象思维、直觉思维和逻辑思维是人类的三种基本思维形式，也是实现创造性思维的主要过程即主体。

目前学术界普遍认为策划思维的基本过程包括四个阶段：准备阶段，即发现问题、提出问题、分析问题和为解决问题搜集资料；酝酿阶段，即提出解决问题的各种方案；顿悟阶段，即产生新方法、新理论、新模式，形成新的解决问题的思想和方案；检验阶段，即验证、鉴定、评价阶段。

创意思维和策划思维都属于创造性思维，可以借助创造性思维的研究成果和方法来揭示其基本过程。对创造性思维研究最早、影响最大的是沃拉斯，他于1926年提出创造性思维由准备、沉思、启迪、求证四个阶段构成。后来许多学者采纳了这种说法，有的称作“准备、孕育、明朗、验

① 史振洪、刘胜花、万钧主编：《商务策划学》，45页，南京，南京大学出版社，2008。

证”，有的称作“准备、酝酿、领悟、证实与修正”，也有的称作“观察发现问题、运筹决策、顿悟突破、检验完善”。也有一些心理学家提出了不同意见，如1931年，约瑟夫·罗斯门根据对710位发明家的调查提出，创造性思维应分为下列七个步骤：察觉某种要求和困难，分析这种要求；研究所有可用信息；将所有客观性的解决方案条理化、系统化；批判地分析这些方案的优缺点；新思想的诞生——发明；通过试验，找出最佳答案；通过前面某几个步骤或所有步骤使之具体、完善。1953年，另一位心理学家奥斯本也将创造性思维分为七个步骤：指出问题所在（定向）；准备、收集有关资料；分析、分解相关资料；规划；整理所有决策；沉思、静待启迪出现；综合（集合所有结论，评价、评判各种结果）。①

二、文化创意的必备素养和文化策划的原则

（一）文化创意的必备素养

第一，快速接受新事物的能力。文化创意的最基本素养便是能快速接受新观点、新事物、新做法，不能固守旧的观念、无所突破。

第二，敢于冒险的精神。敢于冒险是能产生创意的人的一项极为重要的素养。只有敢于冒险，才能给予创意释放的出口。

第三，富有好奇心。好奇心是创意人产生灵感的思维途径，也是产生创意的动力。

第四，敏锐的觉察力。敏锐的觉察力是创意产生的基石，只有拥有敏锐的觉察力才能保持独特的眼光，找到创意的突破口。

（二）文化策划的原则

1. 求新原则

文化策划活动的关键是求新、求异，也就是要有创意，有创新，要出奇制胜、独辟蹊径，不可拾人牙慧，拘泥于陈规陋习。著名策划专家王志刚把这一原则称为策划的“三性”，即唯一性、排他性、权威性。任何一个项目只有展示出它的独特性，然后强化它的与众不同之处，并赋予它一个权威的说法，才能在市场中处于引导地位。②

2. 求实原则

---

① 周培玉、万钧、刘秉君编著：《策划思维与创意方法》，67—68页，北京，中国经济出版社，2007。

② 史振洪、刘胜花、万钧主编：《商务策划学》，23页，南京，南京大学出版社，2008。

文化策划活动要遵循实事求是的原则，从实际出发，遵循客观规律，不能臆测、凭空捏造。比如新闻节目要在遵循实事求是原则的前提下进行策划，如果偏离事实真相，制造虚假新闻，再好的策划也是徒劳的。

3. 可行性原则

文化策划必须遵循可行性原则。因为策划是思维的产物，任何一项策划即使经过严密的论证，也还是纸上谈兵，如果不能从纸上走向现实并保证其最终实现，那么策划就等于空谈。所以文化策划必须与客观环境条件相契合，以现实条件为依托，为道德、民情所认可，为市场和消费者所接受。

可行性原则的具体要求是：

（1）进行可行性分析，选出最优方案。可行性分析包括利害分析、经济性分析、科学性分析和合法性分析四个方面。

（2）进行可行性试验，以证明策划的可行性。可行性试验一般以局部试点方式进行，目标是检查策划方案的重心是否落实在最关键的现实问题上，方案的整体结构和运作机制是否合理，实施结果是否有效。

（3）具有运行性和有效性。运行性和有效性是可行性原则的根本要求。运行性要求策划应该是可以运行的，具有一般的行为特点；有效性即收益和成功率，是指策划方案在实施过程中，能合理有效地配置企业的资源要素，达到策划的效果。一个具备可行性的策划必然具有运行性和有效性。①

4. 目标性原则

文化策划必须有明确的策划目标、策划意义，做到目的明确、心中有数，才能有的放矢。

5. 灵活性原则

在制定、实施策划方案的过程中，要根据情况的变化及时调整、及时变通，要因时制宜、因地制宜。既要善于掌握规律、利用规律、巧用规律，又要顺应规律，抓住机遇。

坚持灵活性原则，需要正确把握机变的限度，可以从以下三个方面来把握：

（1）根据信息变化的可靠程度，决定是否对策划进行调整和修正。

（2）根据变化的范围和幅度，决定调整和修正的幅度。

① 史振洪、刘胜花、万钧主编：《商务策划学》，24—25页，南京，南京大学出版社，2008。

(3) 根据预期效益，决定调整和修正的力度。[①]

6. 长期性原则

文化策划的长期性原则是指在进行文化策划的过程中要兼顾眼前利益和长期利益、整体利益和局部利益，注重策划的战略性和长效性。所以在策划时要抓住重点，统筹规划，集中优势力量，不被眼前利益所迷惑。

7. 合法性原则

文化策划不仅要遵循社会的伦理道德、价值观念、宗教信仰、风俗习惯等，还要遵守国家法律。不能仅仅为了追求新奇制胜、吸引眼球、轰动效果、经济利益而无视国家法律和政策。

三、文化策划书的写作

策划书又称策划案，或策划文案，是对策划创意与策划行动方案的书面表达。策划创意之后的每一个行动都要根据策划书来开展。策划书的写作是策划人的基本功之一。再好的创意和策划，如果没有生动、准确、严谨的书面表达，也无法真正打动消费者。

（一）一个完整的策划案在结构上必须包括5W3H基本要素：

What（什么）——策划的目的、主题、方式；

Who（谁）——策划的主体、客体、相关人员；

Where（何处）——策划的实施场所；

When（何时）——策划的实施时间；

Why（为什么）——策划的假设、原因、可行性；

How（怎样）——策划的精彩性、独特性、新颖性；

How（如何）——策划的原理、方法和系统流程；

How much（多少）——策划方案实施的预算。

（二）一个优秀的策划案必须做到以下几点：

1. 策划案的观点、论点必须具有创新性；

2. 策划案的论证必须有理有据，具有说服力；

3. 策划案必须有充实的论证过程；

4. 策划案必须有严谨的分工与执行计划。

（三）具体说来，一个完整的策划书的写作应该包含以下几个部分：

---

① 史振洪、刘胜花、万钧主编：《商务策划学》，25页，南京，南京大学出版社，2008。

1. 封面。策划书的封面应该力求做到一目了然、图文并茂，以增强吸引力；应该写明策划书的名称、策划的主体（策划人或策划机构）、日期、编号等。

2. 内容提要。这一部分简要说明策划的目的、价值、必要性和可行性，主要的策划方法和步骤等，文字不要过长，力求简洁、明了。

3. 目录。这一部分是策划书的整体结构，让人了解策划书的全貌和策划人的思路，所以十分重要。

4. 主要内容。这一部分是策划书的核心，是最重要的部分，必须对策划的全部过程做细致而有条理的叙述。

5. 进度表。把策划活动的全部过程做成一个进度表，标明何时做什么，以及工作要求、工作方式、注意事项等，这样既便于操作和管理，又便于检查和反馈。

6. 分配表。这一部分注明何人担任什么职务，负责什么工作，这样分工明确、职责分明，既便于管理又可保证策划案的正常实施。

7. 预算。策划是一项复杂的系统工作，对策划的实施所需要的人力、物力和财力要进行周密的预算，力求做到计划性强、开支项目明晰，以最小的支出获得最多的经济效益。

8. 物品和场地。文化策划书中应注明何时何地以何种方式举行何种活动，需要什么样的物品设施等，以便策划方案能顺利实施。

9. 预测与评估。这一部分对策划实施后的经济效益和可能产生的社会效果进行评估。

（四）策划书的写作技巧

策划书的好坏直接关系到策划书能否被决策者采纳，关系到策划的实施效果，所以策划书的写作技巧非常重要。

首先，调查研究策划的对象以及竞争对手，分析双方的优势和劣势，抓住关键点，找寻突破口，围绕着策划的核心展开写作。

其次，语言应该流畅通俗、言简意赅，不宜过度文饰，以免造成浮夸之感。可适当使用短句，并配以图表或列举说明，以增强条理性和逻辑性。

再次，策划书表现形式的多样化可以增强其冲击力，如策划书的文字内容搭配照片、插图、素描、速写、漫画等可以为策划书增加亮点，还可以利用录音、录像、Flash 等增强策划书的直观性。

第二章　文化创意与策划的理论基础

第一节　国外创意理论

一、熊彼特的创新理论

约瑟夫·阿洛伊斯·熊彼特（Joseph Alois Schumpeter，1883—1950），美籍奥地利人，20世纪著名经济学家。熊彼特生于奥匈帝国一个织布厂主家里，1901—1906年间在维也纳大学学习法律和经济学，获得法学博士学位。在大学期间，熊彼特参加了由奥地利学派代表人物之一庞巴维克主持的讨论班，并利用他的外语优势阅读了大量国外经济学家的著作。他还结识了德国社会民主党人希法亭和奥托·鲍尔等人，并由此接触了马克思理论。奥地利学派和马克思的经济思想，对他的经济思想的发展都具有深远影响。1906年，熊彼特在英国留学和访问期间，曾经求教于著名经济学家马歇尔和艾奇沃斯。他于1925年被聘为德国波恩大学公共财政系教授，1932年移居美国后任哈佛大学教授。

熊彼特提出了很多具有影响力的经济学理论，而创新理论是其众多理论里面最为重要、影响力最大的。随着科技的进步，科学技术在经济发展中所起的作用越来越大，熊彼特的创新理论也越来越受到西方学者的重视，在创新理论基础上产生的“技术创新经济学”和“制度创新经济学”已成为西方经济学的重要学派。

熊彼特著作等身，代表作有《理论经济学的本质和概要》《经济发展理论》《经济理论与方法史上的阶段》《经济周期：资本主义过程之理论的、历史的和统计的分析》《资本主义、社会主义和民主》以及遗著《从马克思到凯恩斯十大经济学家》《经济分析史》等。

（一）何谓创新

《经济发展理论》于1911年出版，在书中熊彼特首次提出了创新理论。熊彼特认为经济发展源于创新，所谓创新就是建立一种新的生产函数，是把一种从来没有过的关于生产要素和生产条件的新组合引入生产体系。在他看来，创新就是生产要素的重新组合，具有五种形式，分别是：

第一，采用一种新的产品也就是消费者还不熟悉的产品，或一种产品的一种新的特性。

第二，采用一种新的生产方法，即尚未在有关制造部门中通过检验的方法。这种新的方法不需要建立在新的科学发现的基础之上，而是存在于一种产品的新的商业处理方式之中。

第三，开辟一个新的市场，也就是有关国家的相关制造部门以前不曾进入的市场，不管这个市场以前是否存在过。

第四，夺取或控制原材料或半制成品的新的供应来源，不管这种来源是已经存在的，还是第一次创造出来的。

第五，实现一种新的产业结构，比如，造成一种垄断地位（例如托拉斯化），或打破一种垄断地位。

（二）创新的主体

熊彼特认为企业发展的本质是创新，而创新的主体动力是企业家，只有企业家才能实现创新。熊彼特认为企业家是资本主义体系的基石，因为资本主义的生命力在于改革创新，而企业家们是主要的倡导者，企业家比企业更能赋予资本主义体系以活力。那些被称作企业家的人通过组合生产要素建立新的生产函数取代旧的生产函数，从而实现了创新，实现了发展。熊彼特确立了“创新以人为本”的思想基础，这一观点至今影响着全世界。

熊彼特所说的企业家，是指那些把实现新的生产方法组合作为自己的职能，并实际履行生产手段新组合的人。他们具有如下特点：第一，企业家富有创造性和远见性。熊彼特认为企业家不同于日常的管理者，日常的管理者只是在静态循环流转中例行公事的人，而企业家不墨守成规，他常常创造性地变更其行为轨道。企业家总是将实现生产要素的第一次组合作为自己的职能，因为只有第一次组合才是一种特殊的行动，而如果是在经营一个企业的进程中去做，那就只是例行的工作。企业家也不同于技术专家，技术专家是从事发明创造的人，而企业家则是将技术上的发明用于经济、生活，并敢于尝试他人没有运用过的新方法的人。第二，企业家善于发现并及时地利用机遇。熊彼特认为企业家具有在不确定性中及时发现和抓住机会的能力，具有促使生产手段进入新的渠道的才能。他们从不感情用事，不采用政治领导的方式，而是通过购买生产手段或服务，然后按照他认为合适的方式去利用它们，同时吸引其他生产者跟随他进入他的生产部门。第三，企业家具有丰富的专业知识，超强的克服困难的意志力。企业家从事生产前，必须对新组合进行价值评定。只有当新产品的价值大于正常循环流程中以同样的生产手段生产出来的产品的价值时，企业家才会进行创新，而这就需要企业家具有丰富的专业知识。同时，熊彼特认为，仅有特殊才能还不能保证企业家成功。由于新组合伴随着高风险，企业家在实施新组合时常常会遇到一系列的困难，诸如新环境的挑战，心理的、个人的和社会的障碍等，这就要求企业家具有超强的克服困难的意志力，以克服创新过程中所遇到的各种障碍，最终实现创新。第四，企业家是理性的。所谓理性，是指企业家是从自身的角度出发来考虑问题的，其进行创新主要是为了满足自身的需求，而不是其他的因素促使他实施新组合。

（三）创新的动力

熊彼特认为，创新的动力主要来自两个方面，一个是对利润的追逐，另一个是企业家精神。熊彼特认为，所谓利润，就是一种超过成本的余额，即一个企业的收入与支出之间的差额。所谓收入，是指企业家从事创新的全部收益。所谓支出，是指企业家在生产中的直接和间接支付，它包括企业家花费的劳动所应得的适当工资、企业家自己拥有的土地租金和风险的额外酬金。熊彼特认为利润是企业家创新的产物，没有创新就没有利润。创新之所以能够产生利润，主要是因为通过创新，企业家能够以更低的成本生产出与其竞争者相同的产品，从而使得创新的企业家能够从成本差中获得利润。熊彼特认为，利润具有如下特征：

第一，暂时性。熊彼特认为，“利润只是一个暂时性的——而不是永久性的——商品之流的问题”。熊彼特指出，在静态经济中，产品价格受生产费用法则的支配，生产者既无利润，也无损失，其收入等于管理者的工资。但在经济发展中，由于企业家实行生产要素的新组合，新产品的价格与原产品的价格之间存在差额，这个差额就是利润。实行创新的企业家在没有其他竞争对手的情况下获得了这个利润，但随着其他企业纷纷模仿，竞争使新产品价格下降，当价格跌到与生产费用相等时，利润等于零。因此，利润是暂时的。

第二，非剥削性。熊彼特认为，利润乃是企业家对生产所做的贡献的价值表现，恰如工资是工人“产出”的价值的表现。利润同工资一样，并非剥削。

第三，垄断性。熊彼特指出，在新产品刚刚出现的时候，企业家没有竞争对手，新产品的价格完全按照垄断价格的原则来确定。因此，在资本主义经济内，利润含有垄断成分。

熊彼特认为随着物质的不断充裕，利润动机对创新的影响力会逐渐减弱，而企业家精神会逐渐成为企业家实现创新的主要推动力。所谓企业家精神主要是指企业家希望通过创新来凸显自己的才能，证明自己的优越性，从而获取别人的承认及社会的尊重。

（四）创新与垄断、信贷、竞争

熊彼特认为，同创新和扩大规模相联系的垄断是创新和经济发展必不可少的条件，是经济进步的推进剂；而同规模和创新无联系的垄断则会损害消费者的利益并阻滞经济进步。熊彼特认为，垄断力量的最佳点处于企业的边际收益等于企业的边际成本那一点上。

熊彼特认为，创新与信贷紧密相连，信贷是实现创新的一个重要要素，没有信贷就没有创新。熊彼特的观点主要基于如下理由：

首先，企业家为了进行生产，实现新组合，必须进入生产资料市场，购买所需要的资源；而企业家自身的资本往往是有限的，因此，他必须通过银行贷款（即提供信用）来购买生产资料。在这里，企业家通过信贷把他所需要的产品从它们原先的用场中抽取出来，按需要重新加以组合利用，从而迫使经济体系进入新的渠道。

其次，对于那些已经正常运转的企业来讲，信贷之所以重要，主要原因在于发展。通过信贷，企业的闲置资金可以被集中起来，并进入到企业家手中，从而满足企业家实现新组合对资金的需求。而如果没有发展，企业的这些资金就可能被闲置起来。因此，企业家需要信贷，而且只有就产业的发展而言，信贷才起着一种根本性的作用。

熊彼特把创新与竞争的关系分为两种，一种是创新中的竞争，一种是创新与完全竞争。他认为创新引起的竞争是一种高层次的竞争，它既促进经济增长，又促使资本主义创造性毁灭过程的形成。熊彼特认为，竞争的最重要的作用是促使企业家实施创新，由此推动经济发展，而在资本主义发展过程中，企业家之间的竞争过程是资本主义创造性的毁灭过程。在熊彼特看来，创新活动之所以产生，是因为具有创新精神的企业家看到，创新能够给他带来额外的盈利机会。当一个企业实现创新并带来额外的利润时，其他企业将会纷纷模仿，这进一步引起那些采用旧方式的企业为保卫自己的生存而进行“适应”，这是一个激烈的竞争过程。这种创新引起的竞争所打击的不是现存企业的利润和产量，而是这些企业的基础，这种竞争危及企业的生命。在创新的竞争过程中，一方面，经济实现了增长，另一方面，那些“适应”能力太差的企业被淘汰了。

熊彼特认为，完全竞争不是竞争的常规，它不利于创新，也不利于经济发展。其结论主要是基于以下观点：第一，在完全竞争的市场状态下，一个企业实现了创新，其他企业就会纷纷模仿，最早实现创新的企业的利润就会消失，从而失去创新的动力；第二，在完全竞争的市场状态下，各企业的内部收益小于垄断企业；第三，完全竞争的行业比垄断行业更容易受到经济不景气的打击；第四，完全竞争不一定能使资源配置最优化，反而会导致浪费。

（五）创新与经济周期

熊彼特还将创新引入经济周期理论，他用三种模式来分析经济周期，这一思想集中体现在 1939 年出版的《经济周期》这本书中。该书是《经济发展理论》的续篇，利用美国、英国和德国在 1787—1938 年间的历史与统计资料详细论述各种经济周期。第一种经济周期是两阶段模式。他将创新引入一个原本均衡的经济社会，创新打破了原有的均衡，并激起脱离原有均衡的移动；接着就立即引发更多创新的出现，使偏离均衡的移动更为强烈，这就构成了繁荣，此时物价与利率都会上涨。不久以后，创新的速率开始放慢，产量、物价与利率就开始下降，一直到达另一均衡为止，这一缩减的过程就是衰退。所以在这一模式中，经济周期只有两个阶段：繁荣与衰退。

在第二种模式中经济周期会经历四阶段。这是因为创新给经济社会带来的原始波动可能会激起一些后续波动。

在第三种模式中他认为经济周期不止一种，而是同时有三种。一种是“基钦周期”，由经济学家基钦（Joseph Kitchin）提出。基钦周期通常要经历 40 个月才会结束，它基本上是一种存货周期。因此熊彼特认为，基钦周期不是由创新引起的，只是经济体内部本能反应而已。第二种是“朱格拉周期”，是另一位经济学家朱格拉（Clement Juglar）首先提出的。这种周期通常要经历 8 到 11 个月，这是一般公认的基本周期。第三种是俄国学者康德拉季耶夫（Nikolai Kondratieff）所提出的长周期，这种周期要经历 55 年才能结束。在熊彼特看来，这种长周期也是由创新引起的。不过，这时的创新不是只有一种，而是有许多创新同时发生，而且规模也比较大。他认为由蒸汽机、纺织机与冶金业以及工厂制度的兴起等一大批创新所引起的产业革命，可以说是康德拉季耶夫周期的第一个繁荣时期。它开始于18世纪最后25年的英国，欧洲大陆与美国在不久后也相继跟进。到了19世纪中叶以后，美国与欧洲开始建筑铁路，这就引起第二个康德拉季耶夫周期。到了20世纪初，电器业、汽车业与化学工业的兴起又开启了第三个康德拉季耶夫周期。①

从以上熊彼特对经济周期的分析可以看出，他认为创新是经济周期的内在原因，创新的出现导致对银行信贷和生产资料的需求扩大，对生产资料的需求扩大促成了新工厂的建立和新设备的增加，同时也增加了对消费品的需求，使经济处于繁荣阶段。当创新扩展到较多企业，获利机会趋于消失之后，企业对银行信贷和生产资料的需求便减少，经济进入衰退阶段。由于"第二次浪潮"的影响，经济进入一个病态的失衡阶段，即萧条阶段；随着"第二次浪潮"的反应逐渐消除，经济出现了一个必要的调整、恢复阶段，即复苏阶段。熊彼特称经济的这种波浪式运动为经济周期。

此外，熊彼特还用自己的周期理论来分析论证创新理论。在其1935年发表的一篇论文《经济化分析》中，熊彼特不仅用创新理论解释了经济发展，而且还用它说明了经济的周期波动。他把创新作为他研究和解释经济危机波动的基石，从而把各种经济周期波动统一起来，并以创新活动加以说明，创立西方经济学中统一研究各种经济危机波动的理论体系，开创了研究经济危机波动的一大流派。他还从"创新论"出发，证明了资本主义制度迟早会被社会主义制度所取代。其实当今风靡全球的"蓝海战略"也能在熊彼特创新经济理论中找到根据，或者说其本身就是熊彼特创新理论的一部分②。

二、霍金斯的创意理论

约翰·霍金斯（John Howkins），英国著名经济学家，国际创意文化产业研究专家，版权、媒体及娱乐业研究方面的领军人物，英国创意集团主席及创始人之一，创意产业的积极推动者。1997年，英国布莱尔政府在霍金斯的建议下，开始大力扶持并发展创意产业。2001年，霍金斯因在《创意经济》一书中首次提出创意产业概念而被称为"创意产业之父"。

① 施建生：《伟大的经济学家熊彼特》，93—95页，北京，中信出版社，2006。

② 陈放、武力：《创意学》，5页，北京，金城出版社，2007。

2006 年他入选《管理知识产权》杂志评选的“50 位知识产权重要人物”，2007 年被“北京商业新闻”提名为中国一号创意之星。丰富的实践经历，深厚的学术积淀，使霍金斯为创意产业提出很多崭新的国际化观点，成为各国创意论坛争相邀请的大师级人物。

霍金斯频繁访问中国，在重大会议、论坛、电台和电视上发表演讲，并多次受邀就政府政策和商业策略问题咨询提出意见。他是上海戏剧学院副院长兼客座教授，上海创意及创新学院院长，上海创意产业协会和上海创意产业中心顾问。他曾参与北京奥运会组织委员会、北京国际科技产业博览会、上海市知识产权局、上海设计双年展、亚洲文化合作论坛等的工作。霍金斯的主要著作有《创意经济》（*The Creative Economy*：*How People Make Money from Ideas*）、《创意生态》（Creative Ecologies：Where Thinking is a Proper Job）、《CODE：数字化经济中的协作及所有权问题》等。

（一）何谓创意

霍金斯认为创意有两种，第一种只和个人的成就相关，第二种可以生产产品。前者是人类的共同特性，见于所有社会和文化，后者则在工业化的西方社会较普遍。[①]

霍金斯认为创意的三个基本条件是：个人性、独创性和有意义。第一个条件是个人的在场。创意需要个人观察某些表面或深层的东西，并在头脑中让它们成型。第二个条件是独创性。创意可能是全新的，也可能是对业已存在的东西的再造；前者是“无中生有”，而后者则是“赋予既有事物某种特色”。第三个条件是有意义，即必须有某样东西以一种有意义的方式展现我们的创意，哪怕只是个人的琐碎的意义，否则我们就不足以判断这一东西是否有创意。[②]

霍金斯认为创造力是生命的一项基本要素。创意是自给自足的，个人无需外界的资源就能成为有创意的人。创意也是普遍性的才赋，每个人都具有某种程度的创意。例如，听到音乐后，大脑会立刻搜寻记忆，查找相似的音乐形式，以便进行分类和比较，在这种情况下，大脑的认知过程就淹没了直觉；但神童和天才都会“愚弄”大脑，不去展开类似的搜寻——天才之所以异常，不是因为他们拥有罕见的才能，而是因为他们没有常人

---

① ［英］约翰·霍金斯著，洪庆福、孙薇薇等译：《创意经济：如何点石成金》，15 页，上海，上海三联书店，2006。

② ［英］约翰·霍金斯著，洪庆福、孙薇薇等译：《创意经济：如何点石成金》，17—20 页，上海，上海三联书店，2006。

所具有的“才赋”：“阻断器”和“过滤器”。也就是说，创意的构成在心理上具有共同性，罕见的是运用创意的能力或者说自然心理倾向。有创意的人都积极主动地竞争；有创意的人在发挥创意才能时，通常会展现若干可辨识的人格特质。①

霍金斯将创意过程分析为五个层面，涵盖了梦想及释梦、直觉的悸动和冷眼静思等，他称其为“骑士”（RIDER）分析法。第一是回顾（review），指如何做到心中有数。要做到这一点，就得注意奇特的事物，要前后联系，同时要问“这是什么”以及“为什么”。这是对原材料（即经济学家所称“生产要素”）的知觉评估，包括对思维的特质（往往被经济学家忽略）的评估。回顾包括回顾思想和事物。第二是孵化（incubation），孵化就是让思想自行整理和筛选。这种过程可能持续数小时或几个月，是休眠和静止时期。创意者得认识到何时有必要进行孵化，并且能提供足够的资源（金钱、时间等）。第三是梦想（dreams），梦想是无意识的神游，是对神话、符号、魔法和故事的探索和品味。无论是在晚上的梦境还是白日梦里，我们都能摆脱人性的束缚。弗朗西斯·培根把梦境称为“漂流”，即允许思维坦然而开放地面对外界的影响和未知力量。萨默斯特·莫姆（Somerest Maugham）曾说：“幻想是创意想象的基础。”第四是兴奋（excitement），兴奋是直觉的悸动，同时也是导致思之不深、算之不足之类不经意行为的动力源。第五是现实检测（reality checks），我们需要现实检测，以确保梦想和直觉不至于太离谱。我们得分析和衡量自己所在的位置，以回顾问题和调查所得出的答案。对于检测的时机，以及检测的严格程度，必须慎之又慎地选择。②

霍金斯认为自我意识是创意过程中一个十分重要的因素，其作用在于使意识产生自己的模式，而不至于沦为先前各种感知和智慧的附庸。创造力发挥的时刻有时会伴随着高度的意识状态，我们甚至会感觉到意识的爆炸。当我们极具创意时，通常会感觉到更有活力，注意力更加集中，甚至到达忘我的境界，对周遭的事务浑然不觉。然而也有一种相反的观点，认为创造力的发挥往往伴随着对意志力的控制的丧失，并且逐步进入更接近梦境的状态。心理学家荣格区分了这两种状态，将前一种描述成“情绪高

① ［英］约翰·霍金斯著，洪庆福、孙薇薇等译：《创意经济：如何点石成金》，20—25页，上海，上海三联书店，2006。

② ［英］约翰·霍金斯著，洪庆福、孙薇薇等译：《创意经济：如何点石成金》，26—27页，上海，上海三联书店，2006。

度紧张的时刻”，而把后一种描述成“想法如梦中影像在头脑中闪过的冥想状态”。他将创造力描述成对“精神紧张”的疏解。同时，他也肯定创造力需要辛勤工作，强调理性在创造力发挥过程中的作用。

霍金斯还将创意资本化。他认为，把创造力视为资产是十分合理的，因为创造力是投资所产生的结果，对于未来的创造力和创意产品也是极大的投入量，也是人力资本的一个重要的元素。智力资本可称为“闲置的点子”，创意资本则可以称为“闲置的创造力”。

继2001年首次提出“创意经济”概念后，霍金斯又于2002年提出“创意生态”概念。在他看来，资本时代已经过去，创意时代已经到来，创意经济将成为21世纪的主要经济形式。未来，创意者和组织机构将更加商业化，企业也将变得更加依赖于创意。

（二）创意经济思想

1. 创意经济的界定

霍金斯更倾向于“创意经济”的说法而不是“创意产业”，因为后者更多强调的是生产和产量（而不是消费和使用），前者则强调创造性的循环。霍金斯认为，创意经济首要元素是大部分人在大部分时间依靠创意而非地产或资本赚取大部分收入。创意经济的基础是那些使用自己的想象力、梦想和幻想的人，是个体的角色，然后是个体与经济的关系。从农耕到服务业的所有经济体系中，创意经济都具有个体想象力与公有经济之间最密切的相互依存关系。创意经济的成果可能是改编成小说或电影的故事、新型计算机芯片等。

在霍金斯看来，创意产业是一种对未来的创造性规划，是一个让人自由发挥想象力的事情。他把创意产业界定为其产品都在知识产权法的保护范围内的经济部门。知识产权有若干形式，其中最为常见的四种分别是版权、专利、商标和设计，每一类都有自己的法律实体和管理机构，每一类都产生于保护不同种类的创造性产品的愿望。版权法保护对象涵盖个人在特定作品中的创意表达。一般来说，任何合格的产品在问世时，其版权就自然产生，无需提出申请程序，其有效期一般延续至作者谢世后50—70年。专利法当初是为了保护新工业产品和加工程序而产生的，它赋予发明者制造新产品的垄断权，期限通常是20年。专利与版权本质上是不同的，版权自然产生，而专利必须经过严格的检测才能得到批准，它必须新颖和实用。商标则代表某组织或行业的一个记号或标志，他们的交易必须活跃，并通过类型化和独特性的检验标准。设计是一种形状或符号，与商标一样，具有与众不同和非比寻常的特性。知识产权法的每一形式都有庞大的工业与之相应，这四种工业加在一起就组成了创造性产业和创造性经济。在这个定义上，创意产业组成了资本主义经济中非常庞大的部门。有版权的产品（书籍、电影、音乐等）带来的出口收入超过了汽车、服装等制造业。正如霍金斯所说，“拥有主意的人开始变得比使用机器的人能量更大，在很多情况下，甚至胜于那些拥有机器的人”。

创意经济就是创意产品之间进行的交易。所谓创意产品，就是创造性的、具有经济价值的商品或服务项目。创意产品可能是商品，也可能是服务，但它们都来源于创意且具有经济价值，最起码都享有知识产权中的一种主要形式。所谓交易，是指有经济价值发生的交换行为。创意产品交易中可能有两个相互补充的价值：无形的知识产权价值和有形载体或物品的价值。在某些行业如数字软件行业中，知识产权的价值比较高，而在另一些行业，例如艺术品行业中，有形标的物的单位成本比较高。

霍金斯对创意经济的解读，为确定一种给出的活动是否属于创意部门提供了一种有效而又一致的方式。创意产业依赖于知识产权的国家强力保护体系。通过界定创意部门，霍金斯避开了某职业的性质是否有创造性这一潜在难题。对霍金斯来说，“印刷书籍和摆放舞台布景的人与作者、舞台上的表演者一样都只不过是创意经济的一部分”。霍金斯的定义将不同种类的创造性在同一个主题下放在了一起。他列举了15项内容，称之为“核心创意产业”，包括广告、建筑、艺术、工艺、设计、时装、出版、研发、电影、交互式休闲软件、音乐、表演艺术、摄影、软件、视频游戏，这些项目都基于艺术。霍金斯认为应该把科学和无艺术基础的产业也纳入其中。

2. 创意等式与四大挑战

判断某个产业是否属于创意经济，其标准是看该产业是否有创意产品的金融交易。霍金斯还提出了创意等式：CE＝CP×T，即创意经济（CE）等于创意产品的价值（CP）与交易次数（T）的乘积。这一等式只针对创意产品，而不针对创意，并且创意产品和交易之间也有所不同。创造力本身不能量化，可以说某某人有创意，但不能说他的创意是另一个人创意的2.5倍。创意产品的数量可以量化，但是产品的多重性和诸多交易的机密性使人们难以对其做出绝对精确的计算。①

① ［英］约翰·霍金斯著，洪庆福、孙薇薇等译：《创意经济：如何点石成金》，7页，上海，上海三联书店，2006。

创意并不被艺术家所垄断，任何人都可以有创意。但创意如何成为商业利益的主要驱动力，企业如何通过创意及创新上的竞争来实现真正的增长，这些都是霍金斯关注的问题。《创意经济》一书指出，人类创造的无形资产的价值终将超越我们所拥有的物质资料的价值，而创造力和创新能力将成为国家社会经济发展的核心竞争力。

霍金斯指出，创意经济依赖于人的创意、想法，所以其发展过程是非常艰难的。具体来说，当前全球创意经济发展面临四大挑战：一是创意不容易被察觉。霍金斯说，创意经济时代将是一个崭新的时代，所有的元素都是新的，所以关于相关原则的教育至关重要。二是创意经济需要全新的概念和标准。创意经济的核心价值并不是来自资本、土地，而是来自人们的想象力；工业经济价值标准，包括利息、利率的变化，与人脑中创意的方法是完全不同的。三是知识产权的问题。维护对创意的所有权，需要平衡两个方面：一方面是制度，另一方面是收益。四是更多的合作。各种不同的声音融合在一起，相互吸收，结果会更好。

3. 对创意产业的管理

关于政府指导在创意产业的发展中起到的作用，霍金斯指出，在发展创意经济过程中，有些事情政府应介入，而有些最好不要干预。他特别强调文化创意产业的自由，认为环境的自由度直接制约着产业的发展，用传统产业的管理思维和方式去控制、管理创意产业是无法实施的，也很难奏效。在让一个好的想法和创意发展成为一个有利可图的产业的道路上，管理的因素和市场的因素都很重要，不过前者在前期发挥作用，而后者在长远发展上应占据主导地位。在他看来，有三件事是政府可以做的：第一，政府相关部门必须是创意的提倡者、热爱者，否则创意及创意产品可能被忽视或误解；第二，政府要搜集创意产业数据的资料，建立产业地图，如此才能更清楚地说明创意经济的重要性，但产业资料最好由独立于政府及企业的中介组织如调查公司来做，并以合理收费贩卖这些信息，将其公之于世，让更多人看到数据、检验其可信度；第三，在法规制定上，必须及时检验法规是否支持创意经济的发展，这是一项永无止息的工作，但法规应由民间主动提出而非由政府制定，才能产生符合产业需要的法规，塑造友善的发展环境。此外，企业家精神以及实时性、临时性和特勤性工作等对创意产业管理具有重大意义。

4. 知识产权就是货币

新经济需要新的知识产权保护模式。在传统经济中，大企业把握经济命脉，少部分人掌握话语权；而创意经济则是以中小企业为主体，每个人都可以发挥想象力。大企业的发展模式未必适合中小企业，我们需要新的版权模式保证每个人都能参与创新、创意的过程。最有价值的通货不是金钱，而是无形的、变动性极大的创意知识产权。未来几乎所有商品和服务都不同程度地依赖于知识产权系统，这让发明和创造成功地商业化。任何公司希望将创新产品的收入最大化，就应尽可能多地申请知识产权。因为在创意时代，知识产权是新世纪的货币，版权局是21世纪的央行。如果知识产权是创意经济中的货币，那推动建立知识产权制度的人就是发货币的人。国际竞争已不是美元和人民币的竞争，而是版权和专利的赛跑。在信息时代，专利和版权就是通货。没有知识产权保护的创意，就像没有船桨的船只。知识产权保护就好像是一个银行，这个银行可以积极支持创意产业。政府应该调控知识、信息和发明的流动，并在社会里面形成良性循环。创意经济必须让人们获得他人的创意，同时也要让人们保护自己的创意。

5. 创意产业规则

霍金斯的理论中有一个“创意小生境”的概念，指一个适合创意产业生活、生产和消费的生存环境。创意产业与传统产业的不同之处就是小而唯一，更高、更快、更强、更大这些工业经济规则在创意产业中被颠覆了。创意产业的关键不在于大小，而在于是否具有个性。小而唯一，具有世界最大的意义。如果你仅仅是复制者中的一员，就无法生存。一个创意公司，可能只有一个人，或者有一个由两三人组成的创意团队，就可以了。霍金斯认为，在创意产业里，很多时候人们都是单枪匹马工作，或者是很小的团队在工作，拥有一个网络办公室，一个很小的地方，不是“朝九晚五”的工作模式。那些大名鼎鼎的制作人、导演、作家、舞者、歌手或设计师，其实都是独立运营的。这些创意人才自身的公司非常小，他们会与公关、经纪、酒店、旅游等很多行业的人签订合同，他们也可能同索尼或迪士尼公司有很多生意往来。所以，在文化创意产业领域，有小作坊，也有索尼这样的大公司，无论好莱坞还是上海都是这样。

（三）创意生态理论

霍金斯于2008年1月在中国提出创意生态理论，立即引起广泛影响。他对创意经济十年的理论与实践进行再思考，从以“多样、改变、学习与适应”为核心要素的生态学角度，审视创意产业领域的诸多概念和命题，对基于工业主义思想意识的“重复经济”及其主流观念进行深刻反思，对如何在创意经济中签订合约、检核政府政策、建立自组织管理模式、营造创意生态环境、培养创意人才等提出了一系列重要的创见，提出了一个涉及人文、社会与自然科学诸多领域的“创意生态”框架。

1. 创意生态三原则

结合文化创意产业的实践，霍金斯认为当前发展创意经济的主要问题是，脱胎于“以物为本”的传统经济的生产关系，已经不适应当前“以人为本”的创意经济生产力发展的要求。针对这种“创意生产力与生产关系脱节”的情况，霍金斯提出了“创意生态”三大原则，即创意生态的成长三部曲：一是人人都能创意，二是创意需要自由，三是自由需要市场。

人人都能创意，每个人生下来就是有创意的，不是只有天才才拥有创意。霍金斯一再强调，创意经济关注的是平凡人而非百世难得一见的天才的创意。“每个新点子，其实是两个旧点子的第一次相遇”，说明这世界石破天惊的新点子实在太稀少。创意经济应关注的重点，是如何让平凡的个人创意得到新的运用并创造价值。

创意需要自由，创意思想的交流和沟通需要自由、开放、轻松的社会环境。创意的个体可以在自由的环境中进行思想交流，并得到愉悦，从而能随意发挥自己的创意。创意要使人们自由地追逐自己的梦想，人们的创意产品应获得相应的专利或者是版权。这种自由指的是个体能够找到自己与自己的创意之间的关系的自由。创意不仅仅是个体的，更是整个创意产业乃至整个社会环境的产物，它受政策环境的影响，是否有自由宽容的氛围是政策环境影响创意产业的一个重要方面。

自由需要市场，应该有公开透明的市场来买卖和交易创意及其产品。市场是一个很好的补偿机制，有了市场力量的参与，就会产生良性的竞争，这种环境就有利于创意的自由。同时，再好的创意与设计最终都要运用到市场经济中去。健全的市场体系和机制可以为创意的自由提供保障。

2. 思考也是一种职业

霍金斯提出，创意行动具有普遍性。谷歌把所有人当作创意人才来对待，乔布斯和皮克斯动画工作室信任和尊重人才和创意，Facebook 把每个人当作传播渠道。创意就是这样，无论谁都可以有创意；任何活动，只要能够创造新东西，能够创造美，有独特的风格，能够通过共鸣、象征的方式创造附加值，都属于创意。在创意生态中思考可以作为一种职业，甚至每一个人都可以做专职的思考者，因为每个人天生都有创意能力。思想者的工作是点子事业，是让思想变成闪光的金子，是想象力的经济学。只要有想象力就能产生创意。任何地方，任何时候，我们都可以使用创意这种个人资源，这有别于传统产业必须靠土地、金融资本、工厂或机器等资源。中美电影大片的较量并不在于制作成本的高低，而是关键在于影片内容，在于影片创意的实力，故事先行是好莱坞梦工厂的成功定律。

创意生态理论可以为政策制定提供决策依据，为政策出台提供衡量标准。鼓励创意产业的政策在现实当中也许会有负面作用，这是政策制定者所体会不到的。创意生态帮助政策制定者确立一个“无为而无不为”的政策思路，因为创意产业需要自生长的环境，需要调动劳动者的创意热情。尽快培育创意生态，在文化创意产业政策制定方面具有重要指导意义。创意生态还为创意企业及从业者提供了管理理论依据。过去的企业管理者学习西方的管理科学和经营管理思想，这种管理形态并不适合创意型的企业。创意型企业经营观念的变化，表现为企业办公环境的改变，有创造力的企业肯定是轻松的、充满创造力的。创意生态看似是一种理论，但是可以具体化到企业管理的每一个细节，包括人才培养和人才吸引的观念、标准、方法，都会相应发生改变。

三、埃弗雷特·罗杰斯的创新扩散理论

埃弗雷特·M·罗杰斯（Everett M. Rogers）是当代美国最著名的传播学学者之一，曾任南加利福尼亚大学安南伯格传播学院教授、新墨西哥大学传播和新闻系教授及系主任等职，代表作有《创新的扩散》《大众传播与国家发展》《传播网络：趋向一种新的研究范式》《经验的传播学派和批判的传播学派》《传播技术：社会中的新媒介》《议程设置研究：它在哪里，它往何处去？》《早期大众传播研究》《回溯与前瞻：百年传播学》《从布莱尔到施拉姆的传播学和新闻学：一种沉淀》《传播学中的信息论的历史》等。《创新的扩散》（*Diffusion of Innovations*）一书于1962年出版，考察了创新扩散的进程和各种影响因素，总结出创新事物在一个社会系统中扩散的基本规律，提出了著名的创新扩散S曲线理论，这是文化创意产业和传播学界的重要理论成果。

（一）主要内容

罗杰斯认为，创新是一种被个人或其他采用单位视为新颖的观念、实践或事物；创新扩散是指一种基本社会过程，在这个过程中，主观感受到的关于某个新意义的信息被传播。通过这一社会构建过程，某创新的意义逐渐显现。创新扩散的过程总是一开始比较慢，当采用者达到一定数量即临界数量后，扩散过程突然加快（即起飞阶段 take-off）；起飞过程一直延

续，直到系统中有可能采纳创新的人大部分都已采纳创新，到达饱和点，扩散速度又逐渐放慢：采纳创新者的数量随时间呈现出S形的变化轨迹。

罗杰斯把创新的采用者分为革新者、早期采纳者、早期追随者、晚期追随者和滞后者等几个发展阶段。创新推广过程包括五个阶段：获知，接触创新并略知如何动作；说服，有关创新的态度形成；决策，确定采用或拒绝一项创新活动；实施，投入创新运用；确认，强化或撤回创新的运用。

罗杰斯指出，创新事物在一个社会系统中要能持续扩散下去，首先必须有一定数量的人采纳这种创新。通常，这个数量应是人口的10%—20%。创新扩散比例一旦达到临界数量，扩散过程就起飞，进入快速扩散阶段。事实上，创新在社会系统中一般不总能100%扩散，很多创新在社会系统中最终只能扩散到某个百分比。当系统中的创新采纳者再也没有增加时，系统中的创新采纳者数量（绝对数量表示）或创新采纳者比例（相对数量表示），就是该创新扩散的饱和点（saturated point）。

创新的扩散被罗杰斯定义为创新事物以一定的方式随时间在社会系统的各种成员间进行传播的过程。这样，创新过程就由创新、传播渠道、时间和社会系统四个要素组成。

一是创新。创新自身的特征决定了它的被采纳速度。罗杰斯在《创新的扩散》中指出有利于创新的五个特征是相对优势、兼容性、易用性、可试性和可观察性。相对优势是一项创新比起它所取代的方法所具有的优势。兼容性指一项创新与现存价值观、潜在接受者过去的经历以及个体需要的符合程度，其反义词是相异性。具有兼容性的个体之间能够发生比较有效的传播，而相异性则成为阻碍扩散有效传播的特殊因子。易用性是一项创新被理解或被使用的难易程度。可试性是在某些特定条件下一项创新能够被实验的可能性。可观察性是指在多大程度上个体可以看到一项创新的结果。一项创新若被个体认为具有很多的相对优势、与自己的价值观等各方面相容、便于使用或者其他的优点，那么它就会快速被采用，该项创新扩散就比较快。

二是传播渠道。传播渠道是信息从一个个体传向另一个个体的手段，传播渠道是否适合与有效会影响个体决定采用还是拒绝该创新。大众传媒在传播创新的内容上是比较有效的手段，而人际关系渠道对于形成或改变个体对创新的观念更为有效。个体主要通过大众媒介得到创新的信息，而在个体做出采纳或者放弃该创新的决策时，人际关系的说服作用更为重要。

三是时间。创新扩散的时间因素包括创新决策过程、创新精神和创新采用速度。创新采用的决策过程，是个体从知道一项创新到决定采用还是拒绝该创新所经历的过程；创新采用的速度，通常指给定时间内该系统中采用创新的人数；创新精神指系统中不同个体采用创新更早或更晚的程度，具有创新精神的个体的创新采纳速度会比不具有创新精神或创新精神较低的个体的采纳速度快。

四是社会系统。扩散必定发生在一个特定的社会系统中，社会系统的结构促进或阻碍了创新在系统中的扩散。罗杰斯认为，创新扩散总是借助一定的社会网络进行的。在创新向社会推广和扩散的过程中，信息技术系统能够有效地提供相关的知识和信息，但在说服人们接受和使用创新方面，人际交流则显得更为直接、有效。因此，推广创新的最佳途径是将信息技术和人际传播结合起来加以应用。

（二）理论应用

在创新扩散过程中，一个新思想的普及往往需要很多年的时间。罗杰斯指出，之所以要进行扩散研究就是为了找出一些办法来缩短这一过程。创新一旦得以实施，就会产生一些社会影响，无论是直接的还是间接的，是发挥作用还是造成障碍。而“变革中介”都希望它们的影响是直接、显著和起作用的。

在创新扩散中，变革中介在评估和试验阶段扮演着关键角色。变革中介常起用地方意见领袖来协助某项创新的散布，或者阻止被其视为有害的创新的采用。与变革中介的重要性相比，该理论分配给了大众媒介一个非常有限的角色。媒介主要用来增加人们对创新的认知，只有早期采用者才会直接受媒介影响，其他人都是在别人受影响后才去接受创新。

罗杰斯的创新扩散理论有相当大的影响力。例如美国国际开发署利用该策略，在第三世界国家推广农业改革创新。在20世纪50年代和60年代冷战期间，美国和苏联争夺在发展中国家的影响力，美国希望通过一场“绿色革命”帮助这些国家改善温饱问题，从而获得这些新兴国家的好感。罗杰斯的创新扩散理论从而变成这场变革的训练手册。创新扩散理论与美国其他的理论不同的是，它是随着农业改革在第三世界国家的进行而在第三世界国家的大学中得到广泛发展的。

在世界上许多地方，罗杰斯的扩散理论和传播理论是同一个意思。同时这一理论还为今天大量的推广传播理论和市场理论以及相应的推广活动奠定了基础。例如，手机、宽带、艾滋病新疗法和网上购物等新生事物从出现到被受众所接纳确实需要一段时间，它们以不同的速度得以普及，但也有些还未流行开来便会销声匿迹。在普及的过程中，人际影响更为重要，人们通过彼此交谈能够意识到并增强创新意识。人们分享各自的观点，探讨有关创新的体验，有时候支持这种创新，有时候又反对这种创新。创新方案能否被采纳取决于人们对它所具有的相对优势的认识，以及它与现存价值观和体验的契合程度，此外创新方案的复杂程度也是一个重要因素。信息扩散最为重要的结果之一是促进了对创新方案的采纳，当新的想法、实践或事物通过在社会系统中传播被逐渐采纳时，就实现了所谓的创新扩散。

罗杰斯还把扩散与社会变革的过程联系起来，把扩散过程分为三个阶段：前因、过程和结果。第一阶段是事件的环境和参与人员的特征，这些因素决定当事人是否接触到与创新相关的信息，或是感受到对有关信息的需求。第二阶段，人们对创新特征的主观认识起了重要作用，相关社会系统的规范和价值观念也起到了相同的作用。最后阶段主要是采纳创新之后是继续还是中断最近的活动。罗杰斯认为这样的变革既可以出现在组织内部，又可以通过与外来的变革中介的接触而发生；这种接触可以是自发性的也可以是偶然的，还可以是外部中介机构进行规划的结果。①

四、保罗·罗默的创新理论

保罗·罗默（Paul M. Romer），美国经济学家，斯坦福大学教授，生于1955年，1977年获得芝加哥大学物理学学士学位，1983年在该校获得经济学博士学位。他被认为是美国经济增长专家，1997年被《时代杂志》选为美国最具影响力的25人之一。

罗默最重要的学术贡献是提出内生经济增长理论。这一思想最早体现在他的博士论文中，1986年该文发表在《政治经济学期刊》上，提出把知识完整纳入到经济和技术体系之内，使知识成为经济增长的内生变量。至此罗默提出四要素增长理论，除了新古典经济学中的资本和劳动（非技术劳动）外，又加上了人力资本（以受教育的年限衡量）和技术水平（用专利来衡量，强调创新）。新的经济增长要素的提出重新激起了经济学界对经济增长理论的兴趣，直接导致了经济增长分析的全面复兴。

内生增长模型的特点是从技术内生化开始始终强调以创意或知识为基础来理解经济增长和发展的机制。根据罗默的内生增长思想，发展中国家

① 王慧：《创新扩散理论的提出、发展及应用》，《大众商务》，2010（16）。

为了实现长期的经济增长，必须具备一种使新设计或创意能产生和应用的机制，这就要求政府政策的制定必须重视教育发展和科技投入、激励和保护创新。

罗默的经济增长模型把公共知识和企业拥有的专门知识看作内生变量。20 世纪以来基础科学知识和应用技术知识交互作用的创新模式使我们很难把二者从经济意义上截然分开，工业化过程不可避免地使科学越来越成为一种依赖于技术的内生活动。在这样的现实中，公共知识的含义自然就包括了基础科学知识在内，大学的基础研究和应用技术研究成果也自然包括在罗默所指的公共知识之内，成为内生经济变量。

罗默的模型中，除了列入资本和劳动这两个生产要素以外，还有另外两个要素，即人力资本和技术水平。模型中所列入的劳动是指非熟练劳动，而人力资本则指熟练劳动，人力资本用正式教育和在职培训等受教育时间长度来表示。这样，就把知识或教育水平在经济增长中的作用考虑进去了。关于模型中所列入的技术水平这个要素，罗默认为它体现于物质产品之上，如新的设备、新的原材料等可以表示技术创新的成果。换言之，知识的进步体现在两方面：一方面体现于劳动者身上的熟练程度，它在模型中用人力资本来表示；另一方面体现于新设备、新原材料等物质产品之中的技术先进性，它在模型中用技术水平表示。

罗默的内生经济增长模型的重要贡献在于他认为知识是一个生产要素，能提高投资收益，故在经济活动中必须像在机器上投资一样在知识上投资，并保护创新；知识上的投资促进知识积累，知识反过来又刺激投资，形成一种良性循环，从而使投资的持续增长能永久性提高增长率，这是对传统经济增长理论的一种突破。

五、亚历克斯·奥斯本的创意理论

亚历克斯·奥斯本（Alex Faickney Osborn，1888—1966）是美国著名的创意思维大师，美国 BBDO 广告公司（Batten，Bcroton，Durstine and Osborn）创始人，被誉为创造学和创造工程之父，他的许多创意思维模式都家喻户晓，他的著作《创造性想象》的销量一度超过《圣经》的销量。早在 20 世纪 40 年代，奥斯本就在其公司发起创新研讨。在这里我们主要介绍一下奥斯本最著名的创造力方法——头脑风暴法和检核表法。

（一）头脑风暴法

1939 年奥斯本首次提出了一种创造性思维方法——头脑风暴法，又称智力激励法、BS（Brain-Storming）法、自由思考法等，这种方法的实质是通过新的和异想天开的方法来解决问题。头脑风暴法又可分为直接头脑风暴法（通常简称为头脑风暴法）和质疑头脑风暴法（也称反头脑风暴法），前者是专家群体决策、尽可能激发创造性、产生尽可能多的设想的方法，后者则是对前者提出的设想和方案逐一质疑、分析其现实可行性的方法。

头脑风暴法的实施过程：

第一是准备阶段。主持人事先对所选议题进行研究，弄清问题的实质，找到问题的关键，设定所要达到的目标，然后确定参加会议人员，将会议的时间、地点、所要解决的问题、可供参考的资料和设想、需要达到的目标等事宜提前通知与会人员。与会人员要为将要进行的集体讨论做好准备，要充分了解议题的背景和外界动态，以便讨论时游刃有余，充分发挥创意思想。

第二是创设创意氛围。头脑风暴法一般采用集体讨论的方式，会议现场呈圆形排列。在正式讨论议题之前，主持人先说明会议的规则，然后随便谈点有趣的话题调节气氛，比如说笑话、猜谜语、听音乐等，让大家的思维处于轻松活跃的状态。在讨论过程中不得批评仓促的发言，不能有任何怀疑的表情、动作和神色，确保每人都能畅所欲言。

第三是激发创意思维。主持人简明扼要地介绍所要讨论的议题，让每人先独立思考几分钟，然后引导大家自由发言，要做到知无不言、言无不尽。在讨论的过程中要适当唤起参与者的竞争意识，努力挖掘新奇的想法、独到的见解，以利于激发创意思维。

第四是寻找创意思想。通过对发言记录进行归纳、整理，找出富有创意的思想。然后通过专家评审或二次会议评审对集体讨论过程中形成的创意思想进行评估，形成最佳方案。

头脑风暴法成功的前提：

第一，自由积极的氛围。头脑风暴法规定了与会人员必须严格遵守的规则：参会人员一律平等，禁止批评和评论别人的想法以及自我批判、禁止出现诸如“这根本行不通”“你这想法太陈旧了”“这是不可能的”“这不符合某某定律”以及“我提一个不成熟的看法”“我有一个不一定行得通的想法”等语句、禁止私下交谈，提倡大胆想象，畅所欲言。

第二，主持技巧和节奏感。头脑风暴法的主持人要对议题背景比较了解，并熟悉头脑风暴法的程序和方法。主持人的发言应能激起与会者的灵感，并进行适当引导。美国创造学家帕内斯认为讨论时间最好控制在30—45分钟之间。为保证充分讨论、激发灵感，掌握整个会议过程的节奏感非常重要，这样才利于创造性方案的产生。

第三，与会人员资格。与会人员应具备较高的联想思维能力，并可在已提出的设想基础上进行综合设想；与会人员应由不同部门、不同领域的人参加，并定期轮换，以便集思广益。与会人员应有男有女，以增强竞争意识和好奇心。对与会人员资格的限定保证了头脑风暴法实施的效果。

第四，运用现代技术。比如，借用计算机作为辅助工具，让计算机产生“随机词语”，通过一些与问题看起来毫不相干的词语刺激人的视觉，进而影响人的思维，促使人提出一些创造性的方案来；或者通过计算机产生随机图片，让人产生联想，开拓与会人员的思维。①

（二）奥斯本检核表法

1941年，亚历克斯·奥斯本出版了世界上第一部创新学专著《创造性想象》，在该书中，他第一次提出了奥斯本检核表法。

所谓奥斯本检核表法，是先列出研究对象的九大问题，即能否他用、能否借用、能否改变、能否扩大、能否缩小、能否替代、能否重新调整、能否颠倒、能否组合，形成检核表，然后逐条核对讨论，发现解决问题的新设想、新方案。实践证明这是一种比较理想的产生创意的方法，所以该方法被誉为“创造之母”。

奥斯本检核表法是一种具有较强启发性的创新思维方法。奥斯本检核表中设置了九个问题，这意味着从九个角度去思考解决问题。这种方法有利于消除人们不愿提问的心理障碍，突破旧的思维框架，开拓新的思路，引导人们多向度发散思维，提高发现创意的几率。

六、保罗·莱文森的“新新媒介”理论

保罗·莱文森是美国著名媒介理论家、科幻小说家、社会批评家、音乐人，在科幻文艺和媒介理论两方面成绩斐然，曾经担任美国科幻协会会长、媒介环境学会顾问，被誉为“数字时代的麦克卢汉”。主要著作有《数字麦克卢汉》《手机：挡不住的呼唤》《新新媒介》《软利器》《思想无羁》《真实空间》等。本节主要介绍莱文森的“新新媒介”（New New Media）理论。

① 朱新林：《头脑风暴法在管理决策中的应用》，《商场现代化》，2009（9）。

"新新媒介"理论是莱文森于2009年提出来的。"新新媒介"这一概念区别于以往的"新媒介"(New Media)和"旧媒介"(Old Media)。"新媒介"是相对于传统的广播、报刊、电视等"旧媒介"而言的,20世纪90年代中期兴起,主要指互联网、手机、数字电视等,特别是互联网上可以供直接使用和欣赏并能自由制作和发布信息的第一代媒介,如电子邮件、亚马逊网上书店、报刊的网络版、聊天室等。"新新媒介"并非一种新的"新媒介",而是一个新兴的跨越式媒介形态,起源于20世纪末,兴盛于21世纪,指互联网上的第二代媒介,如博客、微博、维基网、聚友网、脸谱网、掘客网、优视网、推特网等,它们使其用户对新媒介有一定的控制权,用户可以决定何时何地获取新媒介提供的文本和视听。

新新媒介有其自身的特点,分别是:第一,消费者即生产者;第二,生产者多是非专业的;第三,使用者能凭兴趣选择新新媒介;第四,新新媒介一般免费;第五,新新媒介之间是互相竞争和相互促进的关系;第六,新新媒介服务性强于新媒介;第七,对新新媒介的控制较弱;第八,新新媒介使每个使用者成为制作人、出版人。新新媒介既能实现人际传播,又能实现一对多的大众传播,是一种N对N式的传播媒介。

新新媒介的分类有多重标准,如按新闻属性分有博客、掘客、维基等,按社交属性分有聚友网、优视网、推特网等,按社会功能分有政治媒介和娱乐媒介,按媒介形态分有文字、图片、音频和视频等,按软件功能分有一般系统和专用系统,按自主性和受控制程度分各新新媒介也略有不同。[①]

莱文森强调,新新媒介正在改变着我们的生活和世界。由于新新媒介营造的"超媒介空间"集移动性、交互性和可见性为一体,人们寻找、使用、生产以及反馈信息的方式从根本上发生了变化。莱文森进而又提出"媒介软决定论",把"超媒介空间"看作一个"当个人和团体可以通过有意的积极的行动激活组态信息时,中介可以被控制"的空间。

新新媒介扩展了软实力传播的路径。"网络""互动""参与"成为当今世界范围内软实力传播的重要特征,以互联网为载体的新新媒介正在促进、强化和重构这种趋势。新新媒介的发展,首先是重塑了一种新的媒介环境,革命性地改变了软实力传播中受众(传统意义上)的主体地位,形成了全球共享的信息网络与关系网络。新新媒介建立起的这种数字化的关

---

① [美]保罗·莱文森著,何道宽译:《新新媒介》,5—7页,上海,复旦大学出版社,2011。

系网络，糅合了人际传播和群体传播两种方式，形成一种扩大的人际关系网，社会组织的网络形式开始取代旧的社会阶层划分形式。

新新媒介环境下形成的社交网络成为受众获得信息与表达意见的主要平台。由于社交网站的全球化特征，普通公民、政府、社会组织也逐渐将其软实力传播活动看作是从本土到全球的行为，并且这种行为不一定需要通过国家机构去实现，而是来源于成员自发的力量。人们着重运用社交网络和电子沟通媒介等手段进行自我身份的建构，而这就带来整个社会潜在个人意识的转变。可见，新的信息传播技术和全球化浪潮是相互促进的关系，它们共同交织形成了全球共享的环境；社会主体的多元互动通过话语建构形成了新的文化和社会共同体。

目前出现的新新媒介主要有：

（一）博客（Blog）

博客原型始于 1993 年 6 月，1999 年定名为 Blog。博客又被称为网络日志、部落格或部落阁等，是一种通常由个人管理、不定期发表新的文章或个人见解的网站。博主不一定是专业人士，也不一定是成年人；公民可以把自己采写的报道立即用博客发布，而不是在报纸上刊载。这种“去专业化”的特征是新新媒介最典型的特征之一。

中国博客最早出现在 2002 年 8 月，“博客教父”方兴东开通博客中国（blogchina）网站。2003 年是中国博客发展年，用户数达到 20 万。2003 年6 月，中国博客网（blogcn. com）用户“木子美”发表的网络日志，给中文 Blog 网站带来巨大访问量。

目前中国博客的载体中最有影响力的是新浪博客和搜狐博客，专业性博客做得最好的是和讯网的财经博客。新浪博客自开设以来，走明星效应的路线，邀请国内外知名人士入驻新浪博客，用明星的影响力来宣传博客，带动新浪博客的发展。许多社会名流、商界精英、演艺明星在新浪开通博客。后来新浪又推出草根明星，把一些在博客上比较有影响力的平民百姓推广出去，使其成为“博客名人”，这样就缩短了明星和普通大众之间的距离。促成新浪博客成功的另一个重要原因是新浪博客频道和新浪网其他资源的整合利用做得最好。新浪每天都在首页以文字高亮的形式推荐一些相关的博客文章，尤其是在一些突发事件和重要事件上，新浪会在首页重点推荐许多相关的博客文章。

（二）视频分享网站

优视网（YouTube）于 2005 年 2 月问世，创建者是查理·赫里

(Chad Hurley)和陈士骏(Steve Chen)。优视网是到目前为止世界上最成功、实力最强、影响力最广的在线视频服务提供商，优视网的系统每天有上千万个视频片段需要处理，为全球数以亿计的用户提供高水准的视频展示、浏览、上传、分发等服务。优视网的最大特点就是上传视频免费，用户只要注册了优视网账号，便可将自己拍的视频短片免费上传到优视网上同他人分享。2006年11月，Google公司以16.5亿美元收购了优视网，并把其作为一个子公司来经营。

优视网是一个面向所有网络用户的C2C(用户对用户)视频网络，通过注册会员上传各种类型的网络视频供其他网络用户观看。所有节目都存储在网站上，用户可以随时查找自己喜欢的节目，点击播放就可以在线观看，随时都可以看到喜欢的节目，再也没有了时间的限制，这是视频网络对传统电视媒体的最大挑战。网络视频节目长度主要在0.5—20分钟之间，同传统电视节目时间固定相比，更灵活多变，可以满足人们快节奏生活下的要求。其视频还可以被博客或个人空间所引用播放，对视频感兴趣的博客或个人空间读者很有可能点击优视网，并成为优视网的观众。用户还可以给节目打分和评论，给他人提供建议。在网络上，用户可以畅所欲言，对喜爱的节目加以赞扬，对不喜爱的节目进行批评。用户还可以建立俱乐部，并在该平台推荐自己的视频作品，展示自己的个性，形成自己的网络圈。

在中国，类似优视网的视频分享网站有很多，如优酷网、土豆网、酷6网、我乐网、搜狐视频等，它们都是借鉴了优视网的传播模式，视频也多由网友自己拍摄，然后上传到网站上和其他人分享。其中，在中国影响力最大、资源最丰富、覆盖范围最广的还要数优酷网。优酷网以视频分享为基础，开拓三网合一的成功应用模式，为用户浏览、搜索、上传和分享视频提供高品质的服务。

优酷网是中国领先的视频分享网站，2006年12月开始运营，受众面广泛，兼顾校园、微博等多种渠道，注重会员间的信息互动与交流，利用虚拟社区和特色活动来吸引受众。以“快速播放，快速发布，快速搜索”为宗旨，注重用户体验，不断完善服务策略，充分满足用户日益增长的多元化互动需求，使优酷网迅速成长为中国视频网站的领头军。优酷网CEO、创始人古永锵解释优酷网名字的由来：“优，代表服务品质，优酷倡导一种精品视频文化，让精品内容浮出水面，让用户价值充分展现；酷，代表用户体验，第一时间品味独特的视频自助餐，满足人人参与的热情与个性化生活方式的表达。”

优酷是国内首家为微视频免费提供无限量上传与存储空间的网站。优酷网“我的优盘”板块，是优酷网用户专属的私人空间，包括我的视频、我的播放列表、我的订阅、我的收藏、我的PK擂台、我的俱乐部和我的好友等群组功能。区别于某些网站的视频堆积，优酷注重利用多纬度的TOP排名、频道分类索引、标签、个人发起擂台、视频俱乐部等有效手段，兼顾技术搜索功能与人气推荐手段，最大化发挥C2C内容聚合与推荐的力量，帮助用户迅速找到喜好的视频和感兴趣的社区，让用户“看得爽、找得快、传得广、比得酷”。优与酷的融合，吸引了大批崇尚自由创意、喜欢收藏或欣赏微视频的网民，也为传统媒体的发行和推广提供了新的平台。[①]

（三）社交网站

脸谱网（Facebook）是一个社交网络服务网站，于2004年2月上线，创始人是哈佛大学的学生马克·扎克伯格。从2006年9月起，每个人只需输入有效的电子邮件地址和自己的年龄段，即可注册成为Facebook用户。用户也可以选择加入一个或多个网络，比如学校、公司、地区等。从2006年9月到2007年9月，Facebook在全美网站中的排名由第60名上升到第7名。Facebook也是美国排名第一的照片分享站点，每天上载上千万张照片。

社交网站在中国目前也形式多样，主要包括人人网、豆瓣网、百合网、QQ空间、百度空间等，其中影响力最大的是人人网。人人网的前身是千橡集团旗下著名的校内网，于2005年12月成立，2009年更名为人人网，社会上所有人都可以来到这里，从而跨出了校园内部这个范围。人人网是为整个中国的互联网用户提供的SNS社交网站，给不同身份的人提供了一个相互交流的平台，提高用户之间的交流频率，提供发布日志、保存相册、分享音乐视频等站内外资源等功能，搭建了一个功能丰富、高效的用户交流互动平台。

（四）微博客

Twitter是一个社交及微博客服务的网站，最初由斯通、威廉姆斯和多尔西三人在2006年共同创建，它利用有线和无线网络、通信技术等，

① 曾臻、诸彦含：《甩着“长尾巴”的中国视频网——优酷网》，《科技创业月刊》，2007（12）。

进行信息的即时传递和交流，是微博客的典型应用。用户可以将自己的最新动态和想法以简短的形式同时发送给个性化网站群里的多个人，而不仅仅是发送给个人。用户通过发布140个字之内的内容来和他人交流互动、分享最新的状态和传达知识等。Twitter是现有博客网站合理发展的下一步，它是可“随身携带”的博客，它实现了信息的流程化。

Twitter的这种形式在国内被称为微博。微博即微博客的简称，是一个基于用户关系的信息分享、传播以及获取平台。用户可以通过WEB、WAP以及各种客户端组建个人社区，以140字之内的文字更新信息，并实现即时分享。2009年8月中国最大的门户网站新浪网推出“新浪微博”内测版，成为门户网站中第一家提供微博服务的网站，微博正式进入中文上网主流人群视野。截至2012年底，新浪微博注册用户已超过5亿，总收入超过6000万美元。

新浪微博于2009年8月14日开始内测，9月25日新浪微博添加了“@功能”和“私信功能”，除此之外新浪微博还有“评论”和“转发”的功能，用户可以评论自己所关注的人所发的微博并转发成为自己的“转发微博”。新浪微博的推广策略采用了与新浪博客一样的明星效应法，即在推广最初邀请明星和名人加入新浪并开设微博，对他们进行实名认证。通过实名认证后的用户会有一个字母“V”在用户名后面，这样网民就知道这是真实的明星本人。用户可以通过手机客户端、网页和WAP页面发布140字以内的消息或上传图片，网页版还可以上传视频、音乐等。在新浪微博的个人界面中，每条微博上面显示文字信息，下面显示图片信息，右下角还显示该微博获得的转发和评论的数量。你可以通过点击“评论”来看别人对你所发微博的评论，评论会以论坛留言板的形式显示。

第二节　国内文化创意与策划研究概述

在积极引进和学习国外理论的同时，国内学者在文化创意与策划方面也进行了深入而广泛的探讨。以下对部分观点进行概要介绍。

中国传媒大学胡正荣教授认为，文化创意产业中的创造力是个体和群体力量整合的结果。首先是个体力量，创造力就是每个个体人创造能力的释放，是个性的释放、差异的张扬。其次是群体力量，社会要有自由宽容的机制，鼓励企业家精神、创新精神。如果社会的政策环境、制度安排、整体风气都是鼓励多元、宽容、差异、求新的，那么这样的社会就是具有创造力的社会。因此可以说，创造力以个体为核心，以群体为条件。文化创意产业最核心、最本质的创造力包括两个方面：第一是“原创”，即创造出前人没有的东西；第二是“创新”，就是对前人创造的好的东西进行改造或者更新。①

胡正荣还重视文化创意产业的营销和策划。他认为光有文化资源不够，还要有好的创作和制作，还需要完善的营销策划，才能实现产品的价值。他强调要学会营销文化产品，要明白文化产品定位的目标对象，还要注重产品的系列化和明星策略，注重产品的宣传、形象包装和推广。

范钦臣认为创意不是对传统文化的简单复制，而是依靠创意人才的智慧、灵感和想象力，借助于高科技对传统文化资源的再创造、再提高。②

胡晓鹏认为较技术创新而言，文化创意是一种更为高级的竞争性资源。进一步来讲，文化创意与技术创新作为两种相对独立的资源，具有密切的关联性。技术创新带来的是成本竞争型格局，文化创意则形成了差别竞争型格局；文化创意具有黏性，技术创新具有流动性；较技术创新而言，文化创意是培育国家竞争优势的更为高级的资源；技术创新具有价值结构调整功能，文化创意则具有价值总量提升功能；仅就两者的关系而言，技术创新与文化创意具有强烈的互动性。③

花建认为创意改变命运。文化创意产业链的开发，必须把握好以下四对关系：文化与市场的关系，规模与结构的关系，产业与企业的关系，做大与做强的关系。④

张庆盈把文化、创意、财富之间的关系表述为：文化是一个开放的系统，财富同样是一个开放的系统，这两个系统有很大的重叠部分，并且两个系统之间不断进行着交换；创意是两个系统交集中的一个子系统，这个

① 王育济、齐勇锋、侯样祥、韩英主编：《中国文化产业学术年鉴（2003—2007年卷）》，25—26页，北京，文化艺术出版社，2009。

② 王育济、齐勇锋、侯样祥、韩英主编：《中国文化产业学术年鉴（2003—2007年卷）》，296页，北京，文化艺术出版社，2009。

③ 王育济、齐勇锋、侯样祥、韩英主编：《中国文化产业学术年鉴（2003—2007年卷）》，312页，北京，文化艺术出版社，2009。

④ 王育济、齐勇锋、侯样祥、韩英主编：《中国文化产业学术年鉴（2003—2007年卷）》，313页，北京，文化艺术出版社，2009。

子系统同样是开放的，与文化、财富两个系统进行物质、能量、信息等的交换。①

仲大军认为创意必须建立在国家尊严、民族尊严、企业尊严、个人尊严的基础之上。创意首先取决于人格的建立，如果缺乏自信心，缺乏自尊、自强的人格，创意是不会发生的。②

金元浦认为创意中国、创新型国家是我国未来发展的主导方向。③

张旭东认为文化产业兴衰与否、能否在世界市场占据一席之地，创新的关键作用毋庸置疑。文化创新决定着文化产业的创新，文化产业的创新表征着文化创新的水平。④

台湾著名创意大师赖声川认为创意是人类最向往的一种能力。

赖声川是美国加利福尼亚大学伯克利分校戏剧学博士，台北艺术大学戏剧学院前院长，美国斯坦福大学客座教授及驻校艺术家，台湾“表演工作坊”艺术总监，曾获得“创意中国盛典”最具创意人物奖和EY年度创业家大奖。2006年出版的《赖声川的创意学》一书又使他成为中国创意导师。他曾编导舞台剧、电影、电视剧、剧场导演作品等，其中不乏惊世之作，如《暗恋桃花源》《如梦之梦》《我们一家都是人》等。

赖声川认为创意本身是由因和果构成的，创意人就在作品中创造因和果，编剧就是最直接的例子。作品中有属于作品的因果关系，生命本身有属于自己的因果关系。如果能够看到身外事物的因果，就能了解创意工程中如何运用因果。认识因果，了解因果的存在，就可以开始追踪因果。有些因看似随机，有些却脉络清晰，可以追到很遥远的过去和未来，这令生命充满一种神秘感，这种神秘感建立在理性分析的基础上，促成更成熟的世界观。能够认识到因果的关系，就能意识到万物的互联性。如果我们学会用因果的眼光去发现与看待这个世界，也许创意的源泉会不断喷涌而出；如果我们可以敏锐地把握住事物间的因果关系，可能我们的创意过程会更加如鱼得水，游刃有余。

---

① 王育济、齐勇锋、侯样祥、韩英主编：《中国文化产业学术年鉴（2003—2007年卷）》，314页，北京，文化艺术出版社，2009。

② 王育济、齐勇锋、侯样祥、韩英主编：《中国文化产业学术年鉴（2003—2007年卷）》，316页，北京，文化艺术出版社，2009。

③ 王育济、齐勇锋、侯样祥、韩英主编：《中国文化产业学术年鉴（2003—2007年卷）》，317页，北京，文化艺术出版社，2009。

④ 王育济、齐勇锋、侯样祥、韩英主编：《中国文化产业学术年鉴（2008年卷）》，223页，北京，文化艺术出版社，2009。

赖声川认为创意的精髓在于事物之间的联结，不同事物的不同联结方式可以创造出新颖的创意，我们必须准确地看到事物之间可能的联结方式。创意进行时，必须不断发掘新的关系、新的联结。创意人要首先学会观察事物的真实面貌，以及联结事物的各种可能性。赖声川在自己对佛法极深的研习中体悟出事物之间本身所蕴含的深层关系、联结、可能性，又能重新组合这些可能性，让新的关系从新的可能性中生成。在禅意的体悟中，创意的思维得到充分挖掘。

赖声川将创意的培养分为“创意概念（智慧）”的培养和“表现形式（方法）”的训练，而常见的创意培训大多忽视“智慧”的培养。他认为创意不仅仅是技巧上的进步，如果不在精神上、心灵上，在自我改造与转换上下工夫，创意永远不会有太大的价值。所以，要想有创意，先得从养心开始。创意所需的智慧主要的学习场域不是创意，而是自己的人生。生命体验中的许多事件存储在心灵的某个角落，而我们的心灵就好比一台计算机，平时自动搜集并在内存某处储存档案，当受到某种机制启发时，就会将这些生活经验连接在一起，这就是灵感的产生，也就是创意的产生。

他认为创意必须要有来源，这来源是自己心中的累积，心所看到、所感受到的一切。创意的最初动机对创意人的作品影响甚大。创意的过程固然重要，但没有一样事情比当初创作动机影响力更大。创意需要新鲜的看法，一种超越习性的看法；创意需要空间才能发生。

创意成就大部分依赖一般的行为和环境因素。他承认每个人都具有创意的禀赋，但是他又指出很少有人具备充分发展这种禀赋所必需的能力。充分发展创意，需要一个长期的承诺、一种坚定不移的目标意识、一份强烈的进取之心、一种集中精力为既定目标努力的实力和一个全力支持的家庭环境。

《赖声川的创意学》一书，是国内第一本将创意规则化、步骤化的实用工具书。在书中，赖声川告诉所有人，创意也是可以学习的：①

“创意就是要超越界限，重新定义事物和事物之间的关系。贴标签的本能使人们对事物画出界限与做出唯一定义，这对创造力绝对是障碍。

“学习‘创意’不能只在‘创意’的场域中学习，而是要分成两种不同场域，做两种不同范畴的学习。如前所述，这两种截然不同但密切相关的部门，一边称为‘智慧’，一边称为‘方法’，两者缺一不可。而智慧的

① 赖声川：《赖声川的创意学》，桂林，广西师范大学出版社，2011。

训练是在‘生活’的场域；方法的训练在各自的创意领域，简称‘艺术’。

“创意的智慧，包括人生经验和人生智慧，也包括创意技巧和创意经验。

“缺乏来自生活（而不是来自艺术）的个人智慧，一位创意人将连‘题目’都选不出来，至少在一开始创意的选择就已经受到局限。

“创意的智慧必须在生活中累积，创作时备妥，才能顺利运用。

“创意需要玩耍的空间，需要奔放的想象力。这个空间在我们心中，其间蕴藏着澎湃的能量，这也是创意能量的来源。但眼前我们心中塞满了各式各样的东西，像多年没整理的仓库，走都走不进去。打开创意渠道，首先要清理拥塞的内心空间，给金字塔呼吸的机会。

“随时看到自己的动机，让自己随时保持赤裸状态，自己揭露自己的动机，无处可逃，只好坦然面对，面对自己最赤裸的习性和欲望。这其实是人生的极佳状态，也是创意的极佳状态。

“一个人的世界观就是他看世界的观景台。这座观景台也是我们创意的观景台。如果设置在井底，当然视野有限；如果设在大气层上空，或许能看到地球的全貌，但所有的细节都看不到。要选择适当的位置，才能让自己的观察既全面又入微，创意因而得到最佳出发点。”

第三章　影视产业创意与策划

影视产业包括电影产业和电视剧产业。在我国，影视产业已成为文化产业的重要组成部分，是大众不可或缺的精神食粮。近年来，我国影视产业发展迅速，电影和电视剧产量逐年增长，利润逐年提高，影视剧中的高新科技含量逐渐增加，并逐步实现与国际接轨，国际影响力逐渐提高。

第一节　我国电影产业概况

据2012年10月发布的《2012：中国文化品牌评估报告》，我国已成为世界第三大电影生产国和第一大电视剧生产国。2002年我国年产电影还不足百部，国内票房不足10亿元；而2011年，我国电影产量达到791部，国内票房131.15亿元，电视剧469部、约1.5万集。

一、我国电影产业发展概况

我国电影产业起步较晚，1978年我国电影制片厂只有12家，故事片产量大约40部。1984年5月文化部正式提出成立中国电影总公司的体制改革方案，电影业开始走上独立核算、自负盈亏、自筹资金的道路。这一时期电影市场尽管存在改革带来的波动与反复，但从总体上看是处于曲折上升的阶段。

1987—1988年北京电影制片厂等中央直属的电影制片企业出现亏损，受此影响，全国展开是否拍娱乐片的大讨论。《当代电影》1987年连续三次刊载《对话：娱乐片》，又于1988年12月1日召开“中国当代娱乐片研讨会”，提出“娱乐片主体论”。1993年广电部下发《关于当前深化电影行业机制改革的若干意见》，指出电影制片、发行、放映等企业必须适应党的十四大确立的社会主义市场经济体制；电影作为精神产品，市场就在观众；检验电影市场发育如何，要看社会、经济两个效益。1994年8月广电部下发《关于进一步深化电影行业机制改革的通知》，规定影片发行权拥有单位可以直接向21个省市的各级发行、放映单位发行自己的影片，这一规定使电影企业的经营自主权得到认可。1999年，原中国电影公司、北京电影制片厂、中国儿童电影制片厂、中国电影合作制片公司、中国电影器材公司、中央电视台电影频道节目中心、北京电影洗印录像技术厂、华韵影视光盘有限责任公司等8家单位组成中国电影集团公司（China Film Group Corporation），简称中影集团（CFGC）。

进入21世纪后，中国电影产业进入转型期。2000年6月国家广电总局和文化部联合下发《关于进一步深化电影业改革的若干意见》，提出规范组建企业集团、试行股份制等措施。2001年12月国家广电总局和文化部联合下发《关于改革电影发行放映机制的实施细则》，决定建立两家进口影片发行公司，除了保留中影集团原有的进口影片发行公司之外，再建立一个进口影片股份制发行公司，实行以院线为主的发行放映机制。同年，国务院颁布新的《电影管理条例》，鼓励企业、事业单位和其他社会组织以及个人以资助、投资的形式参与摄制电影片。

2003年12月国家广电总局颁布《电影制片、发行、放映经营资格准入暂行规定》，这项规定的颁布激活了中国电影产业的内在潜力，随后一大批民营影视公司成立，中国电影开始走上商业之路，同时也开始向着文化创意产业的时代摸索前进。2007—2008年相继出台的《数字电影院线公司的实施办法（试行）》《关于重申电影审查标准的通知》和《数字电影发行放映管理办法（试行）》，标志着中国电影市场逐步迈入了健康规范的发展时期，并且有了更成熟的宣传策划和丰富的电影类型。

原国家广电总局统计的数据显示，2009年全国电影票房增至62.06亿元，国产电影票房占56.6%，创下了连续7年超过进口片的纪录。2010年底中国内地电影票房突破100亿元，2011年的10月18日又创下第二个100亿元，2012年突破百亿元的时间提前到了8月中旬。据统计，2012年全年累计有21部国产影片票房过亿元，数量超过历年，其中《人再囧途之泰囧》以12.64亿元的票房收入创造了国产影片票房收入新纪录。2012年我国城市影院建设高速发展，主流院线影院基本全面实现数字化放映，3D数字放映、IMAX（Image Maximum）巨幕放映设备进一步普及，全年共有12部国产3D影片登陆市场。

2013年1月10日国家广电总局电影局在北京召开新闻通气会，电影局局长童刚介绍，2012年国内共生产故事影片745部，全年各类电影总量达 893 部，全国电影总票房达 170.73 亿元，同比增长 30.18％，其中国产影片票房 82.73 亿元，占总票房的 48.46％。[①] 2013 年上半年电影票房就已达到 109.94 亿元，中秋小长假期间全国电影市场票房 2.3 亿元。

二、我国电影类型介绍

目前中国电影的类型主要有武侠动作（功夫）、恐怖、爱情、喜剧、剧情、侦探、战争、惊悚、伦理、科幻、传记、音乐歌舞、“主旋律”电影等。在这里主要介绍以下几种类型：

武侠动作（功夫）片是国产商业类型片的中流砥柱，是中国电影市场上发展最为成熟的电影类型，“是一种绵延不绝又推陈出新的类型片。在世界电影艺术之林中，武侠电影已经成为西方电影模拟、仿制的对象。在形形色色的国际电影奖台上，武侠电影最先摘取具有权威性的国际电影奖项。在风云变幻的电影市场里，武侠电影片总有雄踞榜首的票房业绩”[②]。武侠电影创造了中国电影史上的一个个票房奇迹，从 20 世纪 20 年代的《火烧红莲寺》到 80 年代的《神秘的大佛》《少林寺》《武当》《自古英雄出少年》《南拳王》《神鞭》等一批优秀的武侠片缔造了中国武侠电影的高潮。[③] 90 年代内地开始和港台合拍武侠片，出现了如《新龙门客栈》《新火烧红莲寺》《东方不败》《东邪西毒》《天龙八部》等经典影片。这些影片中增加了喜剧成分、娱乐功能和现代电影动画特技，带动了电影市场的又一次高潮，推动了中国电影的产业化和国际化进程。进入 21 世纪后中国电影市场出现了一些国际化的武侠大片，如《英雄》《十面埋伏》《无极》《满城尽带黄金甲》《夜宴》《投名状》《十月围城》《大兵小将》《锦衣卫》《龙门飞甲》《太极》《狄仁杰之神都龙王》等，这些国际化大片有着共同的特点，那就是投资巨大、任用明星导演和演员、画面唯美、特技高超、获得国际奖项、开创国产电影票房新纪录。中国武侠大片不仅传播了中国传统文化，也成为世界影坛上具有影响力和竞争力的影片形式。

除了走国际化路线的武侠大片之外，剧情片和爱情片是我国影坛的另一大阵地，也是传统的电影类型。在这两种类型的电影中也不乏优秀的国

---

① 李霆钧：《2013 年电影局新闻通气会在京举行》，《中国电影报》，2013-1-14。

② 贾磊磊：《武之舞——中国武侠电影的形态与神魂》，1—2 页，郑州，河南人民出版社，1998。

③ 陆茂清：《〈火烧红莲寺〉与武侠电影世界》，《文史精华》，2008（1）。

际大片，如张艺谋导演的《红高粱》《菊豆》《大红灯笼高高挂》《秋菊打官司》《活着》《摇啊摇，摇到外婆桥》《一个都不能少》《我的父亲母亲》《幸福时光》《山楂树之恋》《金陵十三钗》，陈凯歌导演的《霸王别姬》《风月》《荆轲刺秦王》《梅兰芳》《赵氏孤儿》，姜文的《阳光灿烂的日子》《鬼子来了》《太阳照常升起》《让子弹飞》，等等。爱情片主要以都市浪漫情感电影为主，如《甜蜜蜜》《花样年华》《情人结》《云水谣》《2046》《不能说的秘密》《全城热恋》《非常完美》《非常幸运》《一个陌生女人的来信》《单身男女》《非诚勿扰》《不再让你孤单》《将爱情进行到底》《爱》《危险关系》《第一次》《嫁个100分男人》《一夜惊喜》《被偷走的那五年》《101次求婚》《北京遇上西雅图》等，这类电影虽无较大投入，却不乏优秀作品。

喜剧片也是我国的主流电影类型，主要分为两类：一类是反映现实生活题材的中小成本喜剧，如《夜·店》《人在囧途》等；一类是“山寨”风格电影，如《越光宝盒》《三枪拍案惊奇》等。[①] 近年又出现温情都市爱情喜剧、黑色幽默喜剧、戏说古装喜剧三个亚类型，[②] 如《黄金大劫案》《飞越老人院》《搞定岳父大人》《河东狮吼2》《武林外传》《饭局也疯狂》《人再囧途之泰囧》等。[③]

2013年中国荧屏出现“小青春”类型的电影，如《中国合伙人》《小时代》《小时代·青木时代》《致我们终将逝去的青春》。《中国合伙人》讲述了在改革开放之初，三个年轻人怀抱“美国梦”开始创业历程的故事。电影上映后各种版本的语录、励志的段子在网络上、微信中传播，影片不仅承载着三个年轻人的创业之梦，也承载着中国年轻电影人的电影之梦。《致我们终将逝去的青春》改编自作家辛夷坞的同名小说，由赵薇导演，关锦鹏监制，李樯编剧，讲述了8位大学生由青涩走向成熟的青春历程，充满了对青春时代的缅怀与追忆。

魔幻片是近年新兴的电影类型。随着电影特技的发展，以及对中国五千年传统文化资源的发掘，出现了《画皮》《画壁》《新倩女幽魂》《白蛇传》《画皮2》等一大批带有魔幻色彩的影片。另外还有侦探片、犯罪片、悬疑片等类型，如《窃听风云2》《线人》《边境风云》《消失的子弹》《逆

---

① 饶曙光、李亮：《别做喜剧电影创作上的“懒汉”》，《中国艺术报》，2010-1-8。

② 陈旭光：《近年喜剧电影的类型化与青年文化性》，《当代电影》，2012（7）。

③ 饶曙光、鲜佳：《当下国产类型电影创作的结构性发展特征及其前景》，《浙江传媒学院学报》，2013（2）。

战》《痞子英雄之全面开战》《追凶》《大上海》等。[①]

第二节　电影产业创意与策划

我国电影产业要把创意与策划作为最核心、最重要的环节，突破陈旧观念，提升创意空间。

第一，电影特效的创新。

特效是指特殊视听效果。伴随着电影业的发展和科技的进步，特效越来越成为电影的一种重要表达元素，成为电影与观众进行沟通的必要语言元素，也成为受众审美体验的重要来源。过去很多无法通过直接拍摄获得的画面可以通过特效来完成。为了降低现场布景的难度，减少对实景、服装、化妆、道具等的依赖，降低演职员的危险，许多高难度、高危险性表演的画面也可以通过特效处理来替代。有些特效能够创造出新的视听体验，直接带给受众审美愉悦。所以发展电影特效自然而然地成了电影发展的必然趋势，也成了受众电影审美诉求的主要对象之一。

随着全球电影数字化进程的全面推进，3D 特效日益成为电影创作生产的重要手段。3D 电影根据制作技术可分为 3D 动画电影、数字实拍 3D 电影和 2D 转 3D 影片等三种形式。2009 年末著名导演詹姆斯·卡梅隆(James Cameron) 执导的《阿凡达》创造了电影史上新的票房纪录，开创了“3D 电影元年”，也揭开了电影制作的新纪元，继而引发了 2010 年的“3D 狂欢年”。2010 年北美电影票房排行榜的前 10 部电影中，有 6 部以 3D 格式上映。[②] 近两年我国进口片的 3D 和 IMAX 技术革新成为票房的新增长点。

中国第一部 3D 立体动画电影《齐天大圣前传》于 2009 年 9 月上映，这是国内首次独立完成技术处理、按照国际数字电影通用格式制作并向电影院正式发行的商业 3D 影片，它迈出了中国全 3D 立体动画电影的第一步，推进了国产电影的 3D 技术革命。与《齐天大圣前传》合称“3D 动画三部曲”的《齐天大圣闹天宫》和《猪八戒招亲》也陆续制作推出。[③]随后其他 3D 立体电影纷纷出现。2009 年 8 月，中国首部 3D 真人实景电影

① 饶曙光、鲜佳：《当下国产类型电影创作的结构性发展特征及其前景》，《浙江传媒学院学报》，2013 (2)。

②③ 司峥鸣：《中国 3D 电影产业的现状与发展对策》，《学术交流》，2012 (1)。

《乐火男孩》上映，《花木兰》《唐山大地震》《堂吉诃德》《苏乞儿》《麋鹿王》等也都被制作成3D立体版本。2011年的《兔侠传奇》《五月天追梦3DNA》《龙门飞甲》和2012年的《大闹天宫》《画皮2》等3D电影先后上映。IMAX格式的国产影片《龙门飞甲》运用真人3D技术效果，获得年度国产片票房亚军的成绩。2012年上半年上映的6部国产3D影片中，最引人注目的《画皮2》更是运用3D技术刷新了华语电影有史以来的最高票房纪录，华谊兄弟推出的《太极》系列也以3D格式上映，国产大片将“走3D之路”作为一种紧跟潮流的市场策略。

虽然目前中国3D电影处于数字电影发展的初级阶段，但是毋庸置疑中国3D电影产业市场潜力巨大。应加快3D数字电影制作的设备国产化，提升数字技术在影片制作中的应用水平，争取有利的国际分工地位。应以本土制作资源、技术为核心，市场化运作，实现中国数字电影技术的先进性、科学性和国际水准。3D电影的热潮不但代表了电影产业发展的方向，也意味着它将成为一种新的行业制作和艺术欣赏的标准。电影人正在努力用新技术、新形式开拓电影的艺术表现力。①

第二，凸显人道主义精神。

人伦关系与道德规则是中国传统文化关注的重心，加上天人合一思维方式的影响，所以中国人的传统观念比较排斥直面不可抗拒的力量和超验的、神秘的东西。而伦理情节剧的现代转化，则必须直视天人冲突。《唐山大地震》在这对矛盾的处理上做出了突破性的探索。大地震带来的心灵创伤是无法抗拒的，母亲必须在两个孩子中二者择一，天公然向人提出了挑战，最后还是深藏心底的伦理温情战胜了内心的绝望与脆弱，母女相拥而泣，感天动地。② 这样的剧情安排更关注“人道”，这正是以儒家文化为主导的中国传统文化的一大特点。

第三，创作好的故事。

故事是电影的核心，有好的故事才可能有一部好的影片，故事是商业电影的基础和根本。这里以冯小刚的电影为例：1995年的《永失我爱》，1997年的《甲方乙方》，1998年的《不见不散》，1999年的《没完没了》，2000年的《一声叹息》，2001年的《大腕》，2004年的《天下无贼》，2006年的《夜宴》，2007年的《集结号》，2008年的《非诚勿扰》，2009年的

① 司峥鸣：《中国3D电影产业的现状与发展对策》，《学术交流》，2012（1）。

② 陈树超：《论近年来国产电影的类型化倾向》，《山东艺术学院学报》，2012（1）。

《风声》，2010 年的《唐山大地震》和《非诚勿扰 2》，2012 年的《温故 1942》……几乎每部电影都不同凡响，奠定了冯小刚“贺岁片之父”的地位。冯小刚电影的成功，究其原因首先在于创意的成功，在于人物形象塑造、主题选择、故事情节等方面的创意紧紧抓住了受众心理。他的影片总是选择当下的社会热点问题，巧妙地面对民生；他懂得中国大众的心理，总能敏锐地捕捉、恰当地把握社会心理，创作出能让受众感动的故事。正如他在《冯小刚自述过去的故事》中提到的：“正是有了多年的城市平民生活做积淀，才让我能真正了解他们心中想的是什么，期待的是什么。”洞悉受众心理，塑造可信、可亲、具有时代气质的人物形象，以故事为王，设计扣人心弦的情节，① 这就是冯氏电影的成功之道。

第四，营销策划模式。

目前我国电影的营销策划模式主要有以下两种：

一种是影视公司与导演合作制。如华谊兄弟王中军王中磊与冯小刚、中影韩三平与陈凯歌等，其他影视公司的热门合作导演还有徐静蕾、姜文，港台的徐克、刘伟强、叶伟信等。华谊兄弟对冯小刚品牌的打造是全力以赴全方位进行的。例如，根据冯小刚现有艺术创作能力和未来发展潜力，结合电影市场需求，为其度身定制高质量的电影题材；在影片的投资拍摄中给予冯小刚充分的尊重、信任和支持；通过提高资金保障力度，聘请最优秀的演职人员；加强剧组管理，尽量为其创造良好的艺术创作环境并充分发挥导演才干；在影片的宣传发行中，公司不惜斥资宣传“冯小刚电影”品牌，塑造和提升冯小刚的个人影响力和行业声誉。②

华谊兄弟在与冯小刚密切合作的实践中形成了具有鲜明特色的后期市场化操作方式，发行策略是其关键部分。华谊兄弟与美国的哥伦比亚公司、香港的寰亚公司等合作进行境外电影发行，如《手机》《大腕》等电影主要借助哥伦比亚公司在海外发行，《天下无贼》《夜宴》等电影在东南亚地区的发行权独家卖给了寰亚公司。这些片子在境外就能拿回全部投资，境内发行的收入就是净利润了。华谊兄弟还根据中国电影市场消费的现实情况以及影片的风格特点，在京、沪、苏、浙、川、辽、粤等院线集中地区采用分账发行，而对于地区票房潜力较不明晰或院线稀少的地区则大多采用地区买断的方式发行。③

---

①②③ 王欣涛、陈旭光：《冯小刚和“华谊兄弟”：面向市场的创意艺术与创意经济——兼及对中国电影未来发展战略的启示》，《浙江传媒学院学报》，2011（4）。

华谊兄弟对冯小刚电影宣传手段的重点是在影片公映前，借助广播、电视、报纸、杂志、网络等强势媒体进行大面积、全方位、多层次的综合宣传引起消费者的广泛关注。同时，宣传方还采用发放海报、设立灯箱广告、与影院合作进行有奖观影等方式，多面出击，争取在更为细致的层面上加大宣传的广度与力度。最后，发行方还不忘组织影片的主创人员在全国各大放映区与观众见面，面对面交流，回答观众提出的各种问题，间接为影片持续宣传，引起一轮又一轮的观影高潮。①

针对冯小刚电影的营销还时常别出心裁。如《一声叹息》上映时，各影院的巨大横幅上都写下了冯小刚的“特别忠告”：忠告一：谨以此片献给风雨飘摇的中年男人；忠告二：奉劝心里有鬼的男士，千万不要和妻子一起看本片；忠告三：影片会让心虚者看得心惊胆战，让遇事者看得唏嘘不已；忠告四：已为人妻的女士、未婚女士、爱河中的情侣不可不看。此外，举办《天下无贼》首映义卖，在淘宝网拍卖刘德华在影片中穿过的皮裤、李冰冰围过的披风等，装点了“天下无贼号”列车从北京西站开到了香港九龙，使得《天下无贼》在上映之前就已吊足了观众的胃口。②

我国电影的另一种营销模式是产业链运作模式。电影并不是一个孤立的产业，需要创意、制作与技术的支持，需要多种配套产业并行发展，通过产业系统的支持，产生价值系统。产业链条化可促进行业整合，增加产值，吸引外资，发挥市场潜力，促进区域经济成长与多样化，推动电影产业可持续发展。可见，电影实际上已经成为一种被相关产业包围的核心创意产业，是一种可以进行多重商业开发的产业。电影产品的后续开发价值很多情况下已经超越了电影作品的票房价值。

第五，擅用喜剧特色。

2012 年宁浩导演《黄金大劫案》是一部喜剧、动作、冒险、剧情片，延续了他一贯的“黑色幽默”风格，明快紧凑的叙事节奏、荒诞传奇的故事内容、丰富多元的人物形象、幽默诙谐的语言风格，吸引了一大批观众群体的喜爱。该片票房过亿，并获得第十一届长春电影节“最佳男主角奖”和“最佳编剧奖”。

2012 年最纯粹的喜剧片要属徐峥首次自编、自导、自演的《人再囧途之泰囧》，故事围绕一次“糟心之旅”展开，徐峥、王宝强、黄渤“三人

---

①② 王欣涛、陈旭光：《冯小刚和“华谊兄弟”：面向市场的创意艺术与创意经济——兼及对中国电影未来发展战略的启示》，《浙江传媒学院学报》，2011 (4)。

行”跨出国门远赴热带风情浓郁的泰国，一路遭遇“敌人”阻击，上演泰国冒险传奇。影片上映后受到观众极力热捧，被赞为“年度最好笑喜剧”，上映5天票房突破3亿元，创造华语片首周票房纪录；上映一个月票房达到12亿元，刷新了国产影片的票房纪录；观影人次也达到了3600万人，超过了《变形金刚》和《阿凡达》。①

第六，创新电影制作模式。

目前我国电影的制作模式是导演中心制，导演是电影创作的主体，可以按照自己的构想来拍摄电影，但是无法兼顾整个电影制作的预算、观众的喜好以及营销和策划，这就无法保证高票房。好莱坞电影制作模式主要是制片人中心制，这一制度保证了好莱坞生产的影片既能根据观众的期待系列化地生产某一类型影片，也可以相对灵活地根据观众期待的变化调整其中的元素。我国的电影制作模式也在慢慢向制片人中心制转变，如《画皮2》，制片人将整个创作过程贯穿于产业链的各个环节，特别是将营销发行也纳入到制片管理中，以专业化、流水化的方式践行大电影生产观念。②

第七，微电影创意模式。

“微电影”这一概念最早由凯迪拉克品牌提出，其联手中影集团和吴彦祖打造的广告《一触即发》被称为中国首部微电影。凯迪拉克微电影营销的大获成功，开创了基于新媒体背景的一种新的营销模式。之后，各类微电影如雨后春笋般出现在互联网上。如著名的《老男孩》，在没有海报、没有票房的前提下，意外造成了全民轰动和集体怀旧的传奇效应。作为一种新型的品牌营销模式，微电影不再是单向诉求，而是通过引发互动的扩散传播，打通品牌与娱乐和视频类媒体之间的传播壁垒，借势“微传播”概念及微博等渠道形成非凡热度，从而达成预期的品牌传播效果。③

目前对微电影还没有一个准确的定义，大多认为微电影片长在30—300秒之间，具备与传统电影大片同样的高制作水准，符合当下主流人群对于精神自由的进一步追求，能充分利用碎片时间，使过去曲高和寡的电影艺术真正回归大众。由于片长有限，主创人员必须摈弃传统影片中的一切冗余成分，将完整而紧凑的情节呈现给观众。能否在有限的几分钟甚至几十秒时间内让影片情节丝丝入扣，同时塑造出鲜明的人物形象，是衡量

① 刘明、陈刚：《〈人再囧途之泰囧〉：不可复制的票房奇迹》，《当代电影》，2013（2）。

② 陈旭光：《走向一种“制片人中心制”与“创意制片管理”理念——从〈画皮2〉谈中国电影制片管理的观念转型与机制变革》，《艺术评论》，2012（9）。

③ 康初莹：《“微”传播时代的微电影营销模式解读》，《新闻界》，2011（7）。

一部微电影作品成功与否的标准。简而言之，微电影具有鲜明的“三微”特性，即微时、微制作周期和微投资规模。[①] 微电影作为新兴事物，从制作到播出都是基于网络平台，目前国家并没有严格的审查机制，这使得微电影获得了相对宽松的创作空间，易于新锐导演和演员的电影理念和自我价值的实现。

微电影的创意与策划主要表现在以下几个方面：

首先是题材贴近受众生活。微电影讲述的都是发生在受众身边的人和事，可能是每个人都经历过或看着别人经历过的，迎合一代人的情感需求，引发社会主流人群的共鸣，同时又让人在思考中回味，在回味中领悟。微电影的互动性和参与性较强，只要有兴趣、有想法，就可以写剧本、当演员、当导演，制作自己的微电影。人人皆可参与制作，而每个人的评论和转发也参与到了微电影的宣传过程中，如“快女微电影”的上亿点击率主要靠在人人网、微博等社区网站的分享和口碑宣传。微电影拥有开放的传播平台，除在网络上播出之外，还可在手机、公交和地铁的移动电视等多种移动终端上播放，优秀作品还可在电影院线播放，优酷网的“11度青春微电影系列”就率先开通了网络与院线播出的双平台。此外，微电影为了符合年轻人的口味，多采用轻松幽默、诙谐恶搞的话题。而利用微电影为演艺界新人进行宣传造势以赢得更多粉丝的支持，也逐渐成为潮流。[②]

其次是表现形式创新。微电影在有限的时间内展开情节，直入主题，再加上品牌的自然融入，会取得意想不到的效果。在凯迪拉克《一触即发》微电影中，无论是最初从大楼跳下、千钧一发之际的“无钥匙开门系统”“一键式启动”，还是在被直升机追截检查车况时的“全监控车况系统”，还是在“On Star”的帮助下找到救命通道的隧道并最终甩开对手，都将凯迪拉克“赛威”汽车卓越的性能和配置在一路惊险中展现无遗，恰到好处地凸显了品牌的特点和优势。[③]

再次是制作发行简单易行。微电影的制作门槛低，投入资金低，投入少则几万元，多则几十万元。对拍摄器材的要求也低，只需要一部单反相机或高像素的手机就能拍出具有完美创意的完整故事。微电影的拍摄和制作周期短，短则几天，长则几个月，导演和演员容易空出档期进行拍摄，

---

①③ 康初莹：《“微”传播时代的微电影营销模式解读》，《新闻界》，2011（7）。

② 崔兆倩：《浅析微电影的现状及发展》，《新闻爱好者》，2012（4）。

尤其是对于名导和名演员而言，大大提高了拍摄的可操作性。目前国内微电影按制作方式可分为三类：一类是草根表演、制作的微电影；一类是广告主量身定制的，名导、明星担纲的品牌营销微电影；一类是视频网站或门户网站发起制作并寻求广告品牌合作的，对导演和演员没有很强专业性要求的剧集型微电影。微电影的发行也相对简单，目前主要通过网络发行。[①]

微电影为更多有志于电影创作的人提供了成就自己的机会，他们的执著追求、独特的个人风格和天才想象必将带来更多优秀的微电影作品。而微电影的创作也为年轻导演的电影之路积累了经验，这也将改变中国电影的面貌，推动中国电影的发展。

第三节　我国电视剧产业概况

我国已经成为全球生产、消费电视剧最多的国家。2003 年开始，我国每年的电视剧产量都超过了 1 万集，2008 年为 502 部 14498 集，2009 年为 402 部 12910 集。虽然 2009 年的数量有所回落，但是电视剧销售收入达到 21 亿元，比 2008 年增加了 5 亿元。[②] 目前我国已经逐渐形成一个比较完整的电视剧产业模式，成为世界电视剧生产和消费第一大国。

一、我国电视剧产业发展概况

1958 年我国第一部电视剧《一口菜饼子》播出后，中国电视剧经历了 20 世纪 80 年代的市场导入阶段，90 年代的高速成长阶段，到近几年的年产量突破万集，目前我国电视剧产业已经形成相对完整的产业链。

我国电视剧产业的发展离不开国家的政策支持。2004 年国家广电总局颁布《广播电视节目制作经营管理规定》；2005 年中共中央办公厅和国务院办公厅颁布《国务院关于进一步加强和改进文化产品和服务出口工作的意见》，2006 年在此意见的基础上又颁布了《关于鼓励和支持文化产品和服务出口的若干政策》；2006 年国家广电总局印发《电视剧拍摄制作备案公示管理暂行办法》；2009 年国务院常务会议审核通过我国第一部文化产业专项规划《文化产业振兴规划》；2010 年文化部颁布《关于促进文化产品和服务“走出去”2011—2015 年总体规划》，协助推动影视产品与相关

---

① 崔兆倩：《浅析微电影的现状及发展》，《新闻爱好者》，2012 (4)。

② 赵晖：《中国电视剧产业现状问题探析》，《现代传播》，2010 (9)。

服务的出口；2011年中共十七届六中全会审议通过了《中共中央关于深化文化体制改革、推动社会主义文化大发展大繁荣若干重大问题的决定》，提出进一步实施文化“走出去工程”，完善支持文化产品和服务走出去的政策措施。这些政策的制定和实施，使电视剧资源能够得到更好的支配和使用，也拓宽了电视剧产业的融资途径，为电视剧的生产制作减少了行政审批的繁琐程序，为电视剧产业的发展提供了良好的政策环境。原国家广电总局电视剧司发布的数字显示，2011年全国生产完成并获得《国产电视剧发行许可证》的剧目共计469部14942集，平均日产40集，居世界第一，行业总体交易金额高达80亿元。

二、我国电视剧类型介绍

电视剧类型是基于长期制作、播出而形成的一些类型特征，是约定俗成的。电视剧类型是具有共同特征的电视剧所形成的种类，它是人们在长期的电视剧欣赏与审美过程中形成的一种心理认同经验，是人们对电视剧的一种审美心理的积淀。目前我国电视剧从类型上可以划分为青春偶像剧、情景喜剧、武侠剧、警匪剧、谍战剧、言情剧、伦理剧、科幻剧、历史剧、穿越剧、军旅剧等。电视剧类型化与电视剧编导个性化之间是矛盾统一的关系。类型剧不是倡导模式化，而是提倡创新。大众文化是电视剧类型形成的主要原因，产业化与市场化是电视剧类型形成的内在驱动力。①

目前我国电视剧类型发展呈现出三个特点：一是已有类型继续发展成熟；二是新增类型不断探索；三是类型创作手法和应用题材范围扩大，电视剧类型化生产机制趋于完善。② 根据题材剧情的不同，我国目前的热门电视剧主要分为以下几种类型：

第一，农村剧。进入21世纪后农村剧的创作呈现出一派繁荣景象，先后出现了《刘老根》《烧锅屯的钟声》《希望的田野》《当家的女人》《插树岭》《乡村爱情》系列等一批精品剧目。赵本山导演的农村剧，成功再现了当下农村的喜怒哀乐、悲欢离合。其代表作品《乡村爱情》等，剧中人物在语言、行为、造型上表现出明显的小品化痕迹，这已经成为农村剧的一种特殊元素，为提升农村剧的收视率做出了很大的贡献。③

第二，谍战剧。2002年《誓言无声》中的“谍战”元素已经初露端

---

① 张智华：《电视剧类型特点与产生原因》，《艺术百家》，2012（4）。

② 蔡盈洲：《中国电视剧类型研究》，3页，南昌，江西高校出版社，2009。

③ 刘誉：《新世纪以来中国电视剧类型化创作及叙事演变》，《现代传播》，2012（4）。

倪，随后的《梅花档案》《一双绣花鞋》等作品推动了谍战剧的发展。2006 年《暗算》在全国热播，它不仅延续了原有谍战剧的惊悚感和悬疑感，还在其中加入了与敌人在智慧上周旋的情节。2008 年的《潜伏》将谍战剧创作引向高潮，其中对信仰的诠释和追求成就了其不同于一般谍战剧的艺术品质。《潜伏》的成功使谍战剧迅速发展壮大起来，之后 2009、2010 年播出的《地上地下》《红色电波》《勇者无敌》《黎明之前》《暗剑》《内线》等作品使谍战剧逐渐成为一个成熟的电视剧类型。[①] 2011 年之后的谍战剧更加注意在题材上另辟蹊径，注重人性的叙述与刻画，如：《旗袍》着眼于展现红色女特工的传奇人生；《风语》以国民党“黑室”的破译机关为主要空间，叙述主人公完美的爱情和人生的理想被撕裂的悲剧；《刀尖上行走》侧重描写那个时代中共地下党员的感情，更加贴近人性，也更加真实残酷；《借枪》则重视人物衣、食、住、行和家庭、感情生活细节的叙述与刻画。如今，谍战剧已经成为我国广受欢迎的电视剧类型。

第三，青春偶像剧。1998 年播出的《将爱情进行到底》用浪漫纯爱的剧情征服了亿万观众；2001 年台湾偶像剧《流星花园》席卷大陆，刮起一股梦幻浪漫偶像剧旋风；2007 年的励志偶像剧《奋斗》、2011 年的《夏家三千金》《裸婚时代》除了单纯的恋爱剧情，还描述了婚姻的责任和社会的现状。著名导演赵宝刚，对现代都市男女青年和家庭生活把握得非常独到，如《过把瘾》《奋斗》《我的青春谁做主》《北京青年》等，都受到广大青年人的热捧。2013 年的《花非花雾非雾》继承了琼瑶一贯的唯美浪漫的青春爱情偶像剧风格，除此之外又加上悬疑的情节，让整个故事充满神秘感和吸引力。

第四，宫廷剧。近年来宫廷剧热播，如 2009 年由香港电视广播有限公司制作的《宫心计》、林心如主演的《美人心计》、2011 年由林心如任制片人兼主演的《倾世皇妃》均获得较高人气。2011 年《宫锁心玉》《步步惊心》等“穿越宫斗剧”热播荧屏，男女主人公穿越在历史与现实之间演绎着一个个离奇而感人的爱情故事和尔虞我诈的宫廷生活。2012 年热播的《甄嬛传》更是以精致的服装造型、逼真的演出场景和演员精湛的演技征服了观众，赢得超高人气，火遍内地、港澳和台湾地区，甚至走向世界，2013 年主演孙俪入围第 41 届国际艾美奖最佳女主角提名。

第五，家庭剧。家庭剧是我国电视剧传统剧型，分为家庭伦理剧和家

① 刘誉：《新世纪以来中国电视剧类型化创作及叙事演变》，《现代传播》，2012（4）。

庭情景喜剧。1990年的《渴望》曾红遍大江南北，一度出现万人空巷的局面，囊括了1991年第九届大众电视金鹰奖的几乎所有奖项，成为中国电视剧发展的历史性转折。近年的《新结婚时代》《中国式离婚》《中国式结婚》《结婚十年》《裸婚时代》等都给观众留下深刻印象。2011年开始播出的《家常菜》《王海涛今年四十一》《养父》《下海》等不约而同地改变了以往"悲情母亲"的剧情，纷纷打出"苦情男人"牌，塑造了一个个忍辱负重、有责任感、有担当的好男人形象。家庭情景喜剧因为其营造的轻松欢快的家庭氛围和幽默搞笑的语言而深受观众喜爱，如《我爱我家》《家有儿女》。

除了以上电视剧类型之外，还有武侠剧、历史剧和红色革命题材剧等类型丰富着我国的电视荧屏，这里不再一一赘述。

第四节 电视剧产业创意与策划

我国电视剧产业的创意与策划主要表现在以下几个方面：

第一，电视剧类型的创意。

近年来我国电视剧不断有创新类型出现，并表现出日益多元化的趋势。如《金婚》以及《咱爸咱妈六十年》和《相伴》作为家庭剧代表相继亮相荧屏；《潜伏》《勇者无敌》《冷箭》《神秘人质》《旗袍》等谍战剧蜂拥而至；《宫锁心玉》《步步惊心》《美人心计》《宫心计》《甄嬛传》等刮起一阵宫廷剧热潮；红色革命剧《中国1921》《开天辟地》等唤起受众对革命年代的回忆。实践证明，对剧本内容的新意和创意的追求是无限并且是多元化的，创作出符合市场需求的好剧本是发展电视剧市场的前提。

第二，制作与播出模式的创意。

首先是自制剧和定制剧的出现。湖南电视台是我国率先推出自制剧并取得很好反响的电视台。如翻拍剧《新还珠格格》《又见一帘幽梦》《回家的诱惑》，红色剧《恰同学少年》《我的青春在延安》《风华正茂》，青春偶像剧《一起来看流星雨》《一起又看流星雨》《一不小心爱上你》，宫廷剧《宫锁心玉》等等。湖南卫视每年都有自制剧出现在自己的荧屏上，并且每部自制剧都获得了较高的收视率，引起很好的社会反响。

所谓"定制剧"，就是电视台介入选题或者剧本，制作公司与电视台一起投资制作的电视剧。东方卫视的《网球王子》、天津卫视的《杨光的快乐生活》都属于定制剧。特别是湖南电视台根据美剧《丑女贝蒂》改编的都市喜剧《丑女无敌》，在2008年第一季播出时便得到社会的广泛认同，成为当年电视剧市场上的一匹黑马。《丑女无敌3》号称“中国第一部歌舞青春电视剧”，在2009年继续开拍并播出，仍然保持全国同时段收视第一的桂冠。

其次是播出渠道的多样化。科学技术的进步和三网融合的实现使电视剧的播出模式多样化，出现如独播剧、台网同播剧、联合播出剧。独播剧如湖南卫视斥资800万元独家购买的韩国电视剧《大长今》，2007年浙江卫视以3200万元引进独播剧《争霸传奇》。网络平台热播剧如《夏家三千金》《步步惊心》《美人心计》《倾世皇妃》等点击率破亿。台网同播剧即电视台与视频网站同步播出电视剧，如华谊兄弟在《士兵突击》播出时，尝试与视频网站合作，这种合作方式既扩大了剧目的影响力，也拓展了播出的平台。2009年末，华谊兄弟上市后播出的第一部大戏《故梦》在北京卫视和优酷网同时开播。联合播出剧如2009年《我的团长我的团》被四家卫视买断，单集售价达到100万元，首播实现销售额4300万元，刷新了中国电视剧首轮销售的纪录。2010年，安徽、江苏、重庆、天津四家卫视联合首播《三国》，每集的购入价格均为160万元，首轮发行总收入超过1亿元。[①] 另外，手机电视、数字电视、地铁或公交等移动电视传媒也逐渐成为电视剧播放的新渠道。

第三，电视剧产业策划营销模式的创意。

首先是电视剧品牌化。

2009年播出的《我的团长我的团》由《士兵突击》的原班人马打造，由于《士兵突击》的良好反响，《我的团长我的团》在拍摄时就成为各家电视台争抢的香饽饽，成为当时单集购片价最贵的国产电视剧，发挥了《士兵突击》的品牌效应。另外《奋斗》及其续集《奋斗2》，《一起来看流星雨》以及《一起又看流星雨》，《丑女无敌》四季系列，《双面胶》和《王贵与安娜》，《血色残阳》和《血色迷雾》，这些同班底制作的电视剧形成了自己独特的风格，有自己的受众市场，形成我国电视剧市场上的造品牌剧目，成为电视剧产业创收盈利的新渠道。

其次是开拓海外市场。

原国家广电总局在《2009年中国广播电影电视发展报告》中建议积极引导广播影视企业面向全球不同文化背景消费者开发代表中华特色的电视

① 赵晖：《中国电视剧产业现状问题探析》，《现代传播》，2010（9）。

剧。政府设立专门的基金、项目，通过政府采购、委托生产等方式吸引、鼓励企业参加；通过补贴、出口退税、减免税收等方式支持电视剧出口企业，提高出口企业在价格上的竞争力；搭建国家电视剧贸易服务平台，帮助企业开拓国际市场；实施文化外交，由政府采购中国电视剧版权免费提供给国际电视机构或其他文化教育机构，塑造中国电视剧国际品牌，提升中国文化的国际影响力。①

中国电视剧向海外市场发行主要是通过合拍片的方式来进行，在制作方式、资金和主创人员方面进行融合，可以说是与海外资本共同投资、共同创作、共担风险、共同推广。2004 年中韩合作拍摄了青春偶像剧《北京，我的爱》《情定爱琴海》，2005 年中国国际电视总公司与好莱坞索尼影视娱乐公司在海外联合发行了古装剧《大汉风》，2007 年内地和香港合拍了家族剧《岁月风云》，2008 年中韩合拍了古装剧《飞天舞》，等等，这些剧集都不同程度地进入了海外的电视剧市场。这种合拍片通常是国家与国家、国家与地区的大范围合作，因而具有广阔的拓展前景。

再次是开发电视剧衍生产品产业链。

电视剧衍生产品是中国电视剧产业链上不可忽视的重要环节，电视剧与音像图书出版业、旅游业、服装业、电影业、玩具业、会展业以及影视拍摄制作基地的运营等诸多行业都具有很好的产业延展性。以 2005 年湖南卫视引进的韩剧《大长今》为例，该剧不但获得了惊人的收视热潮，并且还带动了其周边产业的全面发展，包括医疗、饮食、服装、图书、音像、游戏、旅游，乃至主题公园。2006 年播出的《武林外传》是电视剧衍生品开发的一个经典案例。该剧热播后，北京联盟影业有限公司董事长郝亚宁迅速做出反应，花了 100 多万元跑马占地，做了商业注册，包括品牌商标、卡通人物形象、商业分类商标，以及《武林外传》前传、后传、左传、右传、正传等相关作品的全部注册，投资 2000 万元并赚回了三倍于投资的利润。②当然，我国电视剧衍生产品的开发还有很大空间。

目前我国电视剧市场面临的问题是如何抓住机遇，站在新的历史起点上，实现从电视剧资源大国到电视剧产业大国的转变。要实现这一目标，必然还要经过一段时间的完善和发展，全面地提升我国电视剧产业的竞争力，真正使中国电视剧参与到全球的文化产业竞争中去。

①② 赵晖：《中国电视剧产业现状问题探析》，《现代传播》，2010（9）。

经典案例一：《人再囧途之泰囧》

《人再囧途之泰囧》是徐峥导演的电影处女作，影片以徐氏另类幽默的方式介绍了一位商界成功人士在商业竞争中所遭遇到的各种意想不到的情况。这部影片成为2012年中国影坛的最大惊喜，以3000万元的投资成为贺岁档乃至全年中国电影投资回报率最高的电影，被称为“国民喜剧”，票房突破12亿元，打破十余项中国电影票房各类纪录。

《泰囧》于2012年12月12日上映，首日票房就高达3650万元，成为近10年来首日票房最高的国产喜剧片。12月15日单日票房收入超过1亿元，打破了由《画皮2》创造的单日9000万元的纪录。影片上映5天后票房轻松突破3亿元，两周累计6.7亿元。2013年元旦期间，票房持续火爆的《泰囧》再掀高潮，在上映21天后，以超过3800万观影人次、50万场放映的成绩突破12亿元票房收入。

《泰囧》为何取得如此大的成功？我们从以下几个方面来分析：

第一，充满喜感的“囧神”组合。

早在2010年《人在囧途》上映之后，观众对徐峥和王宝强这一组合就表现出浓厚兴趣；而时隔几年之后，黄渤的加入，更让观众好奇这一汇集中国三大搞笑角色、性格鲜明的组合又将上演怎样的囧途。可以说这一“囧神”组合吊足了观众胃口。另外“女神”范冰冰的加盟更使观众充满了期待和惊喜。

第二，充满创意的徐峥式喜剧。

徐峥的《泰囧》以搞笑的人物个性将故事喜剧化，其中的喜剧元素大都是因为情节或性格而生，并不矫揉造作，同时又保证了故事的精彩，成功突破冯小刚式喜剧，以搞笑又不失温情的剧情安排成功俘获观众的心；适时打出的“轻轻松松过末日”的喜剧牌，更增添了票房人气。除此之外，《泰囧》还沿用了《人在囧途》中把风光片、公路片和喜剧元素相结合的方式，其新颖的题材和混搭元素更加吸引观众的眼球。

第三，多方位的营销和策划。

《泰囧》的投资方光线传媒在全国120多个城市都拥有电影发行网络，具备电视活动、线下活动、院线宣传、互联网传播等多平台整合营销的优势。在电影上映前，制作方就通过预告片和海报配合电影宣传，病毒式营销使得铺天盖地的电影宣传充斥着大众的视线，吸引观众进入影院为其买单。而有关宣传片和海报的制作与宣传都由导演徐峥主导，作为最了解这部电影的人，他将合作团队的营销创意和影片自身的特点结合，牢牢把握宣传片投放的节奏，使得每次宣传效果叠加，吊足了观众胃口，提升了票房预期。另外，《泰囧》充分利用微博、人人网等新媒体进行影片的宣传和推广，针对影片设计了多种供大众参与的活动方案，增加与潜在观众的互动；不论该影片在豆瓣网、时光网上的高分评价，还是微博上与之有关的好评，都一再发酵，巧妙地把每一位观众都变成了影片的宣传者和推介者，于无形之中对影片进行社会化网络营销。

《泰囧》的热映与恰到好处的档期选择息息相关。据悉，《泰囧》的制作发行方光线传媒原定于2012年12月21日上线，后发现20日前后，华谊兄弟的《十二生肖》、星美传媒的《血滴子》和博纳的《大上海》都纷纷上线。作为小成本电影的《泰囧》主动避开风头，将上映时间提前到了12月12日，这就恰好抢到了一个空白档期：热映近一个月的《少年派的奇幻漂流》票房吸金力逐渐下降，基本下线；《一九四二》《王的盛宴》已公映了两周，势头开始减弱；而《十二生肖》和《大上海》一周后才开始上映，况且其沉重的剧情与贺岁档观众追求喜庆的需求又有偏差。由此看来，《泰囧》此时登场，毫无竞争压力。而事实也证明，在上映首日，院线们就给了它34.1%的超高排片率，《泰囧》放映场次占当日总场次的近37%，观影人次占当日总人次的68%；到了16号票房过了3亿元后，排片率继续飙升至45.3%。

[资料来源：肖蓉等：《〈人再囧途之泰囧〉成功营销分析》，载于《中国市场》2013年第9期；徐颖：《〈人再囧途之泰囧〉的创意营销及策略》，载于《安庆师范学院学报（社会科学版）》2013年第4期。]

经典案例二：《甄嬛传》

《甄嬛传》改编自网络同名小说，作者是“八零后”网络女作家流潋紫。这部小说2006年在文学网站连载，受到网民追捧，被誉为“后宫小说的巅峰之作”。导演郑晓龙延续其一贯的现实主义风格，把故事安排在清朝雍正年间，有雍正之时的后宫故事，也涉及前朝。剧情紧紧围绕大家闺秀甄嬛富于传奇色彩的一生而展开，讲述了她如何从一个清纯少女成长为“腹黑”皇后、皇太后的历程。剧中人物的尔虞我诈、剧情的跌宕起伏、服装的雍容华贵、台词的精辟考究等都让观众赞不绝口，成为大家关注的热点。

安徽卫视开播一周后，收视率便位居全国同时段卫视播出第一名；东方卫视的收视率则创下了其电视剧播出有史以来本地数据和全国数据的最高值，并在全国同时段卫视播出排名第二；北京台多次重播，其收视份额最高值接近14%；与卫视同步播出的乐视网上线一周后，便获得5亿的单集点击量。而这些超高的收视率，竟是在9家地面台播出之后取得的。此外，《甄嬛传》还在美国、新加坡、韩国等国家和台湾地区播出。同时，该剧的周边产品也卖得火热，如服饰、头饰、原著小说等，剧情也被冠以所谓的"职场指南"。①

《甄嬛传》之所以如此成功，从创意和策划方面分析原因主要有以下几点：

第一，创意的语言风格。

《甄嬛传》的原著作者兼编剧流潋紫借鉴红楼梦的语言风格，大量引用唐宋诗词、古代典籍，每一句台词都非常精致考究，开创一种新的语言风格，被网友戏称为"甄嬛体"。如剧中常用的词语：本宫、臣妾、方才、想来、更是、极好、定可、必是、罢了、真真、巴巴；剧中常用的句式："若是……想必是极好的""便是再好不过了"等等。

甄嬛体在网络上爆红，从网购到减肥，从毕业论文到个人生活，涉及留学、美容、学外语、睡懒觉等广大领域，模仿的对象也由甄嬛扩展到华妃、皇后等人，先后出现华妃体、皇后体等。

下面一则"西瓜节"版的甄嬛体广告让人忍俊不禁："方才臣妾见皇后在屋中烦闷，想必是在宫中待久了，再好的景儿也难免腻歪。可巧儿前期乐多享游网放出消息来，说是金陵那边有个横溪西瓜节。单就这节日倒也罢了，断不敢惊扰皇上的，奇就奇在横溪的那些瓜们。我空长这许多年，从不曾想西瓜竟也有三角的、方形的、心形的、情侣的，模样儿新颖出彩、精巧可人，味道想必是极好的。难为那些瓜农们巴巴地惦着，还邀请了各路名角儿撑场，只盼着能博得皇上一乐。如若置之不理，倒真真辜负了他们的一番心意。不如我们一同前往，一则可体现皇上爱民如子之心，二则可解后宫姐妹夏日烦躁之苦，四郎以为如何？臣妾闲来无事，拟了个活动单子，供四郎一览。"

南京市公安局江宁分局的官方微博"江宁公安在线"用"甄嬛体"发

① 张成：《〈甄嬛传〉火爆的两个燃点》，《中国艺术报》，2012-5-9。

布的五一节期间对百姓的提醒时尚温馨而感人："今儿个是小长假最后一日，赶着回家虽是要紧，却也不能忘了安全二字。如今的路虽是越发地宽广了，但今日不比往昔，路上必是车水马龙，热闹得紧。若是超了速，碰了车，人没事倒也罢了，便是耽搁了回家的行程，明日误了早班，也是要挨罚的。总之你们且记住了：舒心出门，平安到家。"

第二，创意的剧情安排。

据北京师范大学发布的《2012都市影像消费生态调查报告》分析，网络与电视的收视群体界限极为明显，前者主要观众是青年人和高收入、高学历群体，后者则是中老年观众和普通大众。《甄嬛传》能同时火爆网络和荧屏，可见其暗合了当下主流观众的心理。甄嬛体的流行也折射了一些社会意识。比如，社会压力的释放，对"不说人话"、说大话、说空话、说假话、说违心话的社会现实的心理反应；[①]《甄嬛传》中"愿得一人心，白首不相离"的女性的婚姻观和爱情观正是当下女性对美好爱情和婚姻的向往；同时该剧满足了消费时代的大众情绪，以宫廷奇观、皇家秘史等超常规的传奇因子满足人们的猎奇心理；宫廷剧引发的复古潮流，也符合大众对于电视节目的需求。

编剧流潋紫在创作该剧本时，充分吸收历史戏说的精华，加上合理的情节想象和完美的细节处理，都给剧本增色不少，直接效果就是情节巧妙合理，吸引观众。剧情环环紧扣，此计不行又生一计，剧情在矛盾双方的相互智斗中不断推进，矛盾也逐渐升级，最后达到高潮，以甄嬛的胜利结束。剧本突出主线和主角，但是也着重描写每一个配角，故事情节完整。《甄嬛传》剧情的最大特点就是将整部剧设置为一场女性晋级游戏，甄嬛凭借智慧和勇气，层层突围，将竞争对手一一击败。《甄嬛传》的宫廷斗争史，堪称一部女性摆脱依赖、争取独立自主的个人奋斗史。与其他宫斗剧中那些沉溺于情爱关系而难以自拔的"感性女性"相比，甄嬛这个人物形象焕发出了更夺目的光彩。[②]

导演郑晓龙将甄嬛定位为"齐眉刘海、简单发髻和淡粉系的旗服""只有防人之心，绝无害人之意""不沾染半点俗气"的清纯女子；随着剧情的推移，甄嬛由清纯少女变成"腹黑"妇人，直到变为心机颇深的太后。果郡王则温润如玉、飘逸洒脱，对甄嬛执著痴情、至死不渝，两人的

---

① 孙佳山：《多重视野下的〈甄嬛传〉》，《文艺理论与批评》，2012（4）。

② 李璐铭：《〈甄嬛传〉热播的原因浅析》，《科技信息》，2012（33）。

真情为这场凶险阴暗的宫斗增添了一丝温暖与光明。雍正皇帝则被定位为“留着一撮八字胡，微张的小眼睛，发福的敦厚身形，内敛、深沉，勤于政事”的皇帝形象。

第三，创意的营销策划。

《甄嬛传》以博客起家，在网络连载的半年时间里，文章点击量就突破了 300 万次，受到数十万女性关注。互联网的排行榜赢家挣得纸媒出版界的关注，并引来了国内多家主流媒体的目光，为该剧在播出前期积累了大量的观众。同时，《甄嬛传》的广告宣传也独具匠心。为了宣传该剧，安徽卫视首次采用电影式营销方式，除了打造首映礼和 20 款宣传片，还根据《甄嬛传》中的剧情特别准备了一场与风筝有关的宣传会；《甄嬛传》所有工作人员为配合该剧宣传，将自己的微博头像改为孙俪饰演的“甄嬛”，声势之浩大前所未有。东方卫视则在播出时间上煞费苦心，《甄嬛传》的播出时间与《新闻联播》无缝对接，成为此时间段电视剧播出最早的卫视；同时严格控制《甄嬛传》剧集播放时的广告数量和时长，广告“无限趋近于零”，数量堪称全国最少，这一举措深得人心；其“超长预告片”也让观众在预告中过足戏瘾，赚足了观众的眼球。

（资料来源：李璐铭：《〈甄嬛传〉热播的原因浅析》，载于《科技信息》2012 年第 33 期；张慧瑜：《〈后宫·甄嬛传〉的文化启示录》，载于《艺术广角》2012 年第 5 期；唐蓉：《郑晓龙：批判精神是我最希望观众读解到的》，载于《光明日报》2011 年 12 月 21 日第 015 版；肖维：《社会化媒体时代的电视剧营销传播策略——以〈后宫：甄嬛传〉为例》，载于《东南传播》2012 年第 10 期。）

第四章　动漫产业创意与策划

"动漫"是动画和漫画的合称，也被称为动态漫画。动漫在英文里有两个单词，"Cartoon"和"Animation"："Cartoon"多用于日常用语，"Animation"多用于文章中；"Cartoon"多指早期的手绘漫画，"Animation"多用来形容动漫的运动属性。动漫产业是以创意为动力，以动漫文化为基础，以版权为核心盈利模式，广泛涉及影视、网络、音像与书籍出版、玩具、文具、服装、食品等行业的现代新兴产业。"作为创意产业的典型代表，它对现代社会有着广泛而深刻的经济文化渗透力，是21世纪知识经济的核心产业，继IT业后又一经济增长点。"①

2006年4月25日财政部、教育部、科技部、信息产业部、商务部、文化部、国家税务总局、国家工商总局、国家广电总局、国家新闻出版总署联合制定了《关于推动我国动漫产业发展的若干意见》，指出：动漫产业是指以创意为核心，以动画、漫画为表现形式，包含动漫图书、报刊、电影、电视、音像制品、舞台剧和基于现代信息传播技术手段的动漫新品种等动漫直接产品的开发、生产、出版、播出、演出和销售，以及与动漫形象有关的服装、玩具、电子游戏等衍生产品的生产和经营的产业。2009年国务院出台《文化产业振兴规划》，将动漫产业列入国家重点发展的文化产业门类之一，为动漫产业的发展提供了难得机遇。从全球范围来看，动漫产业在日本、美国、欧洲等发达国家和地区早已成为支柱产业。随着新媒体等领域的发展，动漫产业已成为继IT之后21世纪又一个极具发展潜力的产业。

---

① 原国家广播电影电视总局发展改革研究中心：《2006年中国广播影视发展报告》，北京，社会科学文献出版社，2006。

第一节　我国动漫产业概况

中国的动漫产业萌生于20世纪20年代，先驱者万氏兄弟（万籁鸣、万古蟾、万超尘、万涤寰）于1926年完成了我国第一部影视动漫产品《大闹画室》，我国自制的人画合演《大闹天宫》也是他们制作的。1936年以前，万氏兄弟的作品明显带有模仿美式动漫的痕迹。1936年，他们制作了我国历史上第一部有声动画《骆驼献舞》。1941年，他们又制作了中国第一部大型影视动漫产品《铁扇公主》，取材于《西游记》，片长达80分钟，这是亚洲第一部动画长片，也是世界上继美国《白雪公主》《小人国》《木偶奇遇记》之后第四部影视动漫艺术片，当时上海的新光、沪光、大上海三家影院同时上映，盛况空前。《铁扇公主》不仅在国内引起强烈反响，还发行到新加坡、马来亚、日本等国家。这标志着我国在20世纪40年代的影视动漫制作水平已经接近世界先进水平。

新中国成立后，我国的动漫事业进入蓬勃发展时期，不但产量多，精品也不少。1957年我国第一家专业的动画电影制片厂——上海美术电影制片厂成立后，制作出了一些动画精品，其中最具代表性的是1961—1964年由万氏兄弟组织制作、上海美术电影制片厂出品的上下集共计120分钟的《大闹天宫》。该片是当时国内影视动漫产品的巅峰之作，通过独特的艺术构思和表现手法，使原著的思想性和艺术性得到充分展示，在人物、动作、画面、声效等各个环节均达到了当时世界先进水平，先后获得第13届卡罗维发利国际电影节短片特别奖和第22届伦敦国际电影节最佳影片奖，享有很高声誉。此外，我国动漫作品表现手法也出现多样化趋势，如1958年拍摄制作的第一部剪纸动漫《猪八戒吃西瓜》、1960年完成的第一部水墨动漫《小蝌蚪找妈妈》、1962年完成的第一部折纸动画《一棵白菜》等。这一时期的中国影视动漫制作水平达到了一个顶峰。

“文化大革命”期间，我国的动漫产业遭受了很大冲击。上海美术电影制片厂在这期间拍摄了《东海小哨兵》《小号手》《小八路》等具有浓厚教育色彩的系列动漫，导致我国的影视动漫产品的制作定位一度倾向于小朋友们节假日、休息时间观看的政治教材。这一时期我国的影视动漫产业处于低谷。

改革开放以后，我国的动漫产业进入了逐步恢复的发展阶段，先后涌现出多家影视动漫产品制作部门。1978年至1989年这十年间，全国各家动漫制作部门共制作了219部影视动漫产品，像《天书奇谭》《哪吒闹海》《西岳奇童》等优秀作品都是在这个时期完成的，还有《葫芦兄弟》《黑猫警长》《阿凡提的故事》等给人留下深刻印象的佳作。80年代以后我国引进一批国外优秀动画片，如《铁臂阿童木》《聪明的一休》《变形金刚》等。在引进国外优秀动画片的同时，我国电视台开始投资建立动画片制作公司。在这种形势下我国的动画加工业出现了，在台湾和深圳最先出现许多动画加工厂。

20世纪90年代国内各大动漫制作厂商开始与国际动漫业展开交流与合作。1995年起，中国电影放映公司对动漫产品不再采用传统的统购统销的计划经济政策，而是把动漫产品推向市场，改变了动漫产业的生产状态和经营方式，逐步确立了社会效益和经济效益双赢的观念。2003年以后，随着国家一系列扶持政策的出台，我国动漫产业出现迅猛发展势头，产品数量大幅增长，质量快速提升，产业链发展日益完善，涌现出一批优秀企业和品牌。2010年，我国影视动漫产量共385部，时长220530分钟，比2009年增长28%。[①] 2011年，国产电视动画片又增至435部261224分钟，比2010年增长18%，全国共有21个省份以及中央直属有关单位生产制作了影视动漫产品。[②] 随着国务院和各地方政府相继出台国产影视动漫产业优惠扶持政策，一些大中城市影视动漫生产积极性持续增长，北京、上海、杭州等地已经建立了专门的动漫产业基地，各大院校开始设立动漫专业，各类动漫博览会、论坛、研讨会遍地开花，不管是动漫的生产制作环节还是播映市场都有了很大的进步。

第二节　动漫产业创意与策划

创意是动漫产业的核心竞争力，创意作品能否得到认可在于其创作观念是否符合时代的潮流和消费群体多样化的需求。我国动漫产业的创意与策划主要表现在以下几个方面：

第一，原创性。

动漫产业的最高附加值在于其具有原创性的各个生产环节，如选题策划、剧本编写、动画形象的开发设计等。美、日两国动漫界对这一点早就

---

① 王飚、李建红：《中国动漫产业：从成长到成熟》，新华网，2011-5-13。

② 《广电总局：2011年国产电视动画片产量435部，同比增长18%》，中国文明网，2012-2-14。

有充分认识，因而都把主要精力花在这些具有原创性的环节上。只有牢牢抓住这些环节，才能使动漫产品的经济利益最大化。动漫原创内容的制作是动漫产业链价值实现的第一步，是最核心的环节。原创动漫产品能否被市场接受并拥有广阔的开发空间，很大程度上取决于原创性的内容创作。只有立意新颖、引人入胜的动漫形象和故事情节才能使后续环节的价值实现成为可能，正像华特·迪士尼所说的那样："一切都从一只老鼠开始。"

"十一五"期间我国原创动漫数量迅速增长。从企业数量上看，2006年国内动漫企业有5400多家，而2010年这一数字已经上升至近1万家。2009年申报备案的国产动画电影有116部，获批准备案的有86部，全年获得播映许可证的国产动画电影有27部。相继出现了《风云决》《麦兜响当当》以及票房大热的《喜羊羊与灰太狼之牛气冲天》《喜羊羊与灰太狼之虎虎生威》等国产动画电影。[①]

第二，完整的产业链。

中国动画学会副会长张松林指出，动漫产业的链条基本包括这样一系列环节：动画片的创作生产→电视台的播出和电影院的放映→动漫图书出版发行→音像制品的发行→形成版权的授权代理→衍生产品开发和营销。[②]一部动漫作品的成功，不仅在于电视或电影收视率上的成功，更主要的是能否将卡通形象作为一个品牌以开发和经营其衍生产品。所以建立完整的产业链是维持动漫品牌可持续发展的必不可少的步骤。这里以中国最有影响和产业链运作最成熟的品牌"蓝猫"为例。

"蓝猫"品牌一度被业内称为"中国动漫第一品牌"，它创造了最长动画片吉尼斯世界纪录，《蓝猫淘气三千问》是其旗下影响面最广和市场运作最成熟的动画片，深受小朋友们喜爱，深深影响了一代人。"蓝猫"品牌的成功离不开经营者们精明的产品衍生发展模式，即依托"蓝猫"卡通形象这一品牌资产，通过商标分类授权的形式与其他众多公司形成股份公司，借助外部科研力量组建虚拟研发网络，通过委托研发或者买断技术的形式，采取OEM形式或者由品牌授权公司制造衍生产品。同时，为了避免单一品牌可能遭遇的风险，"蓝猫"在品牌运作上采取多品牌策略，推

① 宋磊：《"十一五"期间我国动画产业的发展状况和问题分析》，《文化月刊·动漫游戏》，2010（3）。

② 动画产业年报课题组：《中国动画产业年报（2004—2005）》，北京，海洋出版社，2006。

出了“淘气”“咖喱”“菲菲”“甜妞”“肥仔”“鸡大婶”“咕噜噜”等子品牌。除此之外，还有以“蓝猫”品牌注册的保健食品、玩具、日化用品、服装等各类公司，几乎囊括动画衍生产品的所有种类。这种动漫衍生产品的多元化扩张模式和整合营销模式被业内称为“蓝猫模式”。①

1997年“蓝猫”之父王宏与北京三辰公司董事长孙文华合资成立三辰影库公司，开发《蓝猫淘气三千问》，该剧于1999年12月在北京电视台首播后，在内地和香港、台湾地区同步播出，“蓝猫”迅速成为国产动画第一品牌。“蓝猫”品牌打响之后，三辰集团迅速开启了产业链运作之路：开发制作三维环保卡通“青春号”和“蓝猫快乐活动幼儿园系列教材”；推出“蓝猫杯”校园电影和“三辰影库”；成立北京蓝猫产品营销公司，大规模组织“蓝猫”衍生品的开发并建立专卖网络，推动蓝猫走出卡通荧屏。由此迅速形成覆盖上、中、下游盈利点的完整产业链，其品牌延伸到图书、音像、文具、鞋服、自行车等行业。

在动漫产业链中，衍生产品市场是利润最大的一环，拥有无限的价值增值空间。动漫产业链从运营模式来看主要有以下几种：一是传统的动漫产业链模式，即电视动画片播出、图书和音像制品问世以后衍生产品开发商才介入到产业链中；二是衍生产品开发商提前介入，在版权升值的同时或在版权升值前就预支衍生产品开发授权的费用，有的甚至成为制作动画片的投资方之一；三是衍生产品开发商直接开发原创产品。由衍生产品开发商和动漫制作机构共同开发出的原创产品，应该更能获得消费者的认可。因为衍生产品开发商是在充分了解市场需求、掌握了消费群体的偏好之后做出决定，具有很强的针对性。因而，衍生产品开发商和创作机构合作更能保证投资的回收并获取利润。总之，整个动漫产业链上各环节的价值实现不是孤立的，也不一定就是线性关联的；各环节之间的多重联系以及资源的整合，才使得动漫网状产业链上的价值得以实现。②

第三，动漫明星。

“蓝猫”是中国乃至世界家喻户晓的动漫明星。“蓝猫”最初的内容创意定位于卡通和科普两个方面，这种模式既提高了科普的感染力，又增强了卡通的教育功能，融合了有益和有趣两大元素，把上下五千年、宇宙星空、海洋环境、人体秘密、交通安全、消防安全等节目内容与中小学课程

---

①② 王发明：《互补性资产、产业链整合与创意产业集群——以动漫产业为例》，《中国软科学》，2009（5）。

中的主要知识点对应起来，从而在带来乐趣的同时，把知识传授给孩子。在当时中国三个动漫明星中，“蓝猫”的市场价值约为2.4亿美元，“美猴王”和“哪吒”的核心价值超过10亿元。新晋动漫明星“喜羊羊”和“灰太狼”的核心价值也是难以估量的。2005年广东原创动力公司推出的系列动画片《喜羊羊与灰太狼》，以“童趣但不幼稚，启智却不教条”为鲜明特色，风靡大江南北，收视率一度高达17.3%。以“喜羊羊”和“灰太狼”形象为基础开发的玩具、不倒翁、坐垫、T恤衫、钥匙扣、茶杯、书包、台历、手机壁纸、信用卡等全面进入市场，受到大众广泛喜爱；《喜羊羊与灰太狼》漫画书销量节节攀升，发行量已突破200万册；[①] 以“喜羊羊”与“灰太狼”为主角的2008年贺岁动画电影《喜羊羊与灰太狼之牛气冲天》票房高达8000万元，2009年贺岁动画电影《喜羊羊与灰太狼之虎虎生威》票房超过1亿元。[②]

第四，动漫品牌授权。

我国动漫品牌的日益成熟为动漫品牌的授权奠定了基础。北京电视台动画节目中心副主任杨晓轩在分析我国较为成功的动漫产业盈利案例的基础上，根据制作成本与衍生品产值的比例，将目前我国动漫的品牌授权模式分为三种：

第一，授权模式。如2008年10月广州艺洲人文化传播有限公司正式牵手全球第二大品牌授权商尼克消费商品（NVCP），成为中国地区“海绵宝宝”总授权商，并在半年多的时间里成功授权海绵宝宝系列上市产品近1000多种。

第二，代理模式。如卡酷全卡通旗舰店是目前国内最大的儿童动漫购物商场，是国内唯一由媒体经营的儿童玩具卖场。目前公司已开设直营“卡酷全卡通旗舰店”14家，“卡酷全卡通特许零售店”（加盟渠道）200余家，“卡酷全卡通网络旗舰店”1家，经营范围涉及全国20个省、直辖市。

第三，玩具模式。如奥飞动漫向52集电视动画《铠甲勇士》投资1800万元，带动其玩具销售收入近3亿元，相当于制作成本与玩具销售产值比约等于1∶17。[③]

第五，民族特色资源的利用。

---

① 韩明勇：《从〈宝莲灯〉到〈喜羊羊与灰太狼〉——浅谈中国动漫产业的发展与进步》，《艺术与设计（理论）》，2011（7）。

② 刘钰譞：《〈喜羊羊〉动漫系列价值链分析》，《电影评价》，2012（13）。

③ 杨晓轩：《中国动漫产业品牌授权现状分析》，《科技传播》，2013（5）。

2007年第三届中国国际动漫节的会场，不仅设有中国元素浓郁的皮影戏展区，还展示了中国美术学院院长许江领衔策划的由《春闺梦》《夫妻观灯》《白蛇》《贵妃醉酒》《武松打虎》等10部戏曲动画作品组成的《戏曲动画集萃》，连原来由日本剧一统天下的动漫真人秀（COSPLAY），也出现了一股强劲的中国风。中国观众熟知的《镜花缘传奇》《河图洛书》等作品被搬上舞台，赢得国内外专业人士的一致好评。

第六，播映体系的完善。

由于我国电视剧制播分离的现状，国内动画片收购价格低，制作机构不得不在中央台、卫星台、地方台之间来回奔波，无形中增加了交易成本。靠播放权的转让，制作机构仅能收回成本的10%—30%，因此很多制作机构不愿将作品卖给电视台，大量动画作品根本无法与观众见面，这直接压抑了动画创作的积极性和动画作品的质量。再加上国内动画作品本身的创意内涵普遍较低，对观众的影响很浅，难以产生广泛而深远的品牌效应，从而使音像制品和图书发行自然难以产生有效的收益，使得产业链中断，人才、资金、衍生产品开发等一系列环节萎缩。①

2011年全国已有30多家少儿频道和5家动画频道，它们之间的竞争成为推动国产动画播映体系健康发展的重要平台。播出平台的构建为动画片的市场交易创造了有利的环境，播映体系的完善促成了国产动画巨大的需求市场，这直接刺激了国产动画产量的增加。而网络、手机等新媒体将会对传统的电视、电影媒体构成强有力的冲击，新媒体的播出平台将会给动画企业带来新的盈利模式，可以预见新媒体动画将在未来很长一段时间内成为动画业界最为关注的焦点之一。②

第七，动漫基地和节展。

截至2010年底，中国有18个省区市拥有动漫产业基地，仅北京市便被几个部委授予了9个动漫产业或教学基地。2009年我国共有24个省区市举办各种动漫节展、博览会、大赛、嘉年华总计73次，其中首届举办的节展42个，举办5届以上的节展活动9个。在这些节展中有一些已经形成了比较响亮的品牌，如中国国际动漫节、中国（常州）国际动漫艺术周、亚洲青年动漫大赛、中国（北京）大学生国际动画节、北京电影学院

① 崔保国：《2006年：中国传媒产业发展报告》，北京，社会科学文献出版社，2006。

② 宋磊：《“十一五”期间我国动画产业的发展状况和问题分析》，《文化月刊·动漫游戏》，2010（3）。

动画学院奖、OACC金龙奖等。[①]

第八，行业组织和培训。

2004年6月，“中国动漫及互动娱乐品牌拓展联盟”成立，这是我国动漫产业领域中的一个重要的行业组织。该联盟由中国电视艺术家协会卡通艺术委员会、中国版权协会版权贸易委员会、北京中视金网卡通文化传播有限公司、中华版权代理总公司联合发起，宗旨是推动动画产业发展，为动画作品和著作权人提供版权服务，并为作品的传播创造有利的条件。该联盟的主要业务是接受创作者委托，在动画制作投资代理、动漫作品版权推介、版权代理、动漫形象和游戏周边产品授权、协助权利人进行著作权登记和动画作品版权保护方面提供多方面的信息服务等。该联盟对于培育动漫产品交易市场、推动动漫产业发展和动漫产品的传播将会起到积极的作用。

另外，各地陆续成立动漫培训中心，如上海动漫研发公共服务平台培训中心，拥有先进的教学器材、雄厚的师资力量和完善的培训项目，为我国动漫企业培养适用的原创性人才和辅助性人才。除了培养动漫制作人才以外，该平台还十分注重培养具有国际视野、创新意识和艺术修养的复合型动漫人才，尤其是既懂艺术又懂营销管理的高层次人才。

第九，开放性的国际合作。

随着经济全球化的深入发展，科技进步的日新月异，我国与世界经济的联系和相互影响也日益加深。加强国际合作，使中国动画产品走向世界是大势所趋。

2008年我国动画片累计出口创汇2000多万美元；2009年我国动画片出口79部、1490小时，总金额达到3056万美元，不仅比2008年增长150%，并且首次超过了其他类型的影视节目，在出口影视节目中占据最大的比重。2010年将近30家中国企业参加全球青少年电视节目交易会展“第26届秋季法国戛纳电视节青少年节目播映”。[②]

上海今日动画影视文化有限公司走了一条国际合作的企业创新之路。他们制作动漫作品的主要成本从国际市场收回，享受国外完全版权，然后在国内发行，收回的钱再投入产品开发，有了完全版权后就可以开发图书

①② 宋磊：《“十一五”期间我国动画产业的发展状况和问题分析》，《文化月刊·动漫游戏》，2010（3）。

以及各类动漫周边产品。由上海今日动画与法国卡通人动画合拍的26集动画片《中华小子》，讲述了三个孩子在少林方丈的帮助下，与被囚千年后重现人间的黑狐魔斗争，阻止它称霸天下的故事。该动画片采用国际上通行的预售方式，在正式制作之前就已将播映权售予法国电视三台和迪士尼频道、将全球代理权售予德国广播公司，以此将4000万元投资提前收回。《中华小子》2006年12月在法国电视三台播出后，受到电视观众的广泛好评，成为收视率冠军并创下三项纪录。在法国电视三台的网站论坛上，一些看过此片的网友纷纷表达了喜爱之情。《中华小子》已经销售至全球30多个国家和地区，① 这种互赢的国际合作模式开拓了我国动漫产业发展的新路径。

经典案例:《秦时明月》

一、背景介绍

《秦时明月》改编自台湾著名作家温世仁的同名小说，是中国第一部大型3D武侠动漫，也是至今受到好评最多的国产动漫。《秦时明月》以从秦始皇统一六国到西楚霸王项羽攻陷咸阳之间30余年的历史时期为故事背景，讲述了英雄荆轲之后人荆天明历经磨难最终成长为盖世英雄的传奇经历。《秦时明月》也开创了我国第一部以武侠为主题的“全民型”动漫。这部集文化、艺术和技术于一身的动画作品被誉为中国动漫的“归来王者”，新世纪中国动漫业界的里程碑，是中国第一部反映古文化的长篇动漫连续剧，现已被译成7种语言在24个国家发行。

《秦时明月》分为四部，第一部是2007年开播的《秦时明月之百步飞剑》，第二部、第三部是2010年播出的《秦时明月之夜尽天明》《秦时明月之诸子百家》，第四部是2012年播出的《秦时明月之万里长城》。

《秦时明月》在业界获得多项大奖：2007年获政府最高奖第20届星光奖等；2008年获第四届原创动画漫画艺术大赛金龙奖、年度最佳系列动画奖等；2009年获首届最具产业价值的影视动画片作品奖、新媒体动漫赛最佳动画奖等。

二、《秦时明月》创意与策划的成功经验

---

① 贾冀川：《中国动画的新生面——从动画系列片〈中华小子〉谈起》，《中国电视》，2008（9）。

第一，台词文学意味浓厚。

《秦时明月》中不少台词来自《楚辞》，如第四部的片头出自屈原《九歌》中的《国殇》："出不入兮往不返，平原忽兮路超远。带长剑兮挟秦弓，首身离兮心不惩。诚既勇兮又以武，终刚强兮不可凌。身既死兮神以灵，魂魄毅兮为鬼雄。"寥寥几句道尽壮士赴死的悲凉与英雄气概。片中几位人物的名字也来源于文学作品，例如阴阳家的五大长老，云中君、湘君、湘夫人、大司命、少司命均来自屈原的《九歌》。

第二，受众群扩大。

中国传统动漫形象的受众群倾向于少年儿童，有着明显的教育色彩，使传统动漫的创作定位在儿童的课外教材，这是我国普遍存在的对动漫认知的一大盲点，造成中国动漫市场、动漫角色造型低龄化，教育性多于娱乐性，缺乏动漫作为一种文化所应当具备的艺术性、审美性和观赏性。《秦时明月》的主创人员认识到了中国动漫的受众群是非常广泛的，动漫并不是儿童的专利，目前支撑动漫产业的消费者大部分是青少年。所以《秦时明月》转变创作观念，在进行剧本的选择和改编时加入了戏说和娱乐的成分，向人们讲述了一段充满传奇的历史故事。

《秦时明月》的导演兼编剧沈乐平先生在接受记者访问时说："《秦时明月》是国产动画中极少数为 12 岁以上的观众群制作的动画片。我们在一定范围内进行的调查结果表明，《秦时明月》的观众群年龄跨度较大，可以延展到 22 岁左右的大学生，甚至已经进入工作阶段的年轻人。"受众层面的扩大，是其受欢迎的一大原因。

第三，技术的巧妙运用。

《秦时明月》结合了三维动画与二维动画的特点，让人在观看时既有二维动画的亲切感又有三维动画的精致效果，找到了一条创新之路，使《秦时明月》在表现形式上拥有了别具一格的视觉风格。由于这种创新的表现方式，《秦时明月》的画面细节更加丰富，视觉效果更加华丽，在提高了动画的观赏性的同时，又节约了制作成本，让《秦时明月》有更多的资金进行长篇幅的创作。

第四，传统文化再诠释。

《秦时明月》中再现了修筑长城、秦始皇陵、兵马俑、阿房宫，统一文字、度量衡，登泰山、跨东海、征匈奴、哭孟姜等著名的历史事件和民间传说，诠释了儒家、道家、墨家、法家、兵家、纵横家、阴阳家、农家、医家、名家等诸子百家思想文化的精髓。

《秦时明月》把我国古代的侠义精神如行侠仗义、惩凶除恶、轻死重义、一诺千金等等，展现得淋漓尽致，传递了“正能量”。

另外，《秦时明月》在造型设计上大量运用了传统的民族色彩与民族图案，并与现代的审美情趣相结合。如中国传统水墨画的使用，让中国传统民族文化和国际时尚得到一次完美的碰撞，精美的造型令人印象深刻。

第五，策划运营的新模式。

玄机科技通过参加影视展览、媒体推介、网站宣传、名家评论、官网商城、网页游戏、企业合作、论坛等方式，开创中国动漫界运营新模式。2013 年玄机科技与新媒体市场开展多方合作，与炫动传播、东方星空文化基金、骏梦游戏共同投资推出立体 CG 电影《秦时明月之龙腾万里》，证明了中国原创动漫的无限可能。

《秦时明月》是中国原创动漫的新高峰，被业界奉为新世纪动漫“中国风”的典范，我们期待《秦时明月》创意策划的成功经验能使中国动漫迈上新一级台阶。

（资料来源：董云志：《新世纪动漫“中国风”的典范——〈秦时明月〉引发的思考》，载于《名作欣赏》2012 年第 11 期；徐淑苹、钟文才：《浅析动漫〈秦时明月〉》，载于《电影文学》2011 年第 12 期。）

第五章　数字出版产业创意与策划

第一节　我国数字出版产业概况

在 2009 年 10 月召开的世界媒体峰会上，世界媒体峰会共同主席、新闻集团董事长兼首席执行官默多克说："我们身处信息革命的浪潮之中，既使我们兴奋不已，又让我们诚惶诚恐。数字革命彻底颠覆了传统的商业模式，跨越了地域、行业和媒体的边界，在世界各地形成了物质社会财富的新来源。"在数字化革命面前，传统媒体应该机智而创造性地采取措施应对这一挑战。数字出版便是数字化革命带来的新产物。数字出版是建立在计算机技术、通信技术、网络技术、流媒体技术、存储技术、显示技术等高新技术基础上，融合并超越了传统出版内容而发展起来的新兴出版产业。

伴随着经济的高速发展，出版产业与数字技术、信息网络技术的加速融合，互联网技术和移动通信技术的提高和应用普及，以及国民阅读习惯和环境的明显变化，我国的数字出版产业在短短几年内突飞猛进，实现了跨越式发展，呈现出产值屡创新高、手机出版异军突起、电子阅读器风生水起、数字出版盈利模式不断创新等发展特点。传统出版与数字出版并行发展的格局将逐步形成，出版产业发展方式将发生根本转变。

数字出版在我国虽然起步较晚，但是发展很快。1995 年我国出现网络出版的初期实践。2004 年 1 月国家新闻出版总署批准设立了首批 50 家互联网出版机构，这标志着我国第一批网络出版合法主体的诞生。2004 年的网络出版总销售收入为 35 亿元，年增幅为 50%，带动相关产业增加产值约 250 亿元。2004 年我国电子书出版收益超过 20 万元的出版社有 26 家，超过 50 万元的有 15 家，超过 100 万元的有 5 家。[①]

① 曾耀农：《现代媒体策划原理及应用》，253 页，北京，清华大学出版社，2010。

《2007—2008中国数字出版产业年度报告》显示我国数字出版产业已经进入高速发展时期。2007年我国数字出版产业的整体收入超过360亿元，比2006年增长70.15%；电子报纸得到初步普及，数量已超过600份；彩信手机报发展势头强劲，2007年初移动彩信手机报用户数为200万，到4月份达到994万，到11月份超过2000万；2007年互联网期刊出版产业发展速度首次超过传统期刊，手机阅读需求首次超过手机游戏；2008年全国电子书出版总量达51万种，有30家以上的出版社电子书年销售收入超过500万元。

2009年我国数字出版产业的产值达799.4亿元，比2008年增长50.6%；其中数字期刊收入6亿元，电子书收入14亿元，数字报（网络版）收入3.1亿元，网络游戏收入达256.2亿元，网络广告收入达206.1亿元，手机出版收入（包括手机音乐、手机游戏、手机动漫、手机阅读）则达到314亿元。网络游戏、网络广告和手机出版成为数字出版产业名副其实的三巨头。

2011年我国数字出版全年收入达1377.88亿元，比2010年增长了31%。互联网广告（512.9亿元）、网络游戏（428.5亿元）与手机出版（367.34亿元）依然占据收入榜前三位。互联网期刊、电子图书、数字报纸的总收入为28.34亿元，在数字出版总收入中所占比例为2.06%。

2012年数字报纸、电子图书和互联网期刊均保持了高速的增长势头，平均增长幅度超过25%。其中，互联网期刊收入9.34亿元，电子书（E-book和电子阅读器）收入达16.5亿元，数字报纸（不含手机报）收入达12亿元。

数字化浪潮所带来的产业融合正使得出版、传媒、网络、电子、电信等行业的界限被打破，内容行业正逐渐被纳入更为宏观的服务业范畴并不断产生更新的商业模式，数字出版以强大的力量分解着传统媒体包括电视、广播、报纸、通信之间的边界，分解着国家之间、社群之间、产业之间的边界，同时也分解着信息发送者和接收者的边界。数字出版将会打破传统出版业按介质区分的物理分割，极大地延长出版物的产品线，实现内容资源价值的最大化。其中，网络游戏业表现尤为明显。网络游戏与文学、影视、旅游与音乐等其他文化内容产业的合作正在成为一种大趋势。

到“十二五”末，我国数字出版总产值力争达到新闻出版产业总产值的25%，整体规模居于世界领先水平；在全国形成10家左右各具特色、年产值超百亿的国家数字出版基地或国家数字出版产业园区，形成20家左右年主营业务收入超过10亿元的具有国际竞争力的数字出版骨干企业。到2020年，传统出版单位基本完成数字化转型，其数字化产品和服务的运营份额在总份额中占有明显优势。

第二节　数字出版产业创意与策划

一、数字出版对传统出版的创新

数字出版具有传统出版所不具备的很多特点和优势，并迅速被读者所接受。其特点主要表现在以下几个方面：

1. 检索、查阅方便快捷。

通过关键字词的查询，读者可迅速找到所需的内容，这是数字出版相对于传统出版最显著的优势。数字出版物不仅能提供多媒体演示和按需阅读的功能，而且能以超文本方式与其他相关资料链接起来，使它的注解、引文、人名地名、专业词汇、参考文献等都"活"起来，读者只需用鼠标点击，便可看到更多、更详尽的信息。

2. 出版、印制、发行实现同步。

数字出版在出版的同时，其实已经实现了传统意义上的发行。因为无论是建立网页让别人浏览，还是制作文件发送给别人，实际上已经完成了发行的环节，省去了繁杂、费时、耗财的印刷、发行环节，实现按需印刷，并且在真正意义上实现了零库存。

3. 出版市场有效扩大。

采用数字出版，可以使那些平日工作繁忙没有余暇到书店选购图书的人足不出户地品味适合自己口味的读物。从这个角度来看，数字出版正是利用了自身的优势，把传统读物渗透不到的潜在读者挖掘出来，有效地扩大了出版市场。

4. 出版周期大大缩短。

作者主要通过计算机进行写作，而不再需要厚厚的稿纸。作者可以将自己的作品通过网络传给出版商，而编辑将在网上审读作品，并可与作者就文稿中的某些问题实现在线交流和磋商，直至意见达成一致。一些畅销图书甚至可以采取在线边写作边审读的方式，使投稿到出版的时间大大缩短。

5. 价位低，阅读空间大。

由于数字出版直接面向读者，省去了一些中间环节的支出，使得同样的内容，在网上观看或通过网络购买所需的费用仅相当于购买同等传统介质制品的25%—70%。同时，读者不必受限于时间和空间，无论在世界的哪个角落，无论想看多久以前的图书，都可从网上下载或通过网络订购。可以说，数字出版真正实现了“不绝版”的出版。

6. 节省资源，绿色出版。

传统纸质读物在消耗大量资源的同时，也造成了严重的环境污染。目前的网上售书不过是数字出版一个环节上的一种模式，尚未脱离传统的实物载体；但未来的网络出版将完全摒弃传统模式，免去大量的耗材，使图书完全实现在网上下载发行，使出版成为信息在虚拟世界中流通的一种模式。从这个角度来看，数字出版将是一种真正意义上的绿色产业。

数字出版正在以其独特的优势对传统出版构成挑战。有人甚至预言，在不远的将来，数字出版将完全取代传统出版。无论这一预言能否实现，数字出版对传统出版形成的冲击是不容忽视的。①

二、数字出版的盈利模式创新

数字出版是出版的重要发展方向，但数字出版必须要有创新的商业模式获得利润，才能更好地保证自身的良性发展。对于数字出版业而言，由创新的商业模式引导相应的技术应用、产业链整合、平台构建和版权保护是未来的发展趋势。

数字出版产品内容丰富，借助互联网和通信技术的进步和普及，人们可以自由选择喜爱的内容，接收方式也从以往的“多对一”变为“一对多”。信息选择方式的改变，必然会影响人们的消费习惯和阅读习惯，传统出版社的一些经营模式必须随之改变。

数字出版在某种程度上是对版权的一种数字化管理流程，这与传统出版具有重要区别。传统出版出售的是具体文化产品，如书籍或杂志等；而数字出版出售的是版权，这些版权可以在时间、信息量、使用范围、显示形式等方面进行严格区分。数字出版的盈利模式可以充分利用自身这种优势。例如，在使用范围上，既可以有终身复制权利，也可以有复制固定数量权利，也可以有一次性阅读权利；在使用时间上，既可以是一小时权利，也可以是一年权利；在信息量上，既可以整体出售，也可以分章节甚

---

① 祁庭林：《传统出版该如何应对数字出版的挑战》，《编辑之友》，2007（4）。

至摘要出售；在显示形式上，既可以买手持阅读器版，也可以买纸质版；等等。①

针对信息时代的特征，出版社也要采取适合时代要求的方式进行营销。例如可以根据读者所检索到的产品信息，建立读者数据库并主动利用数字技术推送相关或相近的产品给读者。可以采用数据挖掘技术，从读者历次的购买记录中挖掘出读者的购买习惯，主动推送读者可能感兴趣的内容产品。还可以以电子邮件的方式主动将新产品信息发送给读者，加强出版社和读者之间的交流互动，增加用户的忠诚度。

总而言之，数字出版的盈利模式多种多样，关键是要注意充分利用行业本身的优势，并时刻以满足市场需求为发展宗旨。在提供完善服务的基础上才能获得市场，才能实现盈利。下面介绍几种具有代表性的盈利模式。

1. 互动增值。

根据出版内容类别不同形成各领域的服务体系，发展线下增值服务模式，在不同主题内容的基础上提供多种形式的衍生服务。基础知识的内容可在线提供互动问答，同类主题的内容资料可在线提供相关索引。这种互动增值模式体现出数字内容产业中媒介融合趋势及各产业链条的贯通。在这种模式中，整合网络平台建设是不可忽视的重要措施。目前我国出版社网站，简单的只有内容介绍，功能齐全的方拥有印刷本图书的网上销售功能。当然，整合网络平台建设须突破原有出版社网站的思维条框，以内容为中心进行新的拓展。

2. 移动通信网络的销售与订阅。

手机是提供数字化内容的绝佳场所，其用户数量奠定了手机内容销售的市场基础，用户的移动网络使用率也是形成数字内容市场的一项重要指标。手机在小额支付方面具有互联网无法企及的优势，用户们倾向于为手机阅读付费。例如在日本，通过在手机上安装阅读器阅读的手机小说已在5年间从零发展为每年100亿日元的市场，并仍在快速增长。我国手机用户使用的主要增值服务有短信内容订阅、铃声图片下载、手机游戏、移动搜索、手机动漫等业务。2008年初我国出版业首次采用双轨出版的方式，实现手机电子书、纸书的同步发行上市。在数字出版进一步发展过程中，

---

① 张大伟：《数字出版即全媒体出版论——对“数字出版”概念生成语境的一种分析》，《新闻大学》，2010（1）。

可积极开拓由网络整合平台直接向移动终端提供数字内容服务的模式，通过与各领域的合作，形成专门为手机出版市场提供针对性内容的业务，这会成为出版社新的利润增长点。

3. 基于群组信任的数字内容在线支付。

在 Web2.0 时代，数字内容在线分发的收益来源除了广告模式外，还有基于分享的群组信任模式。在线社区使具有某一类特定联系的人聚集在一起，虚拟网络中这种相互信任的人际关系会成为服务商盈利的保证。这种基于群组信任的盈利模式用人际传播、组织传播的方式实现了在线支付，同样可用于主题营销网站的会员充值。

4. 门户网站读书频道阅读收费。

新浪、搜狐、腾讯三大门户网站的读书频道相继开辟收费阅读业务，为数字内容的传播增加又一种收入来源。腾讯网自 2007 年 5 月起正式推出 VIP 收费阅读服务，既可在线观看，还可在手机上阅读。收费方式分为包月和单本，服务推出两个月之后便已发展 10 余万包月用户，单本的阅读量也达到每本几百人。此举在初期招致很多免费阅读者的反对，出版业内外人士也是各持己见，但这种阅读收费模式也不失为一种营销和运营的手段，在此基础上发展自助出版模式亦不失为盈利探举。[①]

5. 小众产品的长尾效应。

在数字出版业的盈利模式中，我们还需要注意一种所谓长尾效应。长尾理论的经典案例是美国在线音乐零售商 Rhapsody 公司 2005 年 12 月音乐曲目下载次数统计数据。在该数据曲线中，数量巨大的“头部”代表受众需求量巨大的音乐曲目，数量急剧下降的“尾部”则代表相对冷门的音乐曲目。在图表中可以看到，不仅在排名前 5000 位的“头部”的流行歌曲有巨大的下载量，而且在 1 万位之后，仍旧有上万的下载量，甚至在排名 3 万位之后，下载量仍源源不绝。“在 Rhapsody 的无数曲目中，几乎每一首歌都有人买。不光排名前 6 万位的曲目能达到每月至少被下载或被点播一次的水平，前 10 万、20 万、30 万、40 万，甚至 90 万位都可以。对 Rhapsody 来说，音乐市场似乎是无穷无尽的。只要在它的歌曲库中增加新曲目，就会有听众点播这些新歌曲，尽管每个月只有少数几个人点播了它们，而且还分布在世界上不同的国家。”[②] 由于小众产品在企业销售或利

---

① 以上模式详见陈洁：《数字出版赢利模式研究报告》，《求索》，2009 (7)。

② 黄孝章等：《新媒体发展中的“长尾效应”探析》，《北京印刷学院学报》，2008 (2)。

润曲线上会形成一条长长的尾巴，许多小众产品的点滴销售累加起来，也可以使出版社获得丰厚的回报，有时甚至可以超过品牌产品带来的利润，这就是销售曲线中的长尾效应。①

三、加快数字出版发展的措施②

第一，推动相关产业数字化转型。如传统出版产业、音像电子出版产业、传统印刷产业等，应设立完全市场化的数字出版公司；积极采用新技术和现代化生产方式改造传统出版流程，促使出版资源数字化以及出版资源数字版权授权机制建立。鼓励音像电子出版单位与通信运营商、网络运营商及硬件制造商进行全方位合作，拓展新业态。传统印刷复制企业应积极采用数字和网络技术，改造印刷生产流程和设备，发展数字印刷，提高对消费者多样化、个性化需求的服务供给能力。

第二，推动国家数字出版重点科技工程和重大项目建设，如国家数字复合出版工程、数字版权保护技术研发工程、中华字库工程和国家知识资源数据库工程等数字出版重大科技工程项目的建设。建设相关的公共服务平台和内容资源数据库，推动数字出版软件产品开发以及相关技术研发，加快数字出版领域科技推广和成果转化。

第三，支持数字出版公共服务项目的建设和拓展。如拓展全民阅读的空间，加快全民阅读工程指导性网站建设，开发盲文有声教材和读物；积极开发基于不同传输平台和阅读终端的游戏、动漫、音乐等数字出版产品和具有自主知识产权的移动终端等硬件设备。

第四，鼓励企业充分利用国际国内两种资源和两个市场，借助网络传输快捷、覆盖广泛和无国界特性，加快推动优秀出版物通过数字出版方式进入国际市场，参与国际竞争，不断增强中国出版的传播能力，提高中华文化的国际影响力。

经典案例：云出版

一、背景介绍

① ［美］克里斯·安德森著，乔江涛译：《长尾理论》，7页，北京，中信出版社，2006。

② 参考《新闻出版总署关于加快我国数字出版产业发展的若干意见》，2010年8月16日。

云出版是基于云计算的数字出版平台，在编辑加工、复制生产、发行推广、阅读存储等出版环节使用云计算技术，是对传统出版方式的革新。它使出版机构从独自建设、开发和利用数字出版基础设施的压力下解放出来，可以共用和分享分布式的计算资源。有学者认为云出版是以虚拟化技术为基础、以按需付费为商业模式，具备弹性扩展、动态分配和资源共享等特点的数字内容出版、交易及管理模式。① 还有学者认为云出版是云计算技术应用于出版产业而产生的新的应用与服务，包括聚合出版内容云、借助出版技术云、面向出版渠道云、提供出版服务云四层含义，它们共同形成完整的云出版概念。②

云计算是当前互联网领域最热的概念之一，它可以提供方便快捷的信息处理方式，如将信息转移到云端，不需要安装新硬件或配置软件，所有技术由云服务提供商来操作。如将《纽约时报》1851—1982 年间的 1100 万份报纸文章转移到"云"中，只需 24 小时和大约 3000 美元。同时云计算的使用大大节约了成本，提高了效率，如"云"的自动化集中式外包管理，使大量出版商无需负担高昂的数据中心管理成本，减少出版成本。另外，编辑能在任何有互联网连接的地方使用文件和信息，并对同一文件、图片或信息进行协同工作，在一个地方就能捕捉到所有的更新和变化，大大提高了效率。销售云允许出版商知道每个成员是怎样黏附着出版产品的，从而调整销售，生产他们所需要的信息，实现销售业绩的持续增长。服务云可以通过电话、网络论坛、在线社区网络或社交网站控制所有的客户交互活动，通过联网的信息共享和卓越的协作功能，允许职员更容易地与同事、合作伙伴和客户分享信息。云计算在使出版商对市场变化做出更多响应时起了关键作用。云计算支持用户在任意位置、使用各种终端获取应用服务。"云"的规模可以动态伸缩，快速分配资源以满足应用和用户规模增长的需要。③

随着云计算业务的高速增长，这一新兴技术已被视为数字出版产业发展的助推器。云出版作为一个完整的产业链深刻地影响着数字出版的前进方向。④

二、云出版商业模式的创意与策划

---

① 刘永坚、刘拥军：《"云"建设助力出版产业升级》，《中国新闻出版报》，2012-3-26。

② 刘成勇：《关注"云出版"》，《出版参考》，2010（21）。

③ 罗昕：《云计算时代数字出版的优势、问题与对策》，《出版发行研究》，2011（11）。

④ 黄倩：《云计算对数字出版模式的影响》，《中国出版》，2012（13）。

作为一种新兴的出版模式，云出版还处在不断的发展和变化之中。从目前业已存在的云出版实践来看，不同模式的差异主要体现为将数字内容产品和服务交付用户的方式不同，据此可将其划分为售卖模式、租赁模式和混合模式三种类型。①

所谓云出版售卖模式是指将产品或服务以一定价格，通过某种渠道出售给顾客的云出版模式。目前，Safari图书在线、盛大文学的云中书城、亚马逊、中国知网等均采用售卖模式提供云出版服务。

例如亚马逊云出版模式就取得了巨大成功，并获得了业界认可。亚马逊的售卖模式主要围绕顾客价值、伙伴价值、业务模式和优势资源等展开。亚马逊云出版模式主要通过两种方式提高顾客满意程度：一方面，以较低价格向顾客出售数字出版产品，让顾客满意，从而赢得顾客忠诚。顾客是出版企业最重要的资源，出版企业要想赢得和留住顾客，在激烈的市场竞争中获得胜利，唯一的途径就是让顾客满意甚至于忠诚。另一方面，亚马逊还为顾客提供更为完善、便捷的销售服务。在为顾客提供“一键购买”服务的同时，为提高顾客使用电子书的便利性，亚马逊还通过“Kindle在线”计划向顾客提供Kindle云阅读器服务，允许顾客通过万维网浏览器阅读所购买的Kindle电子图书，而且即使在网络连接断开的情况下也可以通过浏览器继续阅读。

伙伴价值要素用以描述商业模式能够提供给合作伙伴的各种利益组合。在亚马逊看来，作者、出版社、经纪人等各种合作伙伴固然都很重要，但其中作为内容资源源头的作者才是重中之重。通常，亚马逊将电子书销售额的70%返还给出版商、经纪人和作者等合作伙伴，以维持良好的伙伴关系。但它发现在扣除出版商和经纪人等中间费用后，作者仅能得到大约15%的收益。为此，亚马逊成立了直接出版部门向作者提供自助出版（Self-publish）服务，这种做法绕过出版社等中间环节直接与作者签约出版，可为作者提供最高达70%的销售版税。

亚马逊的业务模式不仅在内容和价格方面具有独特的竞争优势，在渠道和终端尤其是云终端的布局方面也独树一帜。为了加速云服务终端的普及，亚马逊除了不遗余力地推广电子书阅读器Kindle和平板电脑Kindle Fire外，还推出了云盘（Cloud Drive）和云播放器（Cloud Player）等多种服务，顾客只需拥有手持设备便可接入云端享受亚马逊提供的各种数字

① 刘锦宏、李思洁、袁晓群：《云出版商业模式研究》，《出版科学》，2012（6）。

内容。另外，在云端音乐服务方面，亚马逊除了以低价销售音乐产品外，还允许顾客将自己的音乐文件上传到云端并通过多种设备访问上传音乐。这些创新型业务模式的出现无疑提高了亚马逊在云出版领域的竞争力。

总之，亚马逊云出版模式的优势主要体现在以下几个方面：首先，基于云计算的亚马逊万维网服务（AWS），为亚马逊参与云出版提供了独具竞争力的资源优势；其次，其一贯坚持的低价策略为亚马逊决胜数字出版领域奠定了基础；再次，良好的伙伴关系为亚马逊提供了大量独具竞争力的数字内容资源；最后，Kindle 等云终端的普及以及推荐引擎等创新型服务模式的采用，使消费者与亚马逊紧密地结合在一起，为亚马逊云出版构建了良好的生态系统。

所谓云出版租赁模式是指采用租赁方式向顾客提供云出版服务的出版模式。目前，天津国家数字出版基地云计算中心、方正云出版服务平台、科学云（Scientific Cloud）平台等均采用该模式向客户提供云出版服务。其中，作为原国家新闻出版总署批准的国家数字出版基地配套项目，定位于云出版服务提供商的天津国家数字出版基地云计算中心具有一定代表性。

天津国家数字出版基地云计算中心向顾客提供年服务费介于 360—1300 元之间的多种云虚拟主机服务，极大地降低了数字出版机构在硬件设备方面的投入，极具市场竞争力。中心在向出版机构等客户提供硬件等基础设施租赁服务的同时，还不断提升其软件服务和平台服务能力，推出云桌面、启云办公室、云协同、数字出版云、企业 ERP 等一系列服务，以提高其业务模式的竞争力。

天津国家数字出版基地云计算中心的收入来源渠道主要包括两个方面：一是通过向客户提供 IaaS、SaaS、PaaS 等租赁服务，获得租赁收入；二是根据相关政策，获得政府相关机构的补贴性收入。

所谓云出版混合模式是指同时采用售卖和租赁模式的云出版商业模式。目前，苹果的 iCloud、Internet Archive 的 Book Server 项目、番薯网、Google Play 等均采用混合模式参与云出版实践。如 Book Server 允许顾客向图书馆租赁或借阅图书，番薯网采用包月包馆、在线付费阅读、全本购买等多种方式向顾客提供电子书消费服务。[①] Google Play 利用其强大的搜

① 胡祥宝：《番薯网推出云阅读书店，走文学网站收费模式》，腾讯网，http://tech.qq.com/a/20100722/000281.htm。

索引擎功能为客户提供基于云计算技术的电子书、音乐、电影整体解决方案，是采用混合模式的典范。

Google Play利用多种方式为顾客创造价值，其中具有代表性的方式主要有以下三个方面：一是为电子书、音乐、电影等资源提供云存储服务以便顾客使用。二是全面提高数字内容产品的兼容性。兼容问题一直困扰电子书的发展，谷歌为此推出了支持多种阅读方式和阅读终端的电子书。三是提供大量免费资源供顾客使用。

Google Play主要采取两种方式为合作伙伴创造价值。一是允许合作伙伴在Google Play平台上开设分店销售其出版的电子书。二是为合作伙伴提供高额提成。对由谷歌销售的电子书，它将为出版机构提供最高达70％的销售提成，以吸引更多出版社参与谷歌电子书云服务计划。

Google Play主要通过以下几种模式为顾客提供服务。一是提供电子书销售服务。顾客在购买电子书后，可以采用在线阅读或下载到阅读终端方式加以使用。二是提供数字音乐销售服务。顾客购买音乐产品后除了自己使用外，还可以利用“谷歌＋”服务（Google＋）实现社交分享。三是提供电影租赁服务。

Google Play的收入来源主要包括以下几种：一是广告收入，作为免费模式的开创者，谷歌在广告收入方面一直雄踞行业之首。二是销售收入，通过电子书、音乐、应用软件等数字产品的销售获得收入。三是租金收入，通过电影的租赁服务获得租金收入。四是订阅收入，通过Google Play提供的应用内订阅服务（in-app subscriptions）向顾客收取订阅服务费。可以预见，Google Play会不断地创新和采用其他收入模式以增加经营收入。

随着云计算技术的进一步推广和使用，云出版商业模式还将不断变化和演进，云出版规模也将不断发展和壮大，从而使出版产业真正步入云时代。

（资料来源：刘锦宏、李思洁、袁晓群：《云出版商业模式研究》，载于《出版科学》2012年第6期。）

第六章　手机媒体产业创意与策划

第一节　手机媒体概述

手机又被称作移动电话、手提电话、携带电话或“大哥大”，是便携式的个人电子通信终端。通过广泛设立的基站网络，手机的持有者能在一定区域内享受移动中通话和无线数据传输的服务。[①]

1978年底，美国贝尔实验室成功研制出高级移动电话系统（Advanced Mobile Phone System，AMPS），建成了蜂窝状移动通信网，移动通信技术此后获得了快速的发展。其中第一代（The 1st Generation，1G）是使用模拟信号的系统，带宽使用效率不高，接收效果也差，服务内容仅有语音通信。到了第二代（The 2nd Generation，2G），手机开始具备一部分数据处理和接收功能，比如GPRS、WAP、各种Java程序等，尤其是SMS短信服务在许多国家得到广泛运用，极大地推动了手机的普及。这一代的主要制式是PHS、GSM和CDMA，采用数字信号，通话质量也得到很大提高。如今，第三代移动通信技术也已投入世界电信服务市场，WCDMA、CDMA2000、TD-SCDMA等标准的电信网络在全球进入商业运营。这一代技术的主要特征是能够实现在不同数据环境下不同速度的数据传输（不同带宽自由混合）；能够处理多种媒体信息，提供移动多媒体服务；高效利用频段资源，数据传输速度大大提高。经过三代移动通信技术的普及，手机已经成为应用最广泛的个人电子设备。截至2008年底，全球移动电话签约用户数已经达到41亿，超过人类总数的一半。[②] 1987

---

① 田青毅、张小琴：《手机：个人移动多媒体》，5页，北京，清华大学出版社，2009。

② 田青毅、张小琴：《手机：个人移动多媒体》，6—7页，北京，清华大学出版社，2009。

年手机首次登陆中国，全国手机用户数 1990 年只有 1.8 万，2008 年已达到 6.41 亿。

现在的手机不仅可以打电话、发短信，还可以上网、看电视、玩游戏、交友、购物、手机付款、签发公文等，手机传媒成为继报纸、广播、电视、互联网之后的又一新新媒介。而且手机媒体已经超越传统媒体和互联网，无线通信技术使其信息发布链打破了时空的障碍，多媒体技术使其能以各种不同数据形态发布消息。[①] 与传统媒体相比较，手机媒体体现出个性化、移动性、互动性、多媒体融合、传播速度快、传播范围广、传播效果好等优势。难怪朱海松预言："手机会成为个人电脑，个人电脑会成为服务器，云计算会取代服务器。"[②]

朱海松提出手机媒体是继报纸、广播、电视、互联网之后的"第五媒体"："以手机为视听终端、手机上网为平台的个性化信息传播载体，以个众为传播目标、以定向为传播目的、以即时为传播效果、以互动为传播应用的大众传播媒介，也叫第五媒体或移动网络媒体。"[③] 2010 年 12 月，由中国新闻文化促进会主办、第五媒体研究中心承办的第五媒体发展论坛发布《第五媒体行业发展报告》，对"第五媒体"做了如下定义：基于无线通信技术，通过以手机为代表的移动终端展现信息资讯内容的媒体形式；应用形式主要包括移动互联网门户网站、手机报和手机杂志、手机电视、手机社会网络、手机微博、电子阅读、二维码等。该报告预测，2015 年中国手机用户将达到 13.8 亿，而手机网民将达到 10.6 亿，占比近 77%。届时，第五媒体的受众规模将远远大于其他媒体，成为名副其实的"主流媒体"。手机的地位也会由"第五媒体"向"第一媒体"转变。[④]

手机报、手机电视等手机媒体的出现丰富了人们的日常生活，日渐成为重要的人际传播方式，也体现出其重要的商业价值。所以，报刊广电媒体纷纷抢占手机网络传播这一新高地。分众传媒董事局主席兼 CEO 江南春说："在中国移动 12580 生活播报的初步成功之前，国内还从未形成真

---

① 张毓强：《新媒体：威胁还是机遇》，《中国记者》，2005（8）。

② 朱海松：《第一媒体——手机媒体化的商业革命》，11 页，广州，广东经济出版社，2011。

③ 朱海松：《第一媒体——手机媒体化的商业革命》，6 页，广州，广东经济出版社，2011。

④ 朱海松：《第一媒体——手机媒体化的商业革命》，1 页，广州，广东经济出版社，2011。

正用户规模和收入规模兼备的手机媒体。”[①] 2005年12月，在中宣部、国新办、信产部指导和支持下，由人民网、新华网、千龙网共同主办的“掌上天下”手机网站开通，标志着国家主流媒体全面进军手机媒体领域。此举有利于重点新闻网站在无线互联网领域发布新闻、引导舆论和传播先进文化，有利于手机媒体树立权威可信的形象。

随着通信技术和互联网技术的迅猛发展，手机媒体在中国快速崛起，以手机杂志、手机广播、手机电视、手机动漫、手机报、手机搜索、手机阅读、手机微博、手机定制服务等为代表的手机传媒不断涌现，以其独有的媒介特质深刻改变了传统媒介的传播方式和传播理念，并在与报纸、电视、广播、出版、互联网等媒介的不断交融与竞争中获得快速发展，对整个中国传媒产业格局产生巨大而深远的影响。我国手机传媒的市场规模、媒体数量、用户规模以及上下游产业链和商业模式等都获得了迅猛发展，已经进入产业化、规模化发展的新阶段。[②]

第二节　手机媒体产业创意与策划

近年来手机媒体产业的迅速崛起，一方面得力于移动通信技术的革新，另一方面应该归功于手机媒体本身的特性和成功的创意与策划。多媒体融合等特性使受众视手机媒体为“掌上明珠”，成功的营销策划则使手机媒体产业实现巨大经济价值，从而成为相关媒体手中的“香饽饽”。

第一，充分发挥手机独特性。媒体化是手机发展演变的必然趋势，这是由手机本身的特性决定的。

1. 手机是完全的个人媒体。电脑根据使用地点不同具有不同的私密性，但手机是完全个人的、私密的，这保证了持有者能轻松地通过手机与全球传播网保持联系，而且不用承受直接的社会压力，保证了持有者作为社会沟通系统一环的独立性。

2. 手机天生具有互动性。手机随时在线，通过移动通信网上下行两个信息系统，既能发送信息又能传递信息。而手机的个人化特性又保证了信息传递是直接的，接收对象是特定的，使准确的信息反馈成为可能。

---

① 朱海松：《第一媒体——手机媒体化的商业革命》序，2页，广州，广东经济出版社，2011。

② 魏丽宏：《关于我国手机传媒产业发展的研究》，7页，中国社会科学院研究生院博士论文，2012。

3. 移动通信网与互联网的对接已经成为现实，未来新一代移动通信网的发展将使这一联系更加牢固和稳定。

4. 手机的小型化早已实现，功能的日益强大也没有使手机的体积过分增加，这使得它在随时随身在线这一点上具有独一无二的优势。

5. 从数量上看，手机具有成为第一媒体的可能。①

第二，多媒体融合。

手机媒体具有多媒体传播功能，具有集文字、声音、图片、影像、动画、即时音视频等多种信息处理于一体的多元化传播优势，使得手机媒体本身天然就具有跨媒介的特质。而在手机媒体的快速发展进程中，手机媒体与传统媒体和互联网媒体的媒介融合则进一步推动和促进了手机媒体产业的发展。很多手机传媒机构本身就是传统媒体或互联网媒体借助手机媒介进行业务延伸或转型而来；很多手机媒体形式如手机报、手机广播、手机电视、手机搜索、手机游戏、手机微博等内容、产品和服务，也多是手机媒介与报纸、广播、杂志、电视等传统媒介以及互联网媒介融合的产物。因此，跨媒介的特性使手机传媒产业的产品和服务呈现出多元性、复杂性。②

如今，手机传媒既可以像纸质报纸一样给人们提供新闻资讯，又可以像广播一样收听节目，还可以像电视一样收看电影、电视剧和动画片等。在内容上，手机传媒分成新闻和信息等资讯类手机媒体业务、游戏和上网等娱乐类手机传媒业务、软件和产品下载等服务类手机媒体业务；在形式分类上，则产生了手机报、手机杂志、手机广播、手机电视、手机阅读、手机搜索、手机微博、手机游戏、手机网站等各种类型的手机传媒。这些新媒介在促进手机传媒产业快速发展的同时，也极大地拓展了我国整体传媒产业服务和经营的领域。③

第三，传播模式革新。

手机传媒消解了新闻传播学“传受”理论和“编码解码”理论所解释的传统媒体的信息单向传递机制；通过随时随地的互动式的信息传播与参

① 田青毅、张小琴：《手机：个人移动多媒体》，49页，北京，清华大学出版社，2009。

② 魏丽宏：《关于我国手机传媒产业发展的研究》，45页，中国社会科学院研究生院博士论文，2012。

③ 魏丽宏：《关于我国手机传媒产业发展的研究》，16页，中国社会科学院研究生院博士论文，2012。

与，信息传递变成了以用户为核心、即时、多维、交互的流动。手机传媒打破了传统媒体的精英主导和垄断权威，弱化了传统媒体在内容编审流程中的“把关人”角色及其“议程设置”的主导地位，使信息传递走向“去中心化”传播。普通手机用户以独立的身份参与信息传播，不必完全遵循传统媒介的媒介宗旨和报道方针，参与具有更强的随机性和独立性，价值观和表达倾向更具多元性和广泛性。① 手机成为双向互动交流的媒介平台，手机用户不再仅仅是信息的被动接收者，而是可以随时发表观点、传递信息、参与调查、反馈意见的动态参与者、互动交流者。②

第四，独特营销模式。

无线营销是传统营销手段在手机媒体上的应用。手机媒体本质上是营销工具，是使用手段，无论技术多么发达，营销方略仍是传统的市场调查、公关活动、品牌促销、广告等。③

手机媒体产业独特的营销模式表现在两个方面：一是受众细分化。由于手机用户身份的可识别性和相对稳定性，手机传媒完全可以通过充分利用用户数据库资源对受众对象进行不断划分和细化：既可以根据用户年龄、性别、职业、家庭、教育程度等基本信息进行受众细分，也可以根据在传播过程中所收集掌握的手机用户的通信消费特征、媒体消费行为和消费偏好等进行受众细分，从而实现精准传播、定向服务以及定向广告和精确计费等。这种数据库营销模式完全改变了传统媒体的普适性、信息传播与营销模式的同一化，既符合了用户对内容、产品、服务和收费的个性化的要求，又符合了社会各行各业、各种类型的广告主对广告业日渐提升的目标化、精准化的要求，以最小的成本、最大限度地覆盖最精准的目标人群，实现最大化的目标达到率和传播效果。这种新型手机传媒营销模式无疑对促进手机传媒产业的未来发展发挥了巨大作用，也将对我国传统传媒产业的广告市场和生存空间造成巨大冲击。④

---

① 陈露、江昀：《新媒体下受众话语权的回归》，《沈阳大学学报》，2008（4）。转引自魏丽宏：《关于我国手机传媒产业发展的研究》，15页，中国社会科学院研究生院博士论文，2012。

② 魏丽宏：《关于我国手机传媒产业发展的研究》，14页，中国社会科学院研究生院博士论文，2012。

③ 朱海松：《第一媒体——手机媒体化的商业革命》，8页，广州，广东经济出版社，2011。

④ 魏丽宏：《关于我国手机传媒产业发展的研究》，16—17页，中国社会科学院研究生院博士论文，2012。

二是资费方式细分化。手机媒体在不同的发展阶段采取不同的资费方式，主要收费包括通信费、服务费和广告费。在推出一项新服务后一定时期内向消费者提供免费体验服务，来吸引消费者加入到手机媒体用户的行列中来。

第五，新型产业链和市场。

手机传媒的产业链条由多个行业或产业环节构成，横跨手机终端设备制造行业、通信业、软件业、出版业、影视业、动漫业、报刊业、地理信息业等等，呈现手机传媒、电信运营、互联网与传统媒体以及其他多种行业融合的局面。手机传媒产业链突破了产业界限和边际，带动了电信业、网络业、传媒业的交叉、渗透、联合、重组及产业融合，从而形成了日渐清晰的手机传媒产业特有的新型产业链条，产业商业模式也更加灵活多样。这也导致手机传媒产业管理涉及多个方面和部门，呈现出复杂性。①

按照长尾理论，销售规模较大、被市场重点关注的热门畅销产品往往占据销售曲线的头部，而看似需求较小、不被市场关注的冷门商品则分布在曲线的尾部。然而，当商品的生产成本和渠道成本不断降低后，散布在各处的众多较小的、个性化的需求一旦被聚合起来，其产品和服务的规模与销量也能像大规模生产与销售的热门畅销产品一样，占据巨大的市场份额，这时就产生了长尾效应。手机传媒充分利用了手机用户碎片化的、零星的时间，以其独特的传播方式和传播内容，随时随地满足手机用户以往不被关注的、多种多样的、分众化、小众化、个性化的信息和娱乐等需求；这种分众化、小众化的市场不断汇集，形成了规模化效应，从而为手机传媒产业创造了一个具有广阔发展前景的长尾市场，并悄然改变了我国传媒产业的整体格局。②

同时，手机传媒产业的特殊链条及其所具有的多元商业模式，以及目前很多手机媒体机构的跨媒体经营模式，使得其产业内经常呈现出多维度市场特性。例如，在广告经营方面，一些广告商以及跨媒体经营的传媒机构，通常采用整合资源、整合经营、多种类型广告、多次传播的广告策略，横跨打通各类媒体广告市场，以形成交叉促销、交叉补贴和分散风险的协同效应。而从手机媒体自身经营看，不同受众的不同需求，构成了不

① 魏丽宏：《关于我国手机传媒产业发展的研究》，45页，中国社会科学院研究生院博士论文，2012。

② 魏丽宏：《关于我国手机传媒产业发展的研究》，16页，中国社会科学院研究生院博士论文，2012。

同的细分市场，也使得手机媒体必须横跨各类市场，以不同的资讯、产品、服务以及商业模式，去满足市场的多样化、个性化需求。①

上述手机传媒产业技术的发展、手机媒介功能的变迁、手机传媒所具有的各种新型传播特点，以及手机传媒在传播理念、营销模式、产业链和商业模式等诸多方面的创新，不仅带动了手机传媒产业的快速发展，而且也对传统媒体造成了强烈冲击，推进了媒体大融合。② 在产业链条上各个环节的企业紧密结合，最终完成内容生产与制作、传输与发布、服务与管理、营销与收入分配等一系列价值创造与价值传导，促进了我国传媒产业整体的创新与发展。③

经典案例：手机报

一、背景介绍

1902 年《北洋官报》的发行标志着近代中国报业的开端，在近百年的时间里，报纸是人们获取新闻的主要载体。但是随着时代的发展和科学技术的进步，纸质媒体逐渐暴露出其本身的局限，比如报业的经营模式单一、广告收入增长缓慢，各报纸间为了竞争不惜代价打“价格战”，导致经营利润下降。

进入 21 世纪以来，互联网和移动网络的快速发展打破了传统媒体的坚固堡垒，改变了以报业为首的旧的媒介版图，越来越多的人喜欢通过网络获取信息。通过互联网不仅可以随时获取海量信息，而且大部分信息是免费的。在互联网诸多优势的引导下，网民数量快速增长，受众的阅读习惯也在悄然改变，年轻一代获取资讯越来越依赖互联网等新媒体，传统纸质媒体向数字化媒体转型已成必然趋势。新媒体技术逐渐应用到报纸的产业链运作过程中，开启报网合一的全媒体新战略。

除了互联网的挑战，报业数字化转型的另一个助推手是通信技术的飞速发展和手机功能的多样化。在这一背景下，一种新的新闻传播媒体——

---

① 魏丽宏：《关于我国手机传媒产业发展的研究》，45 页，中国社会科学院研究生院博士论文，2012。

② 魏丽宏：《关于我国手机传媒产业发展的研究》，17 页，中国社会科学院研究生院博士论文，2012。

③ 魏丽宏：《关于我国手机传媒产业发展的研究》，45 页，中国社会科学院研究生院博士论文，2012。

手机报应运而生。手机报是将纸质报纸的新闻内容，通过移动通信技术平台传播到用户的手机上，使用户能通过手机阅读到报纸内容的一种新型信息传播方式。它是传统报纸与现代电信增值业务相结合的产物，是一种方便、快捷的新新媒介。

按照中国人民大学新闻学院匡文波教授的分类方法，手机报可分为两类：一类是彩信手机报，一类是 WAP、iMode 或 3G 网站类型。[①] 其中彩信版和 WAP 版较常用。彩信版（MMS）手机报，是以彩信的方式将新闻发送到手机终端，用户可以离线阅读，在某种程度上是短信新闻的改进，但容量却大大超越了短信新闻，可以做到图文并茂。WAP 版手机报就是将传统报纸的内容以 WAP 网页的形式呈现给读者，它就像手机上的互联网新闻网站。读者通过手机登录指定的 WAP 网站，在线浏览新闻资讯，类似于电脑上网浏览信息的方式。与彩信版手机报的包月定制不同，WAP 版手机报采用的是流量计费的方式，按照用户阅读手机报时所产生的 GPRS 流量收费。此外，还有一种 IVR 语音版手机报，就是手机用户通过拨打指定号码，并根据操作提示点播收听报纸当天的新闻资讯的一种手机报，它是一种“可以听的手机报”。如《南方日报》《广州日报》均已开通 IVR 语音版手机报，资费为 0.10 元/分钟。IVR 语音版手机报与手机广播不同，它只是手机报的语音报道形式，是纸质媒体而非广播电台生产的语音产品。

2004 年 7 月，《中国妇女报》与北京好易时空网络科技有限公司、中国移动携手，推出了中国第一份手机报——《中国妇女报彩信版》。它每天以彩信的方式向订户发送一个精编版和一个全文版，精编版浓缩《中国妇女报》当日精华，全文版则为想了解更多内容的用户提供短信点播服务。精编版主要是报纸的新闻标题和导语等内容，字数在 5000 字左右。同年 9 月新华社云南分社与云南移动合作共同向云南移动用户提供“新华快讯”。同年 12 月重庆联通与重庆各大报纸开展行业合作，联手推出了《重庆晨报》《重庆晚报》和《热报》的 WAP 版。

2005 年 5 月，《浙江日报》、浙江移动和浙江在线新闻网站联合创办国内首份省级手机报《浙江手机报》。同年 8 月广东移动与新华社广东分社以及《南方日报》《羊城晚报》《广州日报》联合创办的手机报正式“出版发行”，先期开通彩信和 WAP 版。[②]

---

① 匡文波：《论日本手机报纸的盈利模式》，《传媒》，2007（5）。

② 匡文波：《手机媒体概论》，56—57 页，北京，中国人民大学出版社，2006。

2005年10月，中国移动自有业务《新闻早晚报》正式上线运营，标志着中国手机报正式进入市场导入期。在随后的三年多时间里，中国手机报取得了飞速发展，国内各大报业集团都紧锣密鼓纷纷创办自己的手机报，试图抢占市场先机。在这个过程中，手机报完成了市场培育期，并进入高速成长期。①

2006年3月，《北京晚报》推出《北京晚报手机版》，采用清华紫光的优码技术，通过手机摄像头扫描登录WAP网站，倡导一种"随身携带互联网"的生活理念。2007年1月，人民网与中国移动合作推出《人民日报》手机报，以《人民日报》的内容为主导，以人民网的内容为基础，针对手机媒体自身特性以及手机用户的使用习惯，力求充分体现权威性、公信力、大众化的完美结合。

同时，电视、广播、杂志等陆续进入手机报产业。2006年7月，《凤凰聚集》《凤凰下午茶》手机报产品上线运营，标志着电视传媒进入手机报产业。2007年6月，《瑞丽》手机报上线运营，标志着杂志业进入手机报产业。2008年3月，《中广财经》手机报上线运营，标志着广播电台进入手机报产业。2008年8月，安徽出版集团和安徽移动共同推出《移动漫》彩信业务，标志着出版业也进入手机报产业。至2008年9月，中国移动彩信平台上已有121份手机报产品，用户数达4500万。可以说手机媒体业务已成为传媒业数字化发展的"蓝海"。②

二、手机报的创意与策划

第一，内容短小精悍、方便快捷。

由于手机报的受众是没有太多时间看新闻或其他资讯的中青年人群，加上手机终端的屏幕比较小、容量有一定的限制，所以手机报的内容短小精悍、言简意赅，只需受众快速浏览即可。

第二，内容兼顾实用和娱乐。

手机报除了提供新闻信息之外，还提供天气预报、彩票、交通等和老百姓生活密切相关的实用性资讯，并且设置了娱乐新闻的板块，有时娱乐资讯甚至占据了很大比重，以求吸引受众的眼球。例如明星绯闻、笑话、心理测试、星座运势等，这种兼顾实用和娱乐的形式吸引了更多的手机用户订阅手机报。

---

① 岳泉等编著：《新媒介概论》，230页，南京，南京大学出版社，2010。

② 岳泉等编著：《新媒介概论》，231页，南京，南京大学出版社，2010。

第三，形式多样。

手机报的内容除了文字、图片之外，还有声音、动画、影视、游戏等多媒体形式，实现了新闻的多维阅读，相比传统报纸的单一图文模式更具吸引力。例如，2005年9月，中国第一家“能听的报纸”——《华西手机报声讯版》正式开通上线，读者拨打热线电话即可收听该报的主要内容和即时新闻。

第四，网站型手机报的建设。

网站型手机报是一种更为成熟的手机报形式，利用3G技术，使受众可以对自己感兴趣的手机报进行在线浏览。

（资料来源：管云林等：《对手机报发展的新思考》，载于《传媒观察》2013年第7期；武文颖：《手机报的新媒介文化特征解读》，载于《文化学刊》2009年第2期。）

第七章 网络音乐产业创意与策划

音乐可以反映人类社会生活的方方面面，揭示人类精神世界的各种情感，是人类精神文化生活中不可或缺的重要组成部分；它自古以来就对人类生活产生着巨大影响，甚至一定程度上改变了人们的生活方式。互联网出现以后，音乐的传播方式发生巨大变化，互联网成为最方便、快捷、时尚的音乐平台。网络音乐的出现为音乐本身的发展提供了更为丰富、鲜活的动力。

第一节 网络音乐概述

一、网络音乐的定义

1998年韩国的Saehan（世韩）公司推出第一台MP3播放器MPman-FlO，标志着当代网络音乐技术的基本形成。同时，美国流行音乐学者开始把互联网和音乐联系在一起，网络音乐的历史由此开始。

对于网络音乐的界定，目前众说纷纭。如胡斌的《网络音乐的多文化视角研究》一文将网络音乐定义为借助于网络进行传播的音乐。[1] 杨谷的《网络文化建设与管理概论》一书则认为，网络音乐是通过互联网、移动通信网等各种有线、无线方式传播的音乐产品，主要有两种存在形式：一种是电脑下载或播放的互联网在线音乐；另一种是用手机播放的无线音乐，也称为移动音乐。[2] 杨建国的《网络音乐文化初露头角》一文则将网络音乐定义为通过网络这一媒介来完成制作过程的音乐。[3] 2009年8月，文化部印发了《文化部关于加强和改进网络音乐内容审查工作的通知》，

---

① 胡斌：《网络音乐的多文化视角研究》，《人民音乐》，2002（11）。

② 杨谷：《网络文化建设与管理概论》，北京，国家行政学院出版社，2008。

③ 杨建国：《网络音乐文化初露头角》，《新民晚报》，2000-11-29。

进一步明确了网络音乐的定义和涵盖的范围，对网络音乐管理工作的管理对象进行了界定，指出网络音乐是以数字化方式通过互联网、移动通信网、固定通信网等信息网络传播的音乐产品，不仅包括通常意义上的歌曲、乐曲等音乐产品的数字化形态，还包括为表现音乐产品内容而辅以视频画面的MV、Flash等。

二、我国网络音乐发展概况

2000年开始网络音乐在中国大地上悄然兴起，这一时期的代表作有雪村的《东北人都是活雷锋》，其清新幽默的曲风和带有东北方言特色的歌词让人耳目一新，特别是最后一句“翠花，上酸菜”在当时流传甚广。这时的网络音乐多是在原有歌曲的基础上进行改编，在节奏和歌词上加以创新，增强歌曲的内涵和趣味性，并辅以说唱和动画来增强可观赏性，以吸引受众。

从2004年开始中国的网络音乐逐步发展壮大，在中国音乐市场中占非常大的份额。代表作有杨臣刚的《老鼠爱大米》，这首歌的歌词通俗易懂，旋律朗朗上口，对于听众来说易学易传播。另外一首是庞龙的《两只蝴蝶》，这首歌旋律优美，歌词描述美好的爱情，满足了大众对美满爱情的向往。这一时期的网络音乐更注重词曲和创作手法的创新，所以在被大众喜爱的同时也得到主流音乐界的认可。2005年网络歌手刀郎跻身中国最具实力歌手之列，其专辑《2002年的第一场雪》正版销量达270多万张。他充满野性和苍凉的沙哑嗓音充分表达了游子流浪的情怀以及深深的乡愁，征服了亿万听众，被称为中国最具影响力歌手。

凤凰传奇的出现在中国大地上刮起一阵“新民族风”，他们将带有草原气息的传统民族风格和现代电子舞曲完美融合在一起，主唱杨魏玲花高亢嘹亮的嗓音和搭档曾毅颇具动感的说唱迅速征服了听众的耳朵，2007年《月亮之上》这首歌的彩铃下载次数达7900万次。随后凤凰传奇分别于2007年、2009年、2010年、2011年、2012年发行专辑《吉祥如意》《最炫民族风》《我从草原来》《大声唱》《舞动奇迹》，收录其中的每首歌都堪称精品，如传唱最广的《自由飞翔》《最炫民族风》《天蓝蓝》《荷塘月色》等。

2007年是中国网络音乐发展的一个转折期，出现了一些更贴近老百姓生活的歌曲和所谓的“神曲”，如《死了都不卖》《股市欢迎你》《猪坚强之歌》《爱情买卖》《忐忑》等。这些歌曲的歌词通俗、曲调激昂，并且难以模仿。因为歌词充满对社会现象的反讽，所以引起很多人的共鸣，这也是其能在网络上大红大紫的一个很重要的原因。如慕容晓晓的《爱情买卖》，歌手豪迈的嗓音，歌曲本身优美的旋律，再加上歌词的直白，契合了大众的心理，所以几个月时间便在网络上爆红。2010年一首“神曲”《忐忑》走红网络，演唱者龚琳娜也为大众所熟知。这首“神曲”2009年就获得“聆听世界音乐”最佳演唱大奖，2010年在在人民大会堂举办的北京新春音乐会上演唱，但是直到传上网络才一夜爆红，街头巷尾从小孩到老人都可以哼唱几句。这些网络歌曲尽管被批评太俗，但仍然被大众喜爱、传唱，这就是网络音乐的魅力所在。

三、网络音乐的特点

相比传统音乐，网络音乐有其独特的特点和功能：

第一，创作与传播的自由性和开放性。

在虚拟的网络空间里，网络音乐除了传播音乐作品外，还传播音乐的创作、演奏、制作技术、音乐新闻、音乐学术论文、音乐思想，还提供各类音乐软件的共享服务。这种音乐传播方式，把每一个人所面对的计算机、手机等信息终端，变成了一个虚拟的音乐大社区。由此形成了虚拟世界音乐文化的广泛传播，也为音乐文化理念的形成提供了更广阔的平台。著名音乐人汪峰曾这样评论网络音乐：“互联网让越来越多的音乐人走到台前，也让越来越多热爱音乐的耳朵有听到更多音乐的机会。”

在网络音乐传播过程中，许多以前难以实现的个性化艺术构思和设想，通过网络及数字多媒体技术与电子音乐制作技术的协同配合得以实现。如利用计算机动画制作、音乐制作、音频处理的技术优势，人们创作了大量的Flash音乐文件。互联网为人们构筑了一个丰富多彩的“虚拟现实”世界和信息宝库，使艺术创作者可以迅速获得当今世界不同风格、各种类型的艺术信息和音乐作品。网络音乐的创作者们不仅吸取专业作曲家们的优秀成果，而且加入了自己的创作元素，创作出一首首风格各异、脍炙人口的网络歌曲，这些都得益于网络音乐带来的音乐创作和传播的前所未有的自由性和开放性。

第二，音乐内容的大众性和音乐形式的包容性。

网络音乐与传统音乐相比，其题材更贴近人们的日常生活，歌词口语化、个性化，令人感到亲切自然；而且歌曲结构短小、易唱易记，富含娱乐性，易于在群众中传播。作为大众传播的强势媒介，网络传播在引导大众的艺术接受、消费过程中，促进了艺术与大众之间的相互亲近。艺术不再是小部分人的精神领地，而成为当代大众可以共享的日常生活现象。艺术与大众日常生活的这种广泛对话，直接促使音乐创作走向生活化、娱乐化，催生了网络音乐形式的千姿百态：或激情洋溢或幽默搞笑，或传统或现代，或抒情或直白，或摇滚或温文尔雅。如《特务小强》《芙蓉姐姐》《老鼠爱大米》《两只蝴蝶》《最炫民族风》等网络歌曲，大多以通俗易唱的生活化曲调和趣味幽默、娱乐搞笑的歌词，表达小人物的日常生活和普通人的自娱自乐。如动画剧《喜羊羊与灰太狼》的热播，催生了《要嫁就嫁灰太狼》这首网络歌曲，并使之迅速蹿红。《喜羊羊与灰太狼》是少儿动画剧，其中的灰太狼是个反面形象，但因它身上体现出了很多现代女性对自己丈夫的隐性要求，所以《要嫁就嫁灰太狼》就应运而生。无所谓对与错，无所谓灰太狼是个反面人物，歌曲只是体现了网络音乐自娱自乐的功能。①

第三，音乐人与听众的互动性。

在网络世界里，网友之间信息互换频率和效率都很高，使音乐的自由创作和分享变得便利。一部音乐艺术作品可能随着网络和其他数字媒体传遍世界的各个角落，艺术创作者可以很快听到、看到受众的评价，与他们展开双向的交流和艺术观念的碰撞。除此之外，听众还可以通过网络对音乐产品进行再创作，以此对音乐进行更深层次的理解和互动。典型的互动表现为广大网络用户可以对音乐歌词进行随意编辑，然后上传至网络实现共享；通过网络组织投票活动，让广大网友评选出自己心目中的经典音乐和歌手；对经典音乐的翻唱使得受众对音乐的理解和情感表现更为广泛，极大地促进了音乐的传播和发展。这种传播过程的互动性使音乐创作者为了赢得更多的支持率，而尽可能地从大众的层面出发，创作出较高水平的作品。

第四，网络音乐的社会励志性。

网络音乐的广泛传播赋予了其社会功能。“西单女孩”任月丽的网络蹿红，不仅仅是因为她的完美嗓音，更多的是因为网友被她的淳朴、善良、坚强的性格和为梦想而不断努力进取的精神所感动和折服。她的成功也绝不仅仅是一个人的成功，更是对生活充满希望的所有社会群体的成功，人们从中领略了普通人对梦想的执著追求和坚持不懈的奋斗。一首

① 阎文华：《论网络音乐的审美倾向》，《作家》，2011（6）。

《春天里》在网络的爆红，是“来自生活的力量，不能忽视的声音”，它让人们看到了对未来的希望和对梦想的追求，折射出的同样是小人物对自己理想的寻觅，激励着人们不断向前，给予了人们极大的精神动力，同样也唤醒了人们更强的社会责任感，唤醒了人们关注生命、关注信仰的心灵。一首《老男孩》更是将网络音乐的传播推向了高潮，它的成功是整个社会对工作、家庭甚至人生的思考；之所以能引发全社会的共鸣，是因为它道出了人们在面对现实时既要坦然、豁达和乐观，也要正确认识环境，不断完善自己的积极生活态度。

第二节　网络音乐产业创意与策划

近几年来我国网络音乐产业发展迅速，一首网络歌曲的最终成功与很多创意与策划因素有关，以下我们从几个方面来分析和说明。

第一，歌曲本身富有创意。

在网络上爆红的歌曲，无不在歌曲本身某些方面富有创意，例如创作理念、歌词、演唱风格等等方面的创意。网络音乐最初是以背景音乐的形式出现的，如电子邮件背景音、网页配乐等，后来才出现单独传播的原创性或改编性音乐作品。例如2001年流行的《东北人都是活雷锋》、2003年的《大学生自习室》、2004年的《老鼠爱大米》《丁香花》《七里香》《江南》，以及后来的《两只蝴蝶》《猪之歌》等，这些作品的词曲编创看似较为简单，没有过于复杂的技巧，其实都饱含新意。譬如《东北人都是活雷锋》的全曲结构为一段体的作曲模式，歌词也很好地结合了东北地方色彩，给人以全新的音乐感受；《大学生自习室》作曲不同程度地借鉴或改编了已有歌曲的曲调，重新加入歌词，想法也非常独特。由此可见，网络流行音乐作品之所以能够得到大众的青睐，创作中的创新功不可没，体现了大众音乐创作在数字化时代的新进展。

改编类歌曲是网络音乐中的一个重要类型，其形式多种多样，如改编原曲歌词内容、更改原歌词语言类型、多首歌曲拼编等。其中不少歌曲的流行度要超过原歌曲，它们之所以能够成功，创意尤为重要。例如改编歌词类作品往往立意独特，风趣幽默，给人以耳目一新的感觉；更改歌词语言类作品主要是将已有歌曲的歌词以中国各地方言或外文重新编排演唱，以达到新鲜幽默的效果；多首歌曲拼编是将多首歌曲的内容进行剪辑拼接，然后重新翻唱，其创意和技术含量相比前两类作品要高很多。

第二，大众审美观念的变化为网络音乐提供了发展空间。

音乐审美观念的变化体现出人们对音乐语言的新的追求、新的适应和新的感觉。在新的数字时代里，为适应多种多样的社会音乐需求而出现的音乐语言，具体表现为大众追求好听、动听、激情洋溢、细腻和粗犷并存等一类旋律，追求既标新立异、张扬个性又带有高度的规范性、规律性和合理性的音乐语言形态。这些环境和需求为网络音乐创意提供了极大动力和空间。

当然，有了广阔的市场需求，又有非常好的音乐创意，对于网络音乐的发展而言只能算具备了重要条件；音乐以外的相关策划同样不可或缺，有时甚至更为重要，这包括传播策划、技术平台策划建设等。

第三，传播方式与盈利模式创新。

网络流行音乐最初的传播渠道比较单一和分散，大多通过综合性网站、网络论坛、电子邮件等方式传播，后来出现专门的音乐网站和无线移动网络等形式，对技术的要求越来越高。随着网络音乐的快速发展，其传播流程和渠道也一改早期的单薄状况，传播方式出现革命式发展。传统音乐的创作和传播流程大致包括创作乐谱、唱奏、制作、发行、播放等几个环节，而网络音乐的创作与传播过程得以简化：创作者制作音乐后直接通过网络传播，将音乐传播的发行和播放合二为一，变传统的被动式传播为主动式传播；而且网络传播无时空限制，传播自由、便捷，渠道广泛，信息量大，成本又低。在这种情况下，传播方式的创意和策划自然会成为成功的必要条件。譬如病毒性营销传播方式，它是一种信息传递战略，包括任何刺激个体将营销信息向他人传递、为信息的爆炸和影响的指数级增长创造潜力的方式。这种战略需要有精心设计的“病毒”，通过 widget 接口、即时通信、电子邮件等方式传播给“免疫力”低的广大人群。《老鼠爱大米》《猪之歌》等网络歌曲正是借这种方式传遍大街小巷，其中《老鼠爱大米》彩铃单月下载量创 500 万次的纪录。

随着唱片公司的介入，网络音乐以往不被重视的商业前景很快凸显出来。唱片公司一方面到网络流行音乐圈中挖掘人才，另一方面投身到网络流行音乐的传播渠道中，依靠系统专业的服务获取商业利益，刺激网络流行音乐各方面的创意和策划有了极大进步。例如无线移动网络传播形式便是基于无线网络运营商和唱片公司的合作进行的：移动电话的彩铃业务作为音乐输出的终端，以定价收费发送音乐的方式盈利，最后所得的利润由移动运营商和唱片公司或音乐版权所有人按比例分成。这种以彩铃形式出现的网络流行音乐虽然在音质和完整度等方面大大缩减，但是由于易于获得，形式新颖，所以推出之后广受用户青睐，成为唱片公司主要的盈利方式之一。

第四，技术平台策划与建设。

现在专业化网络音乐平台的策划和建设越来越受到重视。网络音乐提供商为吸引受众，竞相设置很多服务项目，例如音乐在线试听、彩信、彩铃、各种排行榜、每日最新网络单曲、网络歌曲精选、最新网络神曲等，受众可以轻松找到自己所需。此外，受众还可以免费下载喜爱的歌曲、搜索歌词、在线储存喜爱歌曲等。总之，所有这些功能的设置都是为了方便用户畅游享受网络音乐世界。由于用户的功能要求越来越高，与网络音乐传播相关的信息技术也不断创新，近年来的技术革新主要体现在三个方面：

（1）P2P 技术。P2P 即 Peer-to-Peer，即“对等互联”或“点对点”技术，是一种不需要经过中继设备就能直接交换数据或服务的技术，通过在系统之间的直接交换实现计算机资源和服务的共享，改变了互联网以大网站为中心的格局，使得网络上的沟通变得更容易、更直接。在 P2P 技术下，消费者支付的更多是渠道（宽带）的成本，更贴近于音乐的创作成本。这令网站运营成本降低，各种定位细分音乐市场的个人中小网站将仅靠广告就可以得到发展。

（2）Web2.0。Web2.0 是相对 Web1.0（2003 年以前的互联网模式）的新的一类互联网应用的统称，是一次从核心内容到外部应用的革命。其传播越来越具有针对性，受众可以摆脱被动接受信息的无奈，成为对传播活动各个环节都起着主动推进作用的一方。

（3）TD-SCDMA。TD-SCDMA 全称为 Time Division-Synchronous CodeDivision Multiple Access，即时分同步码分多址技术，是 3G 即第三代移动通信技术，也是中国第一个拥有自主知识产权的国际标准。3G 网络实现了移动网络对高速数据业务的支撑能力，带宽的扩展使得移动通信网络可以承载流媒体和视频互动等更加丰富的业务类型，推进了网络音乐的发展。

第五，市场环境和社会环境的建设。

由于唱片公司的积极参与和信息技术的采用及革新等，网络音乐已经成为一种很复杂的社会现象。将音乐、社会组织和技术等多种因素密切结合在一起进行创意和策划，其重要程度远远超越了音乐本身。

首先，网络音乐的完整产业链，依赖于唱片公司、互联网运营商、无线运营商等的密切合作。内容提供商（Content Provider）进行文化创意，吸纳歌手，向服务提供商（Service Provider，互联网运营商和无线运营商）卖出著作权，再由服务提供商通过网站付费下载、移动手机铃声、手机彩铃、手机音乐等形式提供给消费者，产生经济效益，形成产业链良性循环，最终实现网络音乐可持续发展。

其次，同唱片公司合作是网络歌手发展的重要形式，也是提高网络音乐水准的有效途径。网络歌手的自发性固然可以让小部分人迅速成名，但整体上网络音乐的创作水平和质量比较低；而唱片公司具有无可比拟的创作优势、制作优势和发行经验，如果和网络音乐结合起来，将产生巨大的社会效益和经济效益。

再次，需要尽快健全法律法规，规范网络音乐发展。网络音乐目前存在版权管理混乱等方面问题，严重影响其健康发展。其中一个重要问题就是大众的知识产权观念淡薄，人们的免费文化消费观念亟待改变。可以通过发展无线下载如手机彩铃等，阻断和减弱盗版，保证网络音乐的健康发展。当然，与此同时，网络音乐的自我版权保护也充满着智慧，“鸟叔”的成功就是恰当处理版权保护与利用的关系的例子。“鸟叔”将《江南Style》上传至视频分享网站，全球网友免费收看，竞相模仿，使他几个月内就红遍全球。在该音乐作品传播的整个过程中，唱片公司和经纪人都躲在幕后，放任其作品被免费享用，这种对版权的“大度”恰恰促成了他的成功：巨大的市场让他名利双收，仅靠商业演出和广告代言就赚得盆满钵满，身价跃居一线艺人之列。这个案例启发我们仔细思考版权保护与音乐产业发展的辩证关系，有时候需要运用智慧在作者收益权和社会公共利益之间找到一个最佳平衡点。

总之，网络音乐的发展带来了音乐发展的一次革命，一种区别于传统的音乐传播方式的革命。迅速膨胀的网络平台为网络音乐的发展提供了新的机遇，为持有音乐梦想的普通群众提供了新的参与方式，为所有人的参与提供了条件和途径。在网络音乐产业诸环节中，创意和策划起到的作用越来越重要。对于如何弘扬民族音乐，如何丰富大众生活，网络音乐也为我们提供了很多新思路，值得深入思考。

经典案例：凤凰传奇

一、背景介绍

凤凰传奇原名酷火组合，主唱杨魏玲花是蒙古族姑娘，歌声豪迈嘹亮，被称为“女版腾格尔”；男歌手曾毅是湖南人，擅长说唱和舞蹈。他们的歌曲旋律朗朗上口、歌词通俗易懂，征服了中国乃至世界的亿万听众。截至2013年5月，凤凰传奇正版专辑销量600万张，无线下载3亿次，网络试听点击5亿次，单首歌曲搜索量1.2亿次，① 使之成为中国流行乐坛叱咤风云的组合。

杨魏玲花曾是一名电器销售员，曾毅则是一名家电维修工人，他们于1998年去深圳跻身“南漂”一族。当初，两人在深圳同一个团队里跳舞，曾毅还是杨魏玲花的老师，两人对对方的演唱才华惺惺相惜。后来曾毅和杨魏玲花组合表演，第一次演出就非常成功。2004年他们参加了CCTV第十一届青年歌手大赛，取名“酷火”组合；2005年改名“凤凰传奇”，在央视星光大道获得年度亚军；2008年他们参加了央视春节联欢晚会，演唱《月亮之上》；2010年又在央视春节联欢晚会上演唱《天蓝蓝》；2013年在央视春节联欢晚会上作为开场第一个节目演唱《中国味道》。

二、凤凰传奇创意策划的成功经验

第一，创意编曲风格。

凤凰传奇的歌曲融合多种曲风，如嘻哈、说唱、电子音乐、摇滚、民歌等，将现代节奏与民族音乐相结合，开创一派新民族风。

第二，民族特色突出。

凤凰传奇发行的专辑和单曲里面大多数歌颂少数民族英雄人物和反映少数民族民俗风情。如《奢香夫人》《一代天骄》《泼水节》《新疆玫瑰》《天蓝蓝》《高山槐花开》《康定情缘》《溜溜的情歌》《我从草原来》《我和草原有个约定》等。

第三，歌曲受众面广。

凤凰传奇经纪人徐明朝认为凤凰传奇能取得如此辉煌成绩的重要原因就是歌曲极为大众化。小到三岁小孩，大到老头老太，对于凤凰传奇的歌曲随口就能唱。

---

① 陈杰：《凤凰传奇走红背后的商业逻辑》，《北京商报》，2013-5-24。

第四，专注品牌策划。

凤凰传奇的品牌策划独具一格，创意总监徐明朝专门成立百人文化娱乐公司来负责凤凰传奇的所有策划宣传和运营事宜。这家只有20多人的小公司定位明确，那就是把凤凰传奇作为核心品牌，走平民化和国际化相结合的路线，致力于打造中国最“炫”的歌唱组合。

第五，营销模式及衍生产品。

凤凰传奇的营销打破了传统的通过电台积攒人气的模式，转而投向互联网，如QQ音乐、酷我音乐、酷狗音乐、百度音乐盒以及专业音乐网站。通过专业音乐网站和音乐盒软件来宣传，不仅影响力大，而且可控性强、成本低。百人文化娱乐公司的宣传总监郭新波把凤凰传奇的网络宣传分为三个阶段：第一个阶段是占领货架；第二个阶段是通过微博、人人网等SNS平台进行传播；第三个阶段则是通过移动互联网，如手机浏览器弹窗、微信、APP等来传播。

凤凰传奇的商业模式包括三部分：商业演出、广告代言和演唱会、衍生产品。目前，百人文化公司正在开拓与凤凰传奇有关的游戏、服饰品牌等。

（资料来源：陈杰：《凤凰传奇走红背后的商业逻辑》，载于《北京商报》2013年5月24日第A04版；郑道森：《凤凰传奇的网络推手》，载于《二十一世纪商业评论》2012年第19期；王剑：《“凤凰传奇”与少数民族民俗符号传播》，载于《民间文化论坛》2012年第1期。）

第八章　休闲娱乐产业创意与策划

第一节　休闲娱乐产业概况

1899年凡勃伦发表了《有闲阶级论》，标志着美国休闲娱乐学的诞生。他认为休闲娱乐已经成为人的一种生活方式和行为方式，休闲娱乐产业改变了家庭的消费模式，已经成为家庭一项重要的消费支出，而且创造了新的就业空间。

英国经济学家费希尔说："第一次产业为人类提供满足最基本需要的食品，第二次产业满足其他更进一步的需要，第三次产业满足人类物质需要以外的更高级的需要，如生活中的便利、娱乐等各种精神上的需要。"后来文化产业中的"娱乐休闲产业"与"第三产业"的理论渊源，由此可见端倪。① 美国著名学者约瑟夫·奈认为，休闲娱乐产业正在替代那些看上去更实在的传统制造业、金融服务业，休闲娱乐产业迅速成为全球经济增长的新的驱动轮。

从近代开始我国把休闲娱乐作为一种产业来发展。一方面西方殖民者把各种娱乐方式传入中国，牟取暴利，如位于上海西藏中路的跑马厅，大大刺激了中国城市娱乐业的发展。另一方面国人也大开眼界，娱乐经济意识得到强化，从模仿、引进到自创，休闲娱乐经营思想初步形成。②

20世纪50年代至改革开放之前，国家加强了对娱乐文化的控制，对几乎所有的娱乐活动进行革命化改造，全国一度仅存8个样板戏。到20世纪80年代，随着我国改革开放的深入和经济文化体制的变革，这一状

---

①　王育济、齐勇锋、侯样祥、韩英主编：《中国文化产业学术年鉴（1979—2002年卷）》，3页，济南，山东大学出版社，2010。

②　孟晋：《唐都长安休闲娱乐文化发展的背景考察》，《濮阳教育学院学报》，2002（2）。

况才开始发生改变。特别是20世纪90年代以来，随着我国社会主义市场经济的发展，中国加入到了消费主义的全球性文化语境之中，对个体本能、身体和消费欲望的崇尚，以及娱乐游戏一切的观念，在东西方社会文化的生产与消费中成为一种潮流。①

于光远先生在《论普遍有闲的社会》中阐述了休闲娱乐与社会进步的关系："闲"是生产力发展的根本目的之一；"闲"不只是生产力和文明发展的结果，也是促进生产力和文明发展的因素。② 如果不属于"闲"的劳动时间随着社会生产力的发展能够进一步减少，"闲"的地位和作用还可以进一步提高。这是走向未来经济高度发展的社会的道路，那时整个社会就从"有闲阶级的社会"走向"普遍有闲的社会"。③ 因此，发展休闲产业不仅仅是一个企业行为或者经济行为，而且能为人的自由全面的发展提供保障。1993年他提出"关于玩的六句话"："玩是人生根本需要之一、要玩得有文化、要有玩的文化、要研究玩的学术、要掌握玩的技术、要发展玩的艺术。"④

随着休闲娱乐产业的发展，休闲娱乐方式也呈现多样化。休闲学专家潘国彦先生把休闲娱乐方式分为五种：知识型休闲、旅游型休闲、收藏型休闲、体育型休闲和娱乐型休闲。知识型休闲是指利用休闲时间学习知识或技能；旅游型休闲是指到各地去旅游，使身体得到锻炼，心胸更加开阔；收藏型休闲是指利用休闲时间收集各种各样的藏品，是一种既有趣又有益的生活享受和文化修养；体育型休闲是指以锻炼身体、延年益寿为目的的休闲方式；娱乐型休闲是指富有情趣的休闲活动，如琴棋书画、花鸟虫鱼等。

随着我国大众生活水平的提高，越来越多的人开始利用碎片化时间来进行休闲、娱乐活动，休闲娱乐成为大众日常生活中必不可少的消费方式，并呈现出潮流化、产业化的发展趋势，休闲娱乐产业蓬勃兴起。无论是传统的娱乐载体电影电视，还是新兴的互联网媒体，娱乐在其中都占有举足轻重的地位。正如尼尔·加布勒所说："娱乐——电影、摇滚乐、低俗小说、搞笑读物、电视、电脑游戏——向我们纷纷探出爪子，拉拢我

① 刘泰然：《娱乐：从圣化到泛化——娱乐文化的一个"考古学"梳理》，《学术论坛》，2008（12）。

② 于光远：《论普遍有闲的社会》，11页，北京，中国经济出版社，2005。

③ 于光远：《论普遍有闲的社会》，12页，北京，中国经济出版社，2005。

④ 于光远：《论普遍有闲的社会》，112—118页，北京，中国经济出版社，2005。

们，俘虏我们，使得我们既深入事物，又深入我们自身。”① 更有甚者，美国著名的媒体研究学者尼尔·波兹曼在其代表作《娱乐至死》中指出：一切公众话语日渐以娱乐的方式出现，并成为一种文化精神；我们的政治、宗教、新闻、体育、教育和商业都心甘情愿地成为娱乐的附庸，毫无怨言甚至无声无息，其结果是我们成了一个娱乐至死的物种。

第二节　休闲娱乐产业创意与策划

一、媒体娱乐产业创意与策划

（一）电视娱乐节目热播

电视媒介具有天然的娱乐本能，正如尼尔·波兹曼指出的：“娱乐是电视上所有话语的超意识形态。不管是什么内容，也不管采取什么视角，电视上的一切都是为了给我们提供娱乐。”在美国，就连新闻节目也“是一种娱乐形式，而不是为了教育、反思或净化灵魂”，甚至可以说“随着娱乐业和非娱乐业的分界线变得越来越难划分，……除了娱乐业没有其他行业”②。在“娱乐至上”的西方社会，休闲娱乐产品无处不在，它被提到了人人都在享用的高度上，为这个时代提供着精神文化服务。

我国电视娱乐节目在短短二十几年的发展时间里，已呈现出各个电视台争奇斗艳之势。电视娱乐节目以其大众化、草根化、通俗化等特点，通过不断更新节目内容和形式，赢得了大批受众。从 20 世纪 90 年代初以《正大综艺》和《综艺大观》为代表的综艺节目，到以《快乐大本营》和《欢乐总动员》为代表的游戏类娱乐节目，③ 再到近年红遍大江南北的《超级女声》《快乐男声》《中国好声音》等草根选秀节目，再到《爸爸去哪儿》《中国星跳水》等明星参与节目，无不风靡一时，成为大众闲时的谈资和娱乐消遣。

例如近年来此起彼伏的各种选秀节目，一方面为大众提供了更为宽广的展示自我的空间与更加多元的实现梦想的舞台，另一方面也实现了主办

---

① ［美］尼尔·加布勒：《娱乐共和国：娱乐如何征服现实》，载包亚明主编《后大都市与文化研究》，340 页，上海，上海教育出版社，2005。

② ［美］尼尔·波兹曼著，章艳译：《娱乐至死》，92—94 页，南宁，广西师范大学出版社，2011。

③ 张野：《电视媒体娱乐功能的正负效应分析》，《中国传媒科技》，2013（4）。

方生产消费偶像等商业利益上的实际需要。基于“娱乐搭台，经济唱戏”的初衷，主办单位赚得盆满钵满的同时，增加了自身的品牌效应，也推动了社会娱乐化的进程。同时电视娱乐选秀节目让我们看到了一道全新的娱乐文化奇观：普通大众的文化意识与审美趣味被娱乐狂欢重塑，个体的自信心得到认可并空前膨胀，使得“一夜成名”或“一战成名”变成许多年轻人的梦想。在经济利益的驱动下，个体开始意识到平民话语权的强大，以及草根阶层的力量。通过参加娱乐节目，草根阶层为自己呐喊助威，积蓄已久的情感挣脱层层束缚，个性得到尽情张扬。

再如，湖南卫视 2013 年下半年热播的亲子节目《爸爸去哪儿》，在网络上一炮走红。经历过整个夏天各种歌唱类节目的轰炸，电视观众渴望着一档新节目来拯救自己疲软的神经。10 月 11 日，湖南卫视《爸爸去哪儿》的首播让观众一夜沸腾，清新秀丽的野外综艺、难得一见的明星亲子跟拍，换来了全国的高收视率，在“零差评”的一片叫好声中，“亲子热”喷薄而出。这档节目邀请明星爸爸们带着自己的孩子去陌生且极端的生活条件下生活 72 小时，还要完成节目组布置的各项挑战，难度可想而知。为了全方位展示孩子的表现，《爸爸去哪儿》设置了 45 个机位，近 1000 个小时的素材才能剪辑出一集节目。这个阵势，已经超越了《我是歌手》38 个机位、400 个小时素材剪辑一集的湖南卫视制作纪录。湖南卫视给《爸爸去哪儿》安排了每周 8 次的高密度重播，超过了《我是歌手》一周播 6 遍的节奏。贴近民生和家庭的节目内容，新鲜有趣的节目形式以及观众喜爱的五对明星嘉宾父子（女），都是该节目的创新之处。

（二）传统媒体的娱乐化倾向

不仅电视如此娱乐化，报纸、期刊、杂志在这个新媒体冲击的时代为了生存也不得不选择了更多的娱乐元素。各类报纸的娱乐新闻版办得有声有色，每日更新的娱乐新闻都能在貌似严肃的传统媒体里找到相应报道。为了迎合受众需求和市场规律，严肃的社会新闻报道已逐渐失去吸引力，各大传统媒体只能在娱乐版上狠下功夫，来挽救日渐减少的受众数量。如在排版方面，更多的报纸和杂志选择了更为醒目的娱乐图片作为头条，开始热衷于明星们的私生活，对一些绯闻进行捕风捉影的报道以吸引受众。似乎娱乐圈的动态信息、明星们的逸闻趣事、新影片的相关信息都成了各大媒体竞相争夺的宝贵资源。即使是一些严肃的社会新闻报道，在内容和形式上也都尽力使硬性新闻软化，竭力挖掘其娱乐价值，并在表现技巧上强调故事性和情节性，变严肃报道为轻松活泼的叙述报道，以增加自身的可读性。

如2004年在云南某大学发生的“马加爵事件”，事件的凶杀性质以及其中包含的沉重的道德因素，确定了此案件的严肃性。有学者经过数据统计，发现5份报纸在“马加爵事件”的报道对象的选择上各有不同：《中国青年报》报道最多的是被害人家属的情况以及公众对“马加爵事件”的反应，所占比例都是30%；《北京青年报》中有关被害人及其家属的报道仅有1条，而有关马加爵及其家属以及举报人的报道占了57%之多；《北京晚报》中没有关于被害人及其家属的报道，所有报道全集中在对马加爵及其家属以及举报人上，其中有关马加爵其人的报道占了60%，并且在这些报道中对马加爵形象和性格的描述充满了阴冷、蓬头垢面、乞丐模样、独来独往这些有强烈价值判断的词语；《京华时报》和《新京报》中占比例最大的也是对马加爵其人的报道，均为32%左右，并且对马加爵的描述与《北京晚报》趋于一致，且这两份报纸中有关马加爵及其家属以及举报人的报道都占了一半以上，而有关被害人及其家属的报道仅分别为3条和2条，均不到15%。[①] 这些报道本应该从大学教育体制、大学生心理教育等方面对大学教育的现状和大学生心理问题进行理性反思，但为了增加报纸的吸引力就大肆渲染马加爵本人的一些特性，并使用夸张的大标题和经过处理的图片作为头版，无论报道内容还是报道形式的娱乐化痕迹都过于浓厚。本是严肃且有教育警醒意义的事件，经过娱乐化的渲染，掩盖了新闻应有的严肃性和影响力，成为公众娱乐的场地。

因此，我们认为，媒体的娱乐化也要有个度，不能一味取悦受众、迎合低俗口味，而迷失媒体应有的文化使命。在大众“娱乐至死”的时代，媒体尤其是传统媒体更要发挥其宣传引导功能，弘扬主流价值观，兼顾社会效益与经济效益。

（三）新媒体的娱乐化态势

互联网时代呼啸而来的新媒体短时间内被大众熟知并广泛使用，新闻话语权下移到广大草根阶层，模糊了新闻来源的精英性。在这个“人人都是记者”的自媒体时代，网络催生出了流行的新的娱乐形式和娱乐浪潮，改变着人们的娱乐习惯，塑造出新的娱乐文化形态，娱乐文化开始进入“数字化生存”和“自由化传播”的新时代。[②] 网络电视、博客、微博、论坛和社区等的出现，颠覆了传统媒体的信息传播方式，为受众提供了“狂

---

① 戚鸣、刘朝霞：《当前我国报纸新闻娱乐化倾向探析》，《中国青年政治学院学报》，2005（3）。

② 李建秋：《新媒体传播与娱乐新形式》，《新闻界》，2008（2）。

欢”式的信息互动享受。信息提供者的草根化使得网络时代信息的“泛娱乐化”现象越加普遍，各种娱乐现象在网络上层出不穷。比如各大门户网站开设娱乐频道，减少严肃新闻的比例，将名人趣事、体育新闻、花边新闻及带煽情性、刺激性的犯罪新闻、暴力事件、灾害事件等软性内容作为新闻的重点，吸引大众眼球。

在当今互联网的种种乱象之下，个别有观点、有深度的节目鹤立鸡群、弥足珍贵，具有相当稳定的受众和脱颖而出的潜力。如爱奇艺出品的互联网首档娱乐评论脱口秀节目《娱乐猛回头》，以其睿智、辛辣、犀利、幽默的评论风格，加上活灵活现的图片画面，令观众爆笑间一了天下事，嬉笑间了解当红现象的本质。该节目及时追踪每周娱乐热点，给出“最网络”“最犀利”的评论观点，有调侃但不攻击，冷眼旁观但不冷血。《娱乐猛回头》的主播因口齿伶俐、语速惊人、能唱能耍而被观众封为“猛主播”，此后《娱乐猛回头》的粉丝也自封为“猛丝儿”。该主播始终以背影现身，不露真面目，但对待娱乐事件却秉持正义、惩恶扬善，这是主持的又一新风格。这档节目是完全符合大众口味的娱乐节目，自 2011 年 3 月开播以来在网友间口口相传，点击率及粉丝数火速攀升。

二、休闲旅游产业创意与策划

（一）休闲旅游的特点

目前，国内旅游业正处在转型期，传统的观光游逐渐衰退，休闲旅游的地位逐步上升。休闲游是旅游的一种比较高级的形式，以旅游为形式，以休闲为目的。我国著名休闲理论研究专家马惠娣说：“旅游休闲，是以旅游为手段，以休闲为目的的活动。它更注重旅游者的精神享受，更强调人在某一个时段内所处的文化创造、文化欣赏、文化建构的存在状态；它通过人的共有的行为、思想、感情，创造文化氛围、传递文化信息、构筑文化意境，从而达到个体身心和意志的全面而完整的发展；它为激励人在当代生活中的许多要求创造了条件。”① 随着人们生活水平的不断提高，对精神文化产品的需求也越来越精、越来越多，休闲游这种让人既能享受精神服务，又能合理化配置部分剩余时间的旅游方式，受到越来越多人的追捧。国内的休闲旅游起步较晚，但发展较快，公众旅游越来越多地定位于

① 马惠娣：《21 世纪与休闲经济、休闲产业、休闲文化》，《自然辩证法研究》，2001（1）。

高层次的精神消费，国内客源剧增，成为休闲旅游的主力军。

对于旅游目的地来说，休闲旅游格外强调环境的优美宜人、空气的清新纯净、生态保护和基础设施建设的完善，但更重要的是和当地居民的互动与协调，建立起可持续发展的有机生态休闲游，这样才能使当地居民自发参与其中，自觉地保护环境和提供服务。

对于旅游主体来说，休闲游在国内有较强的时间限制和职业特点。一般来说周末或法定节假日是外出休闲游的高峰期；旅游者以上班族为主，家庭外出或朋友、同事结伴而行较为常见，寒暑假期间学生结伴而行的也较为常见。旅游主体的职业特性和时间限制决定了这种休闲游的短期特点，因而人们一般会选择距离城市较近的郊区，例如农家乐、采摘游、野营或登山等，这里通常有便利的交通、优美的环境和丰富的人文景观。

旅游休闲经济最根本的消费特征，在于它的文化性、社会性、人文性。西方发达国家都相继进入到了以知识经济为特征的休闲社会，其旅游休闲业是经济性很强的文化产业、文化性很强的经济产业，旅游休闲本质上是在购买文化、消费文化、享受文化。因此，旅游休闲业的经营者一定要正确理解和细心揣摩旅游休闲人的各种文化需求和精神需求，让服务对象愉悦、满意、快乐是取得旅游业经济效益的根本手段。①

（二）休闲旅游的创意策划

旅游创意策划是以创意为导向的旅游策划，创意是核心环节，是决定策划成败的关键因素。旅游策划强调创造性的构思、谋划和设计，其灵魂是新颖、独特、实用的旅游创意。②

首先，精准的产品定位。

策划定位就是明确作为策划对象的产品或项目的性质、功能、市场指向的过程。旅游策划活动的核心是策划主体对未来旅游产品生产、营销与交换活动的运筹、谋划、构思和设计。对旅游产品进行准确而独特的定位是旅游创意策划的根本。

如“西安大唐芙蓉园”的打造，在确定了“盛唐主题天下第一园”的主题后，西安政府特邀了中国唐代文学学会的10多位唐史、唐诗、唐画、唐建专家以及旅游专家组成的专家小组对大唐芙蓉园的历史文化内容进行

---

① 李静、李娜：《旅游休闲的文化发展动因实证分析》，《山西高等学校社会科学学报》，2010（3）。

② 李庆雷：《旅游创意策划初步研究》，《乐山师范学院学报》，2011（1）。

重新挖掘和整理，对全园景观进行了重新规划和定位，划分出12个景观文化表现区域（外交文化、茶文化、诗歌文化、民间文化、歌舞文化等），并以此形成了以大雁塔为中心，包括大雁塔南北广场、大唐不夜城、唐城墙遗址公园在内的盛唐文化区，强有力地支撑了西安旅游的发展。

又如，当今大热的休闲旅游的主要组成部分是乡村旅游，不同地区的乡村旅游定位皆可根据自身的特色，从养生文化、采摘篱园、休闲度假、农家接待、旅游观光、康体健身、绿色艺术、影视旅游、历史文化等不同方面打造休闲旅游产品。云南安宁八街古镇历史悠久，民俗独特，小集镇初具规模，在全市乡村旅游规划中定位为安晋乡村旅游带的服务中心，主要面向以现代新昆明为中心的滇中城市群。这一定位明确以后，“乡村艺术集市”的主题概念呼之欲出，“非遗”旅游小镇、梨园春秋花灯实景剧苑、八街古镇百年庙会、民间艺人街（创意市集）、乡土特产集市、乡村美食街等创意随之产生。①

其次，独特的旅游主题。

旅游主题是对旅游策划活动基本理念、产品或项目独特卖点的高度提炼，它是旅游创意展开的起点。旅游主题的产生是一个资源整合、信息碰撞、脑力激荡的过程，需要策划者既要有市场敏锐度、宽广的知识面、发散的思维能力，还要有策划的灵感和丰富的想象能力。策划出的主题既要将艺术和文学元素糅合，又要有与众不同、符合市场需求、通俗易懂的突出特点。

例如香港每年推出一个旅游主题：2008年的主题定为“乐在璀璨香港，爱在马术盛事”，凸显了奥运协办城市的形象；2009年以“香港购物节”为主题，吸引了大批购物者，创下了消费新高潮；2010年则定为“香港节庆年”，既树立了自己的形象，又张扬了城市特点，成功地吸引了大量旅游者。

又如，福建省三明市沙县凤岗街道下辖的9个村庄的旅游主题都很鲜明，包括“福禄长寿”养生文化区、“西沙木门”休闲度假区、“一户一品”农家接待区、“竹翠糜荼流沙白”旅游观光区、“极限无极限”康体健身区、“果香掠红”采摘篱园区、“洞天字刻”生态艺术区、影视旅游区、“古城土堡”历史文化区9个不同特色的景区。云南省瑞丽市姐相乡银井傣寨位于中缅边境，确立了“一寨两国”的旅游主题，由此衍生出“一个

① 李庆雷：《旅游创意策划初步研究》，《乐山师范学院学报》，2011（1）。

脚步跨两国”“一架秋千荡两国”“一桌宴席吃两国”“一口水井喝两国”等主题创意，丰富了当地旅游的特色。①

再次，旅游品牌的营销策略。

在旅游市场需求日趋个性化、多样化的背景下，旅游营销理论与实践不断创新，传统的旅游营销手段已难以适应日趋激烈的市场竞争，旅游目的地营销进入品牌竞争时代。如湘西凤凰古城旅游品牌的打造，采取了如下措施：利用民俗文化创意活动宣传民俗品牌形象，举办民间文化艺术节、开展民俗节庆活动，充分展示当地的民俗风情；鼓励当地居民积极参与，借助各种传媒如电视和网络等，策划具有鲜明区域民族特色的民族文化表演，扩大民族文化品牌的影响范围。②

此外，灵活的管理体制也是地方旅游品牌崛起的重要条件。旅游企业在经营上要合理整合资源，形成客源共享、利益共享的良好局面；政府要有所为有所不为，把重点放在产业发展环境构建中，实现所有权、管理权和经营权的分离，产业的具体经营要交给市场和专业机构去管理。但这并不意味着政府要放弃旅游产权，政府及相关职能部门要强化对文化旅游创意产业经营的监督，避免企业经营者的短期行为和对民族文化资源的破坏，实现旅游业的可持续发展。③

最后，旅游产业价值链的打造与构建。

价值链模式的实现是商业模式成功的关键环节，直接关系到产业的生存。把创意、产品和市场有机连接起来，通过构建文化生态和缔造全景产业链，旅游产业集群才能真正支撑起区域经济的增长。旅游产业的价值链包括资源、产品、渠道、客户四个环节，从资源到客户再回到资源；每经过一个环节，价值链的价值便增加，由客户实现最终的价值。

三、休闲体育产业创意与策划

随着我国社会经济的高速发展，人民生活观念的不断转变尤其是对娱乐休闲认识的加深，休闲体育产业也悄然急速增长。以往的福利型体育逐步淡出社会，休闲体育产业逐步占领越来越广阔的市场，受到社会的高度重视。随着生活水平的提高，人们对体育的需求增长，体育不再是少数人的专利，也不再仅仅是为了满足身体健康而需要的产品，社会大众的休闲

---

① 李庆雷：《旅游创意策划初步研究》，《乐山师范学院学报》，2011（1）。

②③ 王兆峰：《湘西凤凰县民族文化旅游创意产业商业模式研究》，《湖南师范大学社会科学学报》，2010（2）。

需求不断升温。随着体育事业产业化进程的推进，体育已经成为可供娱乐的消费品，运动休闲已成为社会的时尚。为了适应人们日益增长的运动休闲消费的需要，休闲体育产业获得超常规的发展，专门从事休闲体育服务产品生产和经营的社会就业人群也日益壮大。① 例如以体育彩票为龙头的体育博彩业发展迅猛，2012 年全国体育彩票销售量突破 1000 亿元。

休闲体育产业是指用于娱乐、休闲的各种体育活动及其形成的产业链结构。休闲体育与体育运动的其他领域有着外延的联系：某种体育活动用于竞技比赛时可看作竞技体育，用于娱乐休闲时则可看作休闲体育；休闲体育并不是一种新的体育形式，而是指人们利用余暇时间为了达到休闲、健身、消遣、娱乐等多种目的进行的各种身体活动方式。② 休闲体育可分为这两类：日常健身类：跑步、游泳、舞蹈、健身操、轮滑、各种球类运动等，是人们日常生活广泛涉及的健身方式，人们可以在家里或户外自行运动，也可进入健身房、训练房等盈利机构进行专业学习；野外类：登山、蹦极、攀岩、漂流、远足、滑翔、跳伞等，需要人们一定的精力、兴趣和户外条件完成，并带有一定的刺激性和较强的娱乐性，它一定程度上满足了人们的冒险心理，大大丰富了人们的精神生活。

休闲体育产业是一种综合性的现代产业。首先它不是体育项目与休闲概念的简单结合，而是两者优势有机结合而形成的新兴产业；其次休闲体育产业是一个开放性的产业集群，在当代人类社会日益增长的体育消费和需求的有力推动下，其内涵和外延都得到了极大的丰富，具有很强的开放性和适应性。正是这种综合性和开放性的特点，决定了休闲体育产业对于相关产业具有极强的带动效应，对经济发展、对人和社会的全面进步具有积极的促进作用。例如，奥运会的主要场馆“鸟巢”和“水立方”自 2008 年 10 月 1 日起向公众开放，并举办了众多的大型体育活动和文艺演出。据北京市旅游局统计，在 2008 年国庆黄金周的头几天，参观故宫的游客大约有 21.2 万人，参观奥运设施的游客超过 28 万人。③

发展休闲体育产业依赖于自然资源和公共体育设施建设。一个地区的自然条件是休闲体育产业得以开展的资源基础，休闲产业资源的丰富或匮乏往往会成为刺激或制约休闲体育产业发展的一个节点。同时政府的支持

① 管卫中：《关于我国体育休闲产业发展的空间展望》，《南京体育学院学报》，2007 (10)。

② 王燕飞：《论休闲体育在我国的开展》，《科教文汇》，2008 (1)。

③ 田桦：《体育休闲产业探讨》，《体育文化导刊》，2011 (11)。

对休闲体育产业发展具有很大的影响力。现在城市越来越注重健身中心、体育馆、足球场、篮球场和健身房等体育场地的建设，这些不仅是一个城市现代化建设的重要标志，也是政府推动民生工程、拉动健康消费、增强国民身体素质的重要举措，能够推动旅游、餐饮、住宿、交通、基础设施建设的发展，形成新的经济增长点。发展休闲体育产业的根本出发点是不断满足广大人民群众的健康需求，满足人们发展和享受的内在需要。社会主义和谐社会建设的一项要求是建设全民健身服务体系，这也正是休闲体育产业的主要内容之一。全民健身服务业将是体育产业中最大、最重要的产业，势必会大力推动各相关行业的发展。

休闲体育产业的创意和策划，首先要面向群众。群众是休闲体育运动的主要参与者，也是创造和追随时尚休闲潮流的主角。休闲体育产业建设的方向要反映群众意愿，满足群众的需求，获得群众的认同。其次要注意开拓融资渠道，扶持其持续发展。开展群众体育活动，资金短缺是一大难题，仅依靠政府部门的拨款是不够的，还必须依靠社会的力量，鼓励和提倡经济效益好的企业对群众体育进行赞助。如以企业的名义成立俱乐部，或者由政府给予投资者以一定政策优惠，等等。再次要注意结合先进科学技术。将科学技术和休闲产业密切结合，能够促进休闲产业按照人类所需的方向健康高效发展。最后，设施建设、科学宣传等也是发展休闲体育产业的前提条件。①

经典案例：《中国好声音》

一、背景介绍

《中国好声音》是浙江卫视与星空传媒联合推出的大型专业音乐评论选秀节目，由著名的“中国好舌头”华少主持。2012 年暑期第一季一经播出即创造同时段收视高峰，在随后的 2—14 期的播出过程中收视率逐渐飙升至 6.101%，成为众多卫视选秀节目中的佼佼者。第二季于 2013 年 7 月播出，第二期收视率即破 4%，第三期收视率升至 4.633%，蝉联全国收视率冠军。《中国好声音》热播电视荧屏的同时，也引发网络观看热潮，2012 年 10 月 8 日，《中国好声音》的网络视频点击量已经达到 13 亿。原国家广电总局宣传管理司副司长高长力称赞其“关照现实，注重品质”。

---

① 王燕飞：《论休闲体育在我国的开展》，《科教文汇》，2008 (1)。

《中国好声音》在热播的同时带来巨大的经济效益，冠名费6000万元，广告费15秒116万元，总决赛12条广告位1080万元，创造了中国单条广告价格之最。

《中国好声音》采用导师制，第一季四位导师是刘欢、那英、庾澄庆、杨坤，第二季四位导师是那英、张惠妹、庾澄庆、汪峰。每位导师都是中国音乐界的实力派代表。节目分为导师盲选、导师抉择、导师对战、年度盛典四个阶段。

二、《中国好声音》创意与策划的成功经验

（1）引进海外经典模式

2012年星空传媒旗下的灿星公司原版引进荷兰大型专业音乐真人秀节目*The Voice of Holland*（《荷兰之声》）。该节目在荷兰一经推出，就轰动一时，曾吸引300万人观看，占荷兰总人口的18.2%。其节目版权也被出售到世界各国。2011年美国版的*The Voice*经NBC电视台包装后，就获得了极高的收视率，并大大冲击着美国王牌选秀节目《美国偶像》以及后起的《X元素》。不仅如此，*The Voice*在40多个国家和地区都获得收视率冠军，印度、日本、菲律宾等国相继宣布购买*The Voice*的版权。①

《荷兰之声》版权方提供的“节目模式宝典”，详细规定了节目宗旨、操作流程、录制时间表、工作计划、选手招募方式、乐队和观众的位置、各种logo的颜色和大小、摄影机和灯位的现场示意图，还包括在网络社交平台播放的指导性建议。

《中国好声音》的成功在很大程度上得益于对*The Voice of Holland*这一经典模式的引进，当然也离不开浙江卫视对它的本土化改造和包装。

浙江卫视对外声称总投资过亿元，用于从英国空运导师转椅，花费2000多万元打造现场音响设备，请来中国一流的音响总监、录音、乐队，从英国聘请技术专家和舞美师，等等。经过专业团队本土化改造之后的《中国好声音》一炮而红。

（二）合作模式创意

《中国好声音》的合作模式分为两部分：一部分是制播分离的模式，即灿星制作公司和浙江卫视共同投入，共担风险，共享利润。制作公司承担所有的版权费，并负责制作效果，所以灿星公司不惜投入巨额资金打造这一节目。浙江卫视主要负责宣传造势。这种模式使浙江卫视和灿星制作

① 章琰：《揭秘好声音爆红背后》，《羊城晚报》，2012-7-20。

公司各司其职，责任明确。另一部分是制作方与导师的合作模式，即导师不按场次拿报酬，而是参与后期分成，这样就保证了导师的全身心投入，提高了节目质量。

（三）权威的导师队伍

《中国好声音》的导师不仅具有很高的专业水准，而且知名度高、影响力大，在华人乐坛有着举足轻重的地位。权威的导师队伍不仅可以更好地指导学员，为他们提供更高的平台，而且也对收视率有一定的保障。

（四）全方位的宣传与产业链开发

浙江卫视在对《中国好声音》进行包装的同时，还对节目进行全方位的宣传造势，利用报纸、电视、网络等多种媒体以广告、新闻的形式不间断地报道。开播之前预告片的“狂轰滥炸”，配上劲爆的画面、高昂的音乐以及简洁的手势，吸引了观众的眼球，吊足了观众的胃口。

在《中国好声音》热播之后，制作方策划了产业链的全方位开发，包括学员的商业演出、演唱会、音乐剧以及与明星导师合办音乐学院等。

（五）师生互动以及观众与节目的互动

在《中国好声音》的舞台上，四位导师在点评中坚持专业精神，亲自诠释了“什么是中国好声音”。他们以好声音以及歌曲演唱水平为选择依据，忠于节目的音乐主旨，提升节目专业影响力。在师生谈话中，他们进一步了解到学员的信息，不仅对学员的特点加以评价，而且会询问学员的梦想，并鼓励其坚持。

此节目的民主性还表现在学员对导师的反选过程，它突破了单向的选择，选择导师成了双向选择过程。导师会放下架子拉拢学生进入自己的队伍，像2013年张惠妹的“阿妹Family”、那英的“House”，都充满了诙谐和插科打诨式的调侃，让学员放松的过程中彰显自己队伍的特色。导师与学员间的双向选择实现了双方地位的平等和权利的对等，也让观众从中获得心理满足与情感升华，从而把整个节目气氛推向高潮。

《中国好声音》相比其他音乐选秀类节目的最大价值创新在于，它将对音乐的判断与解读融入节目的全过程中。观众在其他选秀节目中“看热闹式”的听歌方式在这里升级为对音乐的欣赏与评价。节目自始至终将关注的焦点放在歌唱者与歌曲的关系当中，从现场表演体会歌曲演唱的内涵，从歌手故事发掘歌曲演绎的外延。[①] 节目主办方通过微博、论坛等方式，及时和场外观众进行互动，了解观众的心声，并及时对节目进行相应调整，进一步提高节目质量。

（六）草根呐喊的舞台

《中国好声音》是草根选秀节目，它让每个有音乐梦想的人都有机会实现梦想。零门槛的报名方式、亲友团的助威、独特而煽情的成长故事、对音乐梦想的坚守等，让每个选手都成为鲜活又有特色的个体，真实不做作。在这个渴望话语权平民化的时代，草根们有了这样一个魅力四射的呐喊舞台，与精英明星们的距离拉近了，再加上强大的队伍帮助追梦者实现梦想，这些都契合了草根大众的心理愿望，为节目的高收视率奠定了群众基础。

（七）煽情的故事

《中国好声音》秉承“真声音、真音乐、真故事”的节目宗旨，在舞台上不乏感人的故事，赚足了观众的眼泪。如用生命歌唱的姚贝娜，歌声空灵的流浪歌手刘彩星，经历十余年分离又重新组合在一起的毅光年组合，有个性的唱作人孟楠，历经生活坎坷却一直坚持音乐梦想的朱克，等等，给观众带来好声音的同时，也传达了正能量。

（八）微博营销

《中国好声音》的成功离不开微博营销。在《中国好声音》首期播出后的当晚，姚晨、冯小刚等文娱明星纷纷发微博力挺。结合网络围观、意见领袖、名人效应等的协同作用，《中国好声音》的有效舆论迅速发酵，形成讨论。新浪微博数以亿计的庞大用户群，成为传播网络的节点；经过一段时间后，形成在现实中的讨论，这在之后的收视率上明显体现出来。《中国好声音》播出后，微博上的讨论从未间断，且多为好评，当然其中不乏节目组的公关营销推广，但如此规模的讨论足以证明《中国好声音》微博营销的极大成功。

《中国好声音》的成功再次证明，好的创意加上成功的策划是电视娱乐节目赢得收视率和口碑的保证。

（资料来源：米博：《从〈中国好声音〉看中国娱乐节目模式新探索》，载于《忻州师范学院学报》2013 年第 3 期；王世龙：《论〈中国好声音〉的节目定位和模式创新》，载于《文化学刊》2013 年第 2 期；刘晓钦：《浅析〈中国好声音〉的成功模式》，载于《东南传播》2013 年第 3 期。）

---

① 覃晴、谭天：《〈中国好声音〉的传播特征与价值创新》，《新闻与写作》，2012(10)。

第九章　文化创意与策划案例评析

当今世界，文化创意产业风起云涌，已经成为知识经济时代的核心产业，展示出巨大的经济推进力、社会带动力和文化创造力。文化创意产业在中国从无到有，从萌芽到兴起，逐渐走上快速发展的道路，在社会、经济、文化等领域发挥越来越重要的作用。文化创意与策划作为文化创意产业的灵魂也日益受到重视，并取得了一定的成就，在许多领域都涌现出一些经典的成功案例。同时我国的文化创意与策划还存在许多不足之处，在观念、理论、模式、方法、环境等方面还与文化创意产业发达的国家存在一定的差距。通过对文化创意与策划的经典案例的分析，总结其成功的经验加以学习和借鉴，是提高我国文化创意与策划水平的重要途径。

第一节　我国文化创意与策划重点案例评析

案例一　云南文化的世界名片：《云南映象》

一、背景介绍

《云南映象》是由云南白族著名舞蹈艺术家杨丽萍出任艺术总监、总编导并领衔主演，由云南著名文化企业家荆林担任总策划、总导演和总营销的优秀舞台作品，于2003年8月8日在昆明首次公演与观众见面，之后便势不可挡地进行了全国巡演和国际巡演，在很短的时间内就做到了“立足云南，誉满全国，走向世界”。

云南是众多少数民族的聚居地，有着丰富的地域风情和民族文化。仅就歌舞而言，“云南收录在册的就有民歌20000多首、舞蹈7000余套、戏剧2000多个、乐器200多种”[①]。杨丽萍就出生在云南这片美丽的土地上，从小受到各种民族歌舞文化的熏陶，并深深喜爱家乡的民族文化。在接受媒体采访时，杨丽萍曾强调：“我很庆幸自己出生在云南这个歌舞之乡。”长大后的她虽然进入中央民族歌舞团工作，但从未忘记家乡的歌舞，更有着想向世人展现家乡歌舞的意愿。2000年，在回家乡采风的过程中，她发现家乡的歌舞中那淳朴的乡土气息正在弱化，很多歌舞已经湮没于历史的烟尘之中。杨丽萍决定从北京回到家乡，专心从事收集整理民间歌舞的工作。

《云南映象》的总策划、总导演、总营销荆林，同杨丽萍一样也是云南少数民族文化的热爱者。早在1994年荆林就与著名作曲家田丰创办了“田丰文化传习馆”，用以保护和传承云南珍贵的少数民族文化。

正是由于对家乡民族歌舞文化的热爱，杨丽萍才在云南旅游歌舞团请她帮忙编排反映云南的节目时，萌生了创作《云南映象》的意向；荆林也才能够准确把握《云南映象》最独特之处——原生态，并据此策划了诸多成功的营销方案；杨丽萍和荆林在遭遇投资方撤资、“非典”风波等巨大困境的情况下，才能够克服困难、坚守下去，最终获得巨大的成功。

《云南映象》是大型的原生态歌舞集，分为七章，分别是“混沌初开”“太阳”“土地”“家园”“祭火”“朝圣”和“雀之灵”，展现了云南少数民族对自然的崇拜、对生命的热爱。舞蹈编排将云南原始乡村歌舞的精髓和民族舞蹈语言进行了整合重构，用新锐的艺术构思表现少数民族的勤劳、朴素。《云南映象》在舞台上展示了彝、藏、佤、哈尼等10多个民族原始、粗犷、充满绚丽色彩的生活；奔放的肢体动作、抽象的画面构成、空灵悦耳的音乐、清亮具有穿透力的山歌，将人类对于心灵回归、生命激情、灵魂升腾的情感渴望表达得淋漓尽致。序幕在60面大鼓的敲击声中拉开，让人感受到来自红土地蓬勃的生命力，最后以杨丽萍领舞、60只“孔雀”齐舞的“雀之灵”作为尾声。

这样的一台歌舞精品，2003年在昆明的初次上映就获得了超过千万元的票房，犹如一颗重磅炸弹使整个演艺市场为之沸腾。2004年《云南映象》在第四届中国舞蹈荷花奖决赛中荣获舞蹈诗金奖、最佳编导奖、最佳女主角奖、最佳服装设计奖和优秀表演奖等5项大奖，为作品添加上亮丽

① 张京成、周学政主编：《创意为王——中国创业产业案例典藏》，145页，北京，科学出版社，2007。

的光环。据统计,《云南映象》"截至2005年底,国内巡演历经32个城市,里程8万公里,演出近600场,观众达40多万人次,创造票房价值3000多万元"①。并且,《云南映象》积极打入国际市场,成绩亦是斐然。2005年,受美国戏剧演出季的邀请,《云南映象》开始在美国辛辛那提演出16场,并签约在之后的3年在美国各地演出500场以上;2008年《云南映象》赴日演出,11场商演获得票房总收入近2000万元人民币,2010年再次赴日商演同样一票难求。

作为中国舞蹈史上第一个自己营销、包装、推广的原生态民族歌舞集,《云南映象》已经突破了单纯的歌舞作品,而成为云南文化艺术领域一道亮丽的风景,成为云南民族文化以及云南形象的一张精美名片,成为中国文化产业的一个著名品牌,以不断延展的产业链发挥着巨大的文化带动力,更是中国文化创意产业发展史上无法绕过的经典案例。

二、《云南映象》创意与策划的成功经验

《云南映象》的成功取决于其优秀的创意,也归功于其成功的策划。其创意与策划中所透出的市场与消费意识固然值得我们学习,其对于传统文化与民间文化如何融入现代社会、中国文化如何通过文化产业向世界展现魅力以及文化品牌如何打造产业链的探索更加可贵。

(一)杨丽萍独具匠心的艺术创作

促成《云南映象》成功的因素是多元化的,其创意的产生和整体的创作与杨丽萍的个人因素密不可分。她多年从事舞蹈艺术的丰富经验,她深入民间大量采风的经历,还有她对云南民间艺术的深刻理解和深深热爱,都为她成功创作出《云南映象》奠定了基础。

通过这部作品,观众能够感受到杨丽萍献身舞蹈艺术、执著追求舞蹈真谛的可贵情怀。《云南映象》凝聚着她30多年的舞蹈艺术经验、3年多来辛苦采风和1年多编导排练的心血智慧。杨丽萍把自己多年来创作表演形成的民族舞蹈精华与民族民间传统歌舞完美地结合起来,形成全新的歌舞组合形态,令观众耳目一新。"杨丽萍的舞蹈中有她自己的观察,对自然的观察、生活的体验,她在《雀之灵》中体验的生命意识,以及对各种事物的感觉"②,所以,"观众在《云南映象》中既真实地看到曾经的杨丽

---

① 张京成、周学政主编:《创意为王——中国创业产业案例典藏》,141页,北京,科学出版社,2007。

② 王建民:《"原始艺术"与市场需求:兼论〈云南映象〉的策划与推广》,《民族艺术研究》,2010(1)。

萍又惊奇地发现新鲜的杨丽萍，既看到以往柔美空灵、圣洁高贵的杨丽萍舞蹈神韵，更深一层地看到与云南丰富多彩的民族歌舞浑然一体大气包容的杨丽萍舞蹈新姿”①。

（二）“原生态”符合市场需求

现代社会，人们被各种喧嚣所包围，在快节奏的生活氛围中背负着沉重的压力。虽然有种类丰富的娱乐和休闲手段，但是看电影大片、玩电子游戏、泡酒吧、K歌依然不能掩盖人们心中对心灵净土与世外桃源式的宁静生活的向往，掩盖不了人们对于过去那种单纯、朴实甚至神秘与原始的生活的怀念。原始主义在文学与影视创作中的流行从一个侧面佐证了人们内心对于“原生态”的需求。不论是《魔戒》展示给我们的那个神奇的中土世界，还是《哈利·波特》中虚构的魔法学校，都令读者和观众迷恋。此类小说与电影的大受追捧无不展示了受众对于现代与现实之外的原始圣地与神秘世界的渴望。“《云南映象》中，努力营造原生态的气氛，在与舞蹈配合的字幕解说词及由演出方提供的相关宣传资料中，以原生态歌舞作为宣传口号，恰恰迎合了市场的需求。”②

《云南映象》以一种原生态的风格，带给观众一种最自然、最接近人性的表演。杨丽萍说，《云南映象》既不表现甜美也不表现酸涩，她是一个充满人性的舞蹈，她是有着全人类共性的东西。为了保证《云南映象》的原生态，演员的选择和道具的采用都注重原汁原味。《云南映象》的演员中70%以上是来自云南各村寨的少数民族演员，当杨丽萍找到他们的时候，很多人正在田间地头劳动着。“他们完全生活在大都市商业化的圈子之外，他们对生活的要求和理解都是简单而实在的，高兴了要唱歌跳舞，难过了也唱歌跳舞，舞蹈和歌声都来得那么直接，不沾任何功利社会的杂质。”③ 所以他们展示给观众的舞蹈是质朴的、真实的，他们用血液中本来就流淌着的原始舞蹈基因为观众呈现原汁原味的民间味道。道具和服装的选择也力求原生态，62面鼓的鼓风、鼓韵，120个民族面具以及牛头、玛尼石和转经筒都是来自民间的真实道具，服饰更是村寨的姑娘一针一线手工缝制而成的。正是《云南映象》所展示的原生态魅力深深打动了观众，在现代社会灯红酒绿的喧嚣与焦躁中为观众营造了一片神秘、宁静与圣洁的空间。

---

①② 廖开和：《〈云南映象〉的艺术魅力和市场秘诀》，《民族艺术研究》，2005（6）。

③ 张京成、周学政主编：《创意为王——中国创业产业案例典藏》，140页，北京，科学出版社，2007。

（三）传统与现代的完美结合

《云南映象》并非单纯的原生态展示，它将传统的原生态完美地展示在现代舞台上，使民族传统舞蹈与现代舞台艺术展示有效地融合在一起。《云南映象》的总策划荆林说：“《云南映象》是原生态与舞台艺术的结合体，而《云南映象》实际上是两种概念和两种理念整合后的一种舞台艺术表现形式，其中的杂糅并置也许正是打动现代观众非常重要的力量。”①

在舞台设置上，《云南映象》大量使用了可移动、升降转换的装置。云南的少数民族在劳作之余，喜欢在广场上跳集体舞，他们称之为“打歌”或“跳锅庄”。为把这样的生活原态再现在舞台上，杨丽萍突破了以往舞台艺术的均衡布局，使传统的广场活动与现代舞台艺术得到了完美结合；在配乐上，著名音乐人三宝创作编配的全新音乐空灵悠扬，与舞蹈完美融合；灯光舞美更是辉煌壮丽，配合舞台和表演需求，或古朴粗壮，或现代时尚，淋漓尽致地表现了古朴之美和现代之力。“这是最原生又最高雅的歌舞艺术，最传统又最现代的舞台艺术，最物化、最肢体、最文化又最人性、最生命、最情感的审美艺术。”②

（四）符合市场规律的策划和运作

第一，艺术价值和市场意识兼具。《云南映象》是艺术创作和文化生产的统一体。《云南映象》的主要创作者杨丽萍和总策划荆林等人，都十分可贵地具有文化市场意识，所以能够在注重《云南映象》艺术性的同时，考虑其在市场上的自我生存能力和盈利能力。杨丽萍说过：“在我看来，有价值的艺术也有商业价值。保护了艺术却让别人掏钱养活，这是一种耻辱。因为是艺术所以不卖钱，这是一种借口，真正的民族民间歌舞具备与市场契合的潜质。”可以说，优秀的艺术价值奠定了《云南映象》成功的基础，而良好的市场意识以及恰当的策划营销则为《云南映象》走向成功开辟了道路。《云南映象》是云南省委、省政府确定的民族文化精品工程项目，政府支持在《云南映象》的国内和国际巡演过程中起了非常重要的助推作用，但《云南映象》并没有同其他一些政府帮扶的文化项目一样，对官方帮助形成依赖性，而是大胆走市场化道路，从而能够成就中国文化创意产业发展史上的经典案例。

第二，从作品取名即开始策划与营销。“一部艺术作品名字非常重要，

---

① 王建民：《原始艺术与市场需求：兼论云南映象的策划与推广》，《民族艺术研究》，2010（1）。

② 廖开和：《〈云南映象〉的艺术魅力和市场秘诀》，《民族艺术研究》，2005（6）。

一个文化项目名称的定位也至关重要。因为《云南映象》直接依托于云南多民族的文化背景，他们从一开始就力求将其打造成为宣传云南、营销云南的一张名片，力求通过这样一个演艺行为把一部艺术作品打造成一个文化产品。”①《云南映象》的名称经历了“有一个美丽的地方”“一个美丽的地方”“灵性高原”“三迤印象”“云南印象”“云南映象”这样一个反复推敲的过程。最终确定为“云南映象”是希望观众能够通过《云南映象》的视觉、听觉映象，思考并感受到云南之美、民族之美。这个名字既体现了这部作品的内容旨趣，又体现了塑造文化品牌的策划原则，从而把艺术作品的命名和文化品牌的塑造创造性地结合起来。而且，《云南映象》在向国际市场推广的时候，改名《寻找香格里拉》，运用这个国际知名度很高的名词、西方人所向往的传说中的圣地和世外桃源——“香格里拉”对《云南映象》进行宣传和营销，无疑起到了事半功倍的效果。

第三，重视宣传，合理营销。《云南映象》在推出之初，就在市场意识的指导下，制定了宣传和营销策略。配合着《云南映象》的公演和巡演，剧组通过省内外各种媒体进行多层次、全方位的立体宣传，使得“原生态”“云南映象”“杨丽萍”等成为全国媒体争相使用的符号，《云南映象》的演出一下子成为全国媒体的宣传焦点。比如，《云南映象》特别注重运用主创兼主演、著名舞蹈艺术家杨丽萍的明星身份，充分利用杨丽萍的名人号召力。而为了配合宣传《云南映象》，一贯低调的杨丽萍也频频出现在电视屏幕和报纸杂志上。在北京演出期间，《云南映象》策划方举办了“民族服饰走向北京街头”的文化宣传活动，《云南映象》的演员穿着民族服饰走向街头宣传，在向人们展示云南民族风情的同时也充分利用文化事件进行营销，成功地为《云南映象》做了推广。

第四，立足国内市场，积极探索国际市场。《云南映象》剧组和后来的云南映象文化产业发展有限公司准确把握《云南映象》的艺术价值和市场定位，按照市场化的经营理念，积极开拓国内和国际市场。首先，荆林等人认为，本土文化产品，一定要在本地奠定一定基础，之后再到外地进行磨合，积累全国巡演经验，所以《云南映象》开始的宣传和演出是以昆明为中心进行的。之后进行的全国巡演，《云南映象》采用了四种营销演出形式进行有效演出模式的尝试和探索：一是由演出商买断、承接《云南映象》的演出；二是《云南映象》自己到异地营销推广；三是《云南映

① 廖开和：《〈云南映象〉的艺术魅力和市场秘诀》，《民族艺术研究》，2005（6）。

象》演出方与演出剧场合作；四是《云南映象》与演出经纪人合作。多种尝试使《云南映象》找到了适合自身的营销方式。其次，在国内市场逐步培育起来的基础上，积极探索国际市场。《云南映象》选择了对全球文化产品贸易有一定经验的北京派格文化传媒公司承担其国际推广业务。北京派格文化传媒公司用了四年的时间，成功将《云南映象》推向国际大舞台。《云南映象》已经在巴西、阿根廷、美国、日本等国家进行了成功的巡演，并获得了优异的票房成绩和广泛的好评，成为云南和中国的文化名片。

第五，充分运用品牌效应，打造“云南映象”产业链。《云南映象》已经成为一个著名的品牌，具有强大的品牌效应。负责《云南映象》运作的云南映象文化产业发展有限公司在 2005 年 5 月与昆明城建房地产公司合作成立了云南映象文化产业发展股份有限公司，并启动了一系列围绕《云南映象》及其品牌的文化产业项目，开始打造“云南映象”产业链，以多元化的产业开发充分运用并进一步扩大《云南映象》的品牌效应。比如，《云南映象》的专业定点演出剧场、“云南映象”普洱茶、“云南映象”果汁饮料、“七彩云南”翡翠等都是“云南映象”产业链的组成部分。

三、小结与评价

（一）传统民族文化资源在现代的合理开发

中国有着极为丰富的传统和民间文化资源，有着无数珍贵的物质和非物质文化遗产。这是我们文化发展的根源，也是文化创造和文化发展的宝库，是我们发展文化创意产业的基础。实际上，我们在羡慕着历史并不悠久、文化并不深厚但文化产业却极其发达的美国的同时，却空守着巨大的文化宝库而不能创造出自己的文化产业品牌。我们缺少的正是能够将传统民族文化资源与现代社会文化需求有效整合的创意。

而《云南映象》为我们提供了一个独特的视角，探寻到一条保护和开发利用传统民族文化资源的路径。《云南映象》的成功说明，传统的和民族民间的文化在现代社会并不是过时的、古旧的，而是能够继续满足人们的文化需求的，关键是如何找到两者之间的桥梁，使传统的、原生态的文化能够抓住人们的注意力，慰藉人们的心灵。《云南映象》只是截取了中华文化巨卷中的一小幅篇章，便获得了世人的喝彩，足以说明中华民族的文化宝库中有着无数的瑰宝还在等待着人们的开发和挖掘。

（二）整体和长远的品牌战略

第一，《云南映象》在初创时期就具有了品牌思维，其命名的过程就体现了市场思维和品牌塑造倾向；第二，《云南映象》一直坚持艺术作品和艺术产品相结合的原则，从而为品牌的延伸发展留足了空间；第三，《云南映象》以长远的眼光全方位进行知识产权保护，全面覆盖了名称、商标、著作权、专利权、网络域名等，为产业链的广泛拓展奠定了版权保障的基础；第四，以《云南映象》的品牌优势拓展"云南映象"相关产业，形成产业链，探索由艺术作品向艺术产品转化的路径与模式；第五，《云南映象》获得成功之后即着手创作新的剧目《香巴拉映象》，而作为《云南映象》姐妹篇的《香巴拉映象》公演后也获得了各界好评，这是《云南映象》品牌下内容产品的更新，有助于延长品牌的生命力，进一步扩大品牌的影响力。

（三）有效的现代管理保证了创意和策划的有效实现

云南映象文化产业发展有限公司的管理章程有 9 章 36 节 300 多条，对各项事务都有着非常详细的规定。公司还采用了质量控制管理，用"艺术标准、招聘演员标准、基本训练标准、化妆标准、造型标准"等 7 个标准保证了公司事务的质量。而且，云南映象文化产业发展有限公司以多劳多得、优劳优得的原则对演职人员进行工资管理，以增加演员的工作积极性，并加强对演员的考核和监督。好的创意和好的策划最终需要落实到好的执行，而云南映象文化产业发展有限公司采用的现代企业的管理方法是优秀创意与策划能够有效实现的保障，这正是当今文化企业所需要的能力。

案例二　"中国的哈利·波特"：杜拉拉

《杜拉拉升职记》在 2007 年到 2010 年间搅动了中国的图书出版市场，并以图书为跳板完美构筑了一条完整的产业链。"杜拉拉"以版权为链条广泛介入了话剧、广播剧、电影、电视、网络剧、电子游戏等诸多媒体和领域，最终形成了跨媒体的著名品牌。这也是"杜拉拉"被称为"中国的哈利·波特"的原因。《哈利·波特》《魔戒》《暮光之城》等都是以现代出版业为起点，广泛介入其他文化创意行业，形成完整产业链并创造巨大经济价值的典型案例。

《杜拉拉升职记》系列图书在 2007 年 9 月出版后的三年内，畅销 300 多万册，整条产业链创造的市场价值超过 3 亿元，并有可能在未来几年内创造超过 10 亿元的市场价值。"杜拉拉"华丽的变身过程离不开出版发行方对图书市场的准确定位、不同阶段的有效策划，更离不开该书作者和编辑的优秀创意。

一、背景介绍

（一）“杜拉拉”的创作背景

李可是一位有着十余年外企工作经验、供职于排名世界500强外企的职业经理人，有着不错的文字功底，喜欢在和讯博客上记录一些职场小片段。有一次，她写了自己真实经历的一个小故事，涉及“一个HR经理的求职经历”。

王勇是北京博集天卷图书发行有限公司副总经理，2007年8月的一天在浏览网页的时候发现了李可的这篇文章。这篇2000多字的博客文章显示出作者优秀的文字功底，并透露出作者外企高管的身份，特别是作者对职场的独特看法吸引了王勇，他觉得这篇文章“有情节，有个性，有生活，能想象出一部小说”。他随即将这篇文章发给公司的编辑蔡明菲，蔡明菲随即联系李可，表示想请她创作一部职场小说。而“一直等待别人来发掘自己的文学潜力”的李可很快同意，经过一番策划与商定，李可投入了写作。经过策划，书中女主角原名“杜朝阳”被换成了现在这个既时尚又朗朗上口、极易给人留下深刻印象的名字——“杜拉拉”，《杜拉拉升职记》最终代替了《超越这平凡的生活》《我不想做小资》等最初拟定的书名。很快《杜拉拉升职记》——这本诞生于偶然却取得巨大成功的小说就上市了。

（二）“杜拉拉”的华丽成绩

刚问世的《杜拉拉升职记》首印的1.5万册反响平平，甚至出现了滞销。后来出版发行方经过市场调查和读者再定位，对图书进行了重新包装，一个多月后改头换面的《杜拉拉升职记》面世，很快跻身卓越亚马逊和当当网排行的前三名。而这只是“杜拉拉”华丽变身的开始。下面我们了解一下“杜拉拉”以图书为起点的变身过程：

2007年9月，《杜拉拉升职记》出版；

2007年11月，《杜拉拉升职记》更换封面，第二版面世；

2007年12月初，《中国图书商报》统计显示《杜拉拉升职记》位列当当网小说类销量第三名，卓越亚马逊网小说类销量第二名；

2007年12月，豆瓣网最受读者关注图书，豆瓣新书榜第一名，并被豆瓣网友评为大学毕业前必读的10本书之一；

2007年12月底，在当当网每日更新的“24小时小说畅销榜”上，它不声不响地攀上了第一名；

2008 年 1 月，卓越亚马逊网图书排行榜小说类第一名；

2008 年 2 月，上海文广高价竞得《杜拉拉升职记》电视剧改编权；

2008 年 4 月 2 日至 2008 年 5 月 2 日，中央人民广播电台倾力制作同名广播剧；

2008 年 6 月，当选为当当网终身五星书；

2008 年 7 月，售出繁体版权，售出上海、广东、浙江三地话剧改编权；

2008 年 8 月，开卷数据社科类图书销售榜第一名；

2008 年 10 月，繁体版在台湾出版，一出版便登上金石堂文学类图书排行榜第一名，在台湾刮起杜拉拉热；

2009 年 1 月，张一白、徐静蕾策划团队购得《杜拉拉升职记》电影改编权，电影拍摄工作开始筹备；

2009 年 4 月 10 日，话剧版《杜拉拉》上海首演；

2009 年 5 月，《杜拉拉升职记》销量突破 100 万册，《杜拉拉 2 华年似水》销量突破 50 万册；

2009 年 10 月，电视剧《杜拉拉升职记》上海开机；

2009 年 11—12 月，话剧《杜拉拉》亮相北京保利大剧院，在全国范围内展开巡演；

2010 年 1 月，《杜拉拉》获《中国图书商报》颁发的“2009 中国图书榜中榜图书营销奖”、当当网颁发的“优秀策划奖”；入选《中国图书商报》、新浪网读书频道“2009 年读者最喜爱的 24 本书”，《广州日报》“2009 文学类年度图书势力榜”；英国《独立报》报道称“杜拉拉成为中国有志女性榜样”；“杜拉拉”系列图书累计销售 260 万册；

2012 年 3 月，由新浪视频和新丽传媒联合出品的网络剧《杜拉拉升职记》在京举办了开机仪式；

2010 年 4 月，《杜拉拉 3》出版；电视剧《杜拉拉升职记》播出；电影《杜拉拉升职记》上映，并很快突破票房亿元大关；

2012 年 5 月，网络剧《杜拉拉升职记》第一季在新浪视频上线开播，“杜拉拉”携超高人气强势回归网络平台，开启新浪针对新媒体终端的“网络午餐档、职场下午茶”的定制剧计划；

……

二、“杜拉拉”创意与策划的成功经验

《杜拉拉升职记》的成功与其优秀的创意和策划是分不开的，不论是在选题上、写作上还是在内容产业链的开发上，创意与策划无不体现出重大作用。

（一）“职场励志小说”选题，体现准确的市场定位

随着中国社会和经济的发展，中国出现了数量庞大的都市白领。博集天卷的王勇说：“中国的商业社会日渐成熟。然而，国内的小说创作还大多停留在爷爷辈、奶奶辈的故事中，一小部分关注当代社会生活的作品也更多地将视线聚焦于个人的情感生活上。”而且，以前的职场小说大多走精英化路线，以商战题材为主，而面向都市白领的职场励志小说非常少，这是一片等待开发的广阔市场。正是因为看好职场小说的市场前景，博集天卷的王勇和蔡明菲才会在看到李可的博客后萌生做职场小说的想法。而事实证明他们的想法是正确的，“独特性的选题可以使该书在众多同类书中的可替代品减少”①。那些和“杜拉拉”一样在职场中辛苦打拼的都市白领很快被书中内容所吸引，并发出广泛共鸣。对《杜拉拉升职记》“职场励志小说”的定位准确地抓住了广大都市白领阶层的需要，为“杜拉拉”的成功奠定了基础。

（二）故事内容精彩，且具有实用价值

第一，作为畅销小说，故事精彩是吸引受众的首要条件。《杜拉拉升职记》的策划编辑在与作者进行沟通时，确立的首要原则就是故事的流畅好看，可读性强。首先，“一部作品成为民间谈资、引发众议的关键在于主人公应具有典型意义和标本式特点”②。杜拉拉身上的诸多特质正是许多都市白领的标本式特点，她没有显赫的背景和傲人的外表，但她勤奋、上进、自信，善于总结教训，注意观察，崇尚自由，在职场上左右逢源，在感情上虽有波折但最终圆满。这种标本式的特点给诸多都市白领和崇尚白领生活的年轻人带来极为自然的“代入感”，杜拉拉的故事和经历极易引起他们的共鸣。这种典型和标本特质成为《杜拉拉升职记》能够畅销的重要驱动力量。其次，爱情是小说的永恒主题，《杜拉拉升职记》一边描写职场故事，另一边则以浪漫而细腻的笔法描写了一个与职场相关的办公室爱情故事——杜拉拉和公司大客户部总监王伟的恋爱经历。感情因素的加入，使这部青春、励志、时尚的职场小说又多了一个浪漫的因素，在进一步增加可读性和吸引力的同时，亦为小说内容的多元化开发增加了切入

---

①② 郭永新：《契合特定受众的按需生产——〈杜拉拉升职记〉编辑策划与作者内容生产的互动传播》，《出版发行研究》，2010（10）。

角度。比如电影版的《杜拉拉升职记》正是从感情角度切入，讲了一个以职场和时尚做外衣、以爱情为核心的故事。

第二，作为一部职场励志小说，《杜拉拉升职记》具有一定意义的实用价值。很多读者购买此书不仅仅是为了读一个浪漫故事，而是希望能够从中学习职场规则和知识。策划之初，出版方和作者即决定做一部具有职场指南性质的小说，其中贯穿可操作性比较强的职场技巧。作者李可十余年的外企工作经历能够保证此书所介绍的职场指南具有很强的可借鉴性。通过阅读《杜拉拉升职记》，“初入职场的菜鸟可以学习其中的一些知识类的东西，把它当作数学中的公式和概念记牢，遇到类似问题时可照搬出来；有几年工作经验的人则可以在书中更深入地了解职场中各方面的关系、立场和处理这些关系的技巧；再老到一些的人可以借鉴书中的‘保留重要员工、避免官僚、该决定时果敢决定、充满变数时谨慎站好立场’等职场原则”①。

（三）注重包装设计，贴合受众定位

面对琳琅满目的众多出版物，受众并无时间翻看每一本书，书籍的包装和设计能否在消费者目光与之相接的瞬间吸引他们的注意力就显得非常重要。根据调查，书籍的包装比如封面颜色、图案设计、装帧方式等都会影响消费者的注意力。

2007年9月，《杜拉拉升职记》的第一版面世的时候，将书籍定位为面向女性的职场小说，因而采用了粉红底色配以高跟鞋剪影的封面设计。但是图书推出之后反响平平，甚至出现了一定程度的滞销。经过出版发行方的反复调查和讨论，他们发现图书内容也能够吸引男性白领，但是首版封面设计过于强调了女性读者，并且十分文学化，没有兼顾职场中的男性群体，没有突出书籍中的励志要素。所以，他们紧急设计了第二版封面，采用比较中性的白色为底色，以红色字体书写标题，强调了励志和正面含义，并加了亮眼的红色腰封，上书“她的故事，比比尔·盖茨更值得参考”——这句话使读过该书的读者印象深刻，成为该书的重要噱头和品牌广告语。这种极富白领气质的包装设计使第二版《杜拉拉升职记》的关注人群和读者群大幅扩大，带动了图书销量的提高。

出版发行方对《杜拉拉升职记》包装的重新设计，体现出他们对图书

① 郭永新：《契合特定受众的按需生产——〈杜拉拉升职记〉编辑策划与作者内容生产的互动传播》，《出版发行研究》，2010（10）。

的包装设计能够影响受众定位和销量的正确认识，也体现出他们对《杜拉拉升职记》一书最大卖点的准确把握。这毕竟是一本出自非名家之手、作者毫无市场号召力、文学色彩并不浓厚的小说，所以必须在包装设计中突出它最大的独特性，即都市白领阶层的职场励志小说。这次重新包装还体现出策划者对本书的选题、创意和内容的自信，这主要是源于出版策划方对中国出版市场的准确把握。

（四）准确把握目标读者群体，开展多元化立体式的营销

《杜拉拉升职记》作为职场励志小说，出版发行方将其目标读者定位为职场白领、所有的时尚人群包括在校大学生。根据目标读者的习惯和特点，出版发行方制定了多元化立体式的营销策略。

第一，努力增加图书内容与目标读者见面的概率。该书的作者并非名家名人，并且处事低调，所以无法采取以作者为宣传主体的营销方式。所以出版发行方摆脱了“名家推荐”“作者签售”等传统模式，在对该书独特选题和精彩内容非常自信的前提下，采取了以书籍内容为主体的营销方式。也可以说出版发行方营销的不是图书本身，而是书中的职场经验和职场规则。“策划方认为，这么实用、好看的内容，只要图书的目标读者——职场白领及所有的时尚人群包括在校大学生看到后，一定会流连忘返。”[①] 为增加图书内容与目标读者见面的概率，在出版发行方的运作下，北京、上海、广州等经济发达城市都有至少一家主流媒体连载《杜拉拉升职记》，并有大量的书评、书摘见诸各种主流媒体，辅以其他形式的报道。据不完全统计，《杜拉拉升职记》出版后两个月内，平面媒体对其各类报道超过 200 次。并且，出版发行方结合都市白领阶层从网络获取信息的习惯，在新浪、腾讯等门户网站读书频道制作杜拉拉专题，从而让更多读者知道了这本书背后的故事和亮点所在。

第二，以网络为主要营销基地。出版发行方的王勇认为，归根结底，该书还是一本职场小说，要考虑到图书的目标读者群白领们的购书习惯，根据他们的习惯采取相应的营销措施。调查结果显示，当当网、卓越亚马逊网是时下白领们购书和看书的主要场所。因此，出版发行方将这两个网站作为图书营销策划和宣传的重要阵地，进行大规模的内容营销。他们还在在白领中颇具影响力的豆瓣网上设立了针对该书的讨论群，在职场人士

① 刘志英：《〈杜拉拉升职记〉：“口耳相传”的倍增效益》，《中国图书商报》，2008-2-28。

比较密集的机场等地的书店重点码放推荐该书。最终，当当网、卓越亚马逊网等成为《杜拉拉升职记》的主要销售渠道，并且当当、卓越亚马逊、豆瓣等网络的评论区域内的评语为该书树立了良好的口碑，使该书以口耳相传的方式获得了更广范围的传播。

（五）全面参与内容开发，以图书打通产业链

《杜拉拉升职记》的出版发行方博集天卷公司并没有把自己局限为图书出版公司，而是定位为文化创意企业和内容提供商。在一次访问中，副总王勇提出“作为内容提供商，我们可以做的不仅是出书、卖书，而是探索更多的经营模式，积极开拓新思路，利用新技术，打通各种渠道，迎合时代潮流，通过内容提供力争给自己贴上泛娱乐的标签”①。在文化创意企业和内容提供商定位的导向之下，博集天卷公司全面参与了“杜拉拉”的内容开发。

第一，积极参与、配合“杜拉拉”开发活动，带动图书销量。《杜拉拉升职记》的话剧版、电视剧版、电影版运作之初，博集天卷就积极参与其中，与内容开发方积极配合，进行图书版的“杜拉拉”的宣传。同时，出版方也以图书为载体对其他形式的产业开发进行适当的宣传，比如出版方在电影上映之前，在图书的腰封上刊登电影的海报为电影做预告，宣传了电影的同时也为电影提供了潜在受众，反过来电影的上映也大大拉动了图书的销售。

第二，以长远眼光看待图书版权交易，从全产业链中获利。博集天卷公司对自己的准确定位使他们能够理智地对待《杜拉拉升职记》的版权交易，并没有简单地进行一次性付款式的卖版权，而是想把“杜拉拉”做成品牌产品，从而能够从图书庞大的衍生产业链中获取利益。从《杜拉拉 2》开始，博集天卷就摆脱了“一锤子买卖”式的版权交易，要求参与分红，从而使出版方能够从产业链的多个领域长时间获利。并且在版权交易方的选择上，博集天卷并不仅仅以金钱为衡量标准，而是慎重考虑交易方的能力，以期能够与交易方一同成长，打造“杜拉拉”品牌。

三、小结与评价

《杜拉拉升职记》系列图书以内容为核心，以版权交易为载体，完美构筑了跨越多种媒介的图书产业链，创造了巨大的商业价值，为中国的图书出版业提供了新的盈利模式，取得了可谓中国图书出版界里程碑式的成

① 赵明宇：《“杜拉拉”吸金记》，《中国新闻出版报》，2010-5-14。

就。“杜拉拉”的成功，“主要归功于作者李可的独到视角和妙笔生花，广大读者的认可以及出版方北京博集天卷图书发行有限公司的策划得天时、营销得地利、文本得人和”[①]。“杜拉拉”成功的经验是值得我们分析和借鉴的。

（一）创意符合市场需求

随着中国社会、经济和文化的发展，中国的文化产业和创意产业逐渐趋于成熟，文化市场逐渐繁盛，产业化运作与市场化规律逐渐深入人心并成为文化企业所熟知的游戏规则。在这样的背景下，作为创意产业源头和核心的创意不仅要天马行空、出人意料，更重要的是要能够符合市场的需求、具有产业化上的可操作性，这是将“创意”转化为“产业”的前提。

虽然《杜拉拉升职记》最初的创意产生于偶然，但是之后的创意策划却是在对中国图书市场和消费者需求深入分析和准确把握的基础之上进行的。正是对市场需求的准确把握，指导着作者和策划编辑做出了受众定位清晰、内容满足白领需求的《杜拉拉升职记》；也正是因为对于这个符合市场需求的创意有着强烈的自信，出版发行方才能够在图书第一版滞销的情势之下迅速改变外包装，并辅以合理的营销，最终成就了“杜拉拉”的“升值”记。

（二）营销策划贴合潜在消费者特点

《杜拉拉升职记》的成功离不开作者李可的个人经历和妙笔生花，离不开出版发行方对创意与市场需求的准确把握，同时更离不开有效的营销策划。《杜拉拉升职记》系列图书的营销策划并不是充斥于所有媒体的铺天盖地式的“狂轰滥炸”，而是非常有针对性、符合图书内容特色、贴合消费者特点的有的放矢。

《杜拉拉升职记》出版发行方以该书的市场定位和消费者定位为指导，在分析都市白领阶层和大学生看书、购书、获取信息习惯的基础上，将该书的营销基地定位于互联网，并以当当、卓越亚马逊等购书网站和豆瓣、新浪读书等书评网站为主要营销基地，有效吸引了潜在消费者的注意力，将优秀的内容成功地推销给他们，并充分利用这些网站的网友评论功能形成了《杜拉拉升职记》的口耳相传式的口碑营销，极大地促进了该书的销售。这种营销方式，可以说是时下流行的“微博营销”“影评网站营销”

---

① 杜晋华：《“杜拉拉系列”——图书文化产业链的完美演练》，载张晓明等主编《2010年中国文化产业发展报告》，364页，北京，社会科学文献出版社，2010。

等新型营销的先河。

（三）以内容串联产业链，开拓中国出版产业新模式

对中国图书出版业来说，《杜拉拉升职记》最大的成功或许不在于它傲人的销售成绩，不在于它惊人的市场价值，而在于它以内容串联起了整条产业链，开拓了中国图书出版业的新模式。

第一，以图书为起点进行产业链的多方向延伸，必须遵循“内容为王”的原则。只有内容足够优秀，才能给产业链的延伸提供坚实的文化基础和强大的动力。如果《魔戒》《哈利·波特》《暮光之城》等小说本身不能吸引读者，自然无法形成跨媒体的完整产业链。《杜拉拉升职记》对杜拉拉的人物设定、对职场规则的真实描述、对职场感情的浪漫描写，获得了广大读者的认可，为“杜拉拉”的产业链延展提供了基础与动力。

第二，以图书为起点进行产业链的多方向延伸，需要图书出版公司自身有宏观和长远的规划。“杜拉拉”能够成为“中国的哈利·波特”，与其出版公司博集天卷突破图书出版公司的角色，将自身定位为文化创意企业有着极大的关系。这种定位使博集天卷成为内容提供商，指导着该公司全方位地参与“杜拉拉”的产业开发，使公司具有强烈的品牌意识，从而能够有效地维护并进一步培养“杜拉拉”这个品牌，并以版权交易为载体在产业链中进行多窗口盈利。

（四）培养出版业影视经纪人

电影、电视剧、话剧等行业需要大量的优秀剧本，已经出版并获得读者好评的小说是优秀剧本的重要来源。特别是在中国影视产业迅速发展的背景下，剧本需求量的增大使得优秀剧本更加依赖于图书出版业。图书出版方应该努力开拓自己的盈利空间，积极与影视、话剧、动漫、游戏等领域合作，为自己创造更大的收益。有很多出版社已经看到了这样的商机，也拥有很多优秀的资源，但是苦于没有专门做影视版权工作的人才，“这个人既要懂得图书，同时又要懂得影视，确切地说他是一个文化经纪人，在出版和影视两方面都游刃有余”①。有业内人士认为，“杜拉拉”的成功也跟博集天卷公司所掌握的影视人脉有关系。图书出版企业应该培养合格的出版与影视经纪人，加强与影视界等相关领域的沟通和联系，这样才能抓住机会，拓宽自身的业务领域、增加盈利窗口，缔造中国的第二个、第三个“杜拉拉”。

① 赵明宇：《“杜拉拉”吸金记》，《中国新闻出版报》，2010-5-14。

案例三　中国纪录片的品牌之作：舌尖上的中国

2012年，中央电视台播出的美食纪录片《舌尖上的中国》红遍大江南北，吸引了数量庞大的观众守候在电视荧屏前，其收视率甚至超过热门电视剧。这部制作精良的美食纪录片调动了观众的胃，更打动了观众的心，传播了中国的味道，更传播了中国的文化。《舌尖上的中国》是一部优秀的纪录片，也成为2012年的文化事件，更成就了现代中国纪录片的品牌。

一、背景介绍

《舌尖上的中国》是一部美食纪录片，从2011年3月开始大规模拍摄，历时13个月，摄制组行走了包括港澳台在内的全国70个拍摄地。这也是国内第一次使用高清设备拍摄的大型美食类纪录片。《舌尖上的中国》于2012年5月在中央电视台综合频道首播，并在网络上引起了广泛的关注。

《舌尖上的中国》共七集，介绍了中国各地美食生态。通过中华美食的多个侧面，展现了食物给中国人生活带来的仪式、伦理等方面的文化，展示中国特色食材以及与食物相关、构成中国美食特有风味的一系列元素，展现中华饮食的精致和饮食文化的源远流长。第一集《自然的馈赠》，选取了生活在中国境内截然不同的地理环境（如海洋、草原、山林、盆地、湖泊）中的具有代表性的个人、家庭和群落为故事主角，以自然环境的巨大差异（如干旱、潮湿、酷热、严寒）所带来的截然不同的饮食习惯和生活方式为故事背景，展现大自然是以怎样不同的方式赐予中国人食物，我们又是如何与自然和谐相处，在世代相传的传统生活方式中如何通过各种不同的途径获取食物的故事。第二集《主食的故事》，着重描绘不同地域、不同民族、不同风貌的有关主食的故事，展现人们对主食的样貌和口感的追求、处理和加工主食的智慧，以及中国人对主食的深厚情感。第三集《转化的灵感》，主要讲述了中国人在食物制作中对“发酵”手法的纯熟应用。中国人的老祖宗，用一些坛坛罐罐，加上敏锐的直觉，打造了一个食物的新境界。要达到让食物转化成美食的境界，其中要逾越障碍，要营造条件，要把握机缘，要经历挫败，从而由“吃”激发出最大的智慧。第四集《时间的味道》，讲述了腊肉、金华火腿、烧腊、咸鱼（腌鱼）、腌菜、泡菜等美食的制作过程，以及盐渍、糖渍、油浸、晾晒、风干、冷冻等不同食物保存方法，展现以此为原材料或做法的各种中国美食。第五集《厨房的秘密》，主要透过与具有精湛美食技艺的人有关的故事，一展中国人在厨房中的绝技。第六集《五味的调和》，主要探究中国人烹制各种口味所需不同调味料，展示丰富的调味料的制作工艺，解密中国人高超的调味技术，并通过代表性的地域美食，展现丰富多彩的烹饪文化，讲述当下中国人的真实生活，表达他们的真实情感。最后一集《我们的田野》，在呈现中国美食多样性、地域差异性和农业多样性的样貌的同时，讲述了中国人为了食物而顺应自然、改造自然的故事。

总之，《舌尖上的中国》“用视觉文化符号美食串联起不同区域的差异性饮食文化，融贯东西，纵横南北；用品味美食的形式勾勒出一幅人生百味的淳朴风景画，酸甜苦辣，咸淡兼并；用美食意象彰显出中华民族秉持的乐观进取等民族精神，勤劳勇敢，淳朴祥和。该片编导始终恪守着真诚的创作理念、真实的物象再现和真挚的情感表现，借助美轮美奂影像和精巧细腻情感的作用，实现了美食内涵从形而下的物质实体到形而上文化特质的转变。众多形态迥异、千差万别的美食制作流程，传承着中华饮食文化的历史渊源，为博大精深、源远流长的中国传统文化传承树立了标杆意义”①。

《舌尖上的中国》的平均收视率达到0.481%，平均收视份额3.68%，日最高收视率达0.75%，首重播最高份额达5.77%，超过同时段播出的电视剧栏目30%。②《舌尖上的中国》正版授权奇艺网之后，截至2012年底，已经被点播了6000多万次。《舌尖上的中国》播出后，一时成为最为热门的网络话题，更是变成了微博上的“刷屏利器”，成千上万条关于“舌尖上的中国”的微博话题在各大微博网站滚动。而且，这股“舌尖”潮从微博向各个领域散播，具有了文化事件的性质，引发了“舌尖上的清华”“舌尖上的北大”等风靡一时的“舌尖体”，带动旅游公司推出各种“舌尖上的某地”的美食线路。淘宝等网购企业推出“舌尖上的淘宝”等美食网购专题。《舌尖上的中国》在台湾、香港的播出都取得不错的收视成绩，在海外市场上的销售成绩也取得了历史性的突破。

二、《舌尖上的中国》创意与策划的成功经验

《舌尖上的中国》之所以能够成为中国纪录片的精品之作、品牌之作，

---

① 徐大文：《才下舌尖，又上心头——评纪录片〈舌尖上的中国〉》，《中国电视（纪录）》，2012（7）。

② 《专家学者盛赞纪录片〈舌尖上的中国〉——纪录片〈舌尖上的中国〉研讨会发言摘登》，《光明日报》，2012-6-1。

甚至能够成为2012年中国电视文化的符号、中国的大众文化现象，与其成功的创意与策划是分不开的。在文化产业的时代，纪录片具有文化商品的性质，要想吸引大众的眼球，需要独到的选题和新颖的内容。《舌尖上的中国》作为一部美食纪录片，在众多相同题材的纪录片中能够脱颖而出，更多地取决于它选题立意的独到和叙事视角的创新。而《舌尖上的中国》能够成就纪录片的文化产业品牌并引领一时文化潮流，则归功于有效的策划与宣传。

（一）纪录片选题的创意

第一，《舌尖上的中国》选题符合当下人们对食品安全和绿色饮食的需求。“民以食为天”，然而时下一些食品企业在经济利益的诱使之下，全然忘却了自己的职业道德和社会责任，加上相关部门的管理不到位和监管不力，食品安全成为影响社会稳定的严重问题。“毒奶粉”“地沟油”“苏丹红”“一滴香”等食品安全问题一直是国民最为关心的问题之一，尤其近年来，工业化食品生产线上所出现的添加剂安全隐患，使得国人忧心忡忡。《舌尖上的中国》的选题侧重于记述普通劳动者用最简单、原始的方法制作朴实而美味的食物的过程，剧中的饭菜采用农业文明时代的纯手工制作，食材、辅料都是纯天然的，这种反工业化食品的态度正好吻合了国人当下对饮食产品安全的需求。“有观众说，看完纪录片感触最深的是‘食品安全危机下对食物返璞归真的要求’。文化学者胡野秋也从这个角度这样评价其意义，在各种添加剂泛滥、食品安全受到前所未有重视的今天，强调传统饮食的安全观念非常契合当今人们的需求。立足当下，关注现实，能够更好地吸引广大观众，也应该是纪录片发展的一个方向。”[①]《舌尖上的中国》的这种选题方向再次提醒人们传统饮食的安全观念非常符合当下的时代需求和人们的心理需要。

第二，《舌尖上的中国》选题立意定位为对大自然和劳动者的人文关怀。“在一个品牌节目正式诞生之前，选题和策划就已经定下了该节目的价值向度。明晰和确定受众的期待与产品所要体现的价值观之间的关系，是一个品牌能否创建成功的前提。《舌尖上的中国》能够在很短的时间内创下高知名度和美誉度，正是因为创作者准确把握了它的价值定位，成功地传达出了纪录片的核心价值观。”[②] 英国BBC和美国国家地理频道摄制

---

① 辛腊娟：《纪录片〈舌尖上的中国〉的成功之道》，《东南传播》，2012（10）。

② 冯新、张同道：《从〈舌尖上的中国〉看中国纪录片的品牌构建》，《艺术评论》，2012（7）。

的自然环境类纪录片如《蓝色星球》《地球脉动》《寰宇地理》之所以能够风靡全球，吸引多个国家的观众，是因为这些纪录片都选择了最为基本的价值观念，即贴合了人们对自然、动植物生命和异域风光的热爱与憧憬。《舌尖上的中国》不但选择了几乎人人都热爱的美食为主题，而且还在立意上侧重于各种美味的提供者——大自然和劳动者。对大自然和劳动者的关照是一种具有广泛社会认知基础的价值观，也是容易引起观众共鸣的普世价值观。比如，《自然的馈赠》这集，向观众展示了职业挖藕人辛勤的劳动场面和艰难的生活境况，平凡的挖藕人很容易就激起了观众对食物的感恩、对普通劳动者的敬意。再如《舌尖上的中国》每集结尾处，都向观众呈现本集出现的劳动者的笑脸，那些发自内心的满足、憨厚、灿烂的笑容，最容易勾起观众对家乡最质朴而亲切的情感，这是对劳动者朴实、质朴的人性最温暖的表达，也是本片打动观众的重要画面。

（二）纪录片叙事模式的创新

第一，突破纪录片的精英化视角，采用平视角度叙事。中国的大多数纪录片采用的精英化视角，以“传道、授业、解惑”的姿态向观众进行说教，而《舌尖上的中国》抛弃了精英路线，选取了大众视角与平民化的立场，正如总编导陈晓卿说过的，“我们把位置摆得很低”。传统的美食纪录片，一般选取名厨名店和珍贵的菜肴，与普通观众的生活相去甚远，所展示的美食观众大多无缘得见和品尝。而《舌尖上的中国》摄制组尽可能地规避了豪华大酒店的精致盛宴，重点把老百姓的厨房推至前台，展示的都是原汁原味的“土货”：老包家腌笃鲜的腾腾热气、临安姚贵文豆腐摊上的阵阵炸香、大理老黄制作的诺邓火腿的悠久历史、妈妈制作的酸菜、奶奶制作的年糕……无不看得人们口水欲滴。当今中国城市酒店餐馆的菜谱很多都是雷同的，而《舌尖上的中国》展现给人们的美味极具地方特色，充分调动了人们的味觉。《舌尖上的中国》既不是呈现给观众的一部精美的、完整的“烹饪教科书”，也不是一种引导观众去消费和品尝美食的消费视角，而是从现实的角度，从普通人家的饮食展现中国劳动人民的生活和中国最平凡也最珍贵的文化传统和民族智慧。

第二，采用故事化叙事，大量悬念抓住观众。《舌尖上的中国》突破以往纪录片说明文式的讲述模式，采用了故事化叙事，大大增加了纪录片的可看性和趣味性，比如挖松茸的姑娘的故事、卖黄馍馍的老人的故事、“鱼把头”的故事等都给观众留下了深刻的印象。而且，《舌尖上的中国》还采用了碎片化的剪辑方式，将不同的故事进行碎片化组合，实现了不同地域美食之间的组合和嫁接，也实现了故事叙事视角的自然转移，从而产生了许多情节上的悬念，调动起了观众的好奇心，引导观众继续收看下去。如第一集《自然的馈赠》中，吉林省查干湖畔的“鱼把头”已经70多岁，他带领大家到冰面上捕鱼，他到底能不能打到鱼呢？正当观众看着渔网被慢慢拉上来时，镜头一转又跳到其他地方，有效地为观众营造出悬念。

（三）纪录片画面与音效的突破

《舌尖上的中国》是国内第一次使用高清设备拍摄的大型美食类纪录片，首次使用了2012年刚刚投放市场的拍摄设备SONY F3，摄影师采用了航拍、水下摄影等高难度的拍摄手法，并拍摄了大量的浅景深镜头，微观呈现更具震撼力，从而带给人们从未有过的美食视觉体验。年糕点上红点后红白搭配鲜亮，雨中甘蔗林充满生机，嫩竹笋在沸腾的锅中上下滚动，淮扬文思豆腐入水后精细入微……《舌尖上的中国》用清晰精美的真实画面给人们带来视觉大餐，调动起人们的胃口。

《舌尖上的中国》的配乐和音效与内容完美地搭配在一起，给观众留下十分深刻的印象。《舌尖上的中国》的创作团队非常重视音乐在纪录片中的运用，他们没有随便找几首轻音乐或者背景音乐牵强附会，而是请专门的音乐人创作了19首原创乐曲。“主题音乐《劳作的春夏秋》用三个段落再现劳动耕作中的三个重要季节：音乐的第一段用快速急促的弦乐与高低跳跃的木管乐器，营造出万物亟待复苏的勃勃生机；第二段双簧管甜美的音色如同一股清凉之风将时间带到了夏季，低音部持续跃动的弦乐继续进行着欣欣向荣的接力，仿佛也为田间的辛苦劳作送去抚慰；第三段收获的季节到了，音乐的旋律变得热闹、奔放和喜悦。这一主题音乐同时衍生出全片其他的配乐，既做到了全片风格的统一又保证了必要的创新，音乐和画面、叙事节奏的配合相当默契，让人在欣赏这部人文纪录片美食的同时又享受了一顿视听的盛宴。”① 并且，《舌尖上的中国》的音效也十分出彩，竹笋被挖出来的声音、稻子被收割的声音、切菜的声音、煮面的声音，都能够真实地传到观众的耳朵中，清晰得就像实地观看一般，带给人们身临其境的亲切感。

（四）宣传与策划的创新

第一，《舌尖上的中国》充分抓住了央视专门的纪录片频道和栏目设

---

① 周世林：《舌尖上的中国：满足的不仅仅是舌尖——兼析〈舌尖上的中国〉传播的成功之道》，《新闻与写作》，2012（10）。

立的机遇。央视纪录片频道总监刘文在该片的学术研讨会上指出，《舌尖上的中国》能够成就中国纪录片的当下品牌，在一定程度上是因为抓住了两个机遇，即 2011 年初央视纪录频道的开播和 2012 年 4 月央视综合频道《魅力中国》栏目的开设。央视纪录频道开播一年来，在观众中已经形成了一定的口碑，拥有自己较为固定的受众群和收视率，正在慢慢形成自己的频道品牌，《舌尖上的中国》正是在专业纪录频道运作的上升期得到了创意和制作品质的保障。《魅力中国》也用自己逐渐建立的栏目口碑为《舌尖上的中国》的成功播出提供了较为成熟的平台。

第二，有效借助网络媒介进行推广。《舌尖上的中国》能够在短时间内获得大量的关注，很大程度上得益于微博平台的传播。该片总编导陈晓卿的微博粉丝多达几十万，其中不乏影响力很大的名人。在《舌尖上的中国》开播之前，陈晓卿发了一条微博："今晚没事都看看吧。不难看，真的。求各位亲帮转。"这条微博迅速在微博平台上散布开来。而且，《舌尖上的中国》整个播出期间，微博的宣传推广为其汇聚了大量的人气，使其连续多日占据微博热门话题榜的第一名。配合纪录片每天一集的主题讨论、主创团队做客新浪微博"微访谈"、网友自发组织的"舌尖上的故乡"等活动，都使《舌尖上的中国》人气更加旺盛。"这是新媒体宣传推广的一个成功案例，是纪录片与新媒体的巧妙结合。微博、视频网站等新媒体正日益成为宣传推广的新阵地。"①

电视节目的网络化对《舌尖上的中国》进一步扩大影响也有着至关重要的作用。尽管《舌尖上的中国》将已经很少看电视的年轻人重新吸引到电视机前进行观看，但是根据中国网络电视台上的调查可以看到，绝大部分的观众还是通过网络点播观看该片的。此外，网购也间接给该纪录片"加温"了不少，双方达到共赢。"据统计从 2012 年 5 月 14 日首播至 2012 年 9 月，淘宝零食特产的搜索量环比增长 13.54%。播出的第一集介绍了云南诺邓火腿之后，某售卖诺邓火腿的淘宝网店立即产生了三十三笔订单，其中三十二笔都是在当晚产生的。"②

第三，关注国际市场的开拓。《舌尖上的中国》在策划上非常注重国际市场。首先，名字的国际性。不论是中文名称《舌尖上的中国》还是英文译名 *A bite of China* 都透着以小见大的智慧。编导陈晓卿说这个片名他

---

① 辛腊娟：《纪录片〈舌尖上的中国〉的成功之道》，《东南传播》，2012（10）。

② 王立影：《普通人视角的味觉审美——浅析纪录片〈舌尖上的中国〉》，《今传媒》，2012（10）。

们斟酌了很久："我们希望大家能在纪录片里看到中国的变化。有句英文叫'you are what you eat'（人如其食），就是这个意思。说到底，就是用这种味觉审美去观照我们东方人的生活价值观。"据了解，在戛纳电视节上，该片在所有中国参展纪录片中的问询量位居第二；这个有创意的名字吸引了电视节组委会主席南尼·莫莱蒂，他因此特别要求观看了《舌尖上的中国》片花。其次，《舌尖上的中国》在核心价值观和表达主题的立意上，选择了普适的自然关怀和人文关怀，这种国际化的叙事手法和视觉化的表现力使得《舌尖上中国》能够无障碍地跨文化传播。"题材的选择让该片几乎没有'文化折扣'。主创从'吃'入手，展现了独具特色的中国本土文化。"① 第三，提前进入国际市场，做好节目预售。《舌尖上的中国》在开播之前，制片方就带着片花和第四集样片参加了戛纳电视节，并引起了国外媒体的强烈兴趣，最终有20多个国家和地区购买了该片的播映权，增加了版权收入也扩大了国际影响力。

三、小结与评价

第一，以观众为中心进行创意。在电视产业市场化运作程度逐渐加深的今天，纪录片也成为文化商品，其创作必须打破以往的个人化创作范式，突破精英化、小众化的叙事模式，把受众的需要摆在核心位置，走大众化路线，追求纪录片的可看性。《舌尖上的中国》突破了中国纪录片传统的精英化视角，选题、立意、叙述模式都贴近普通观众，从观众的需求出发进行创作，注重观众的观看体验。比如，在解说词的创作上反复强调要用最简单浅显的语言来讲故事，不允许掉书袋，必须让大众易于接受；在拍摄手法上，不仅采用了最先进的拍摄设备，还采用了多种拍摄角度，为观众营造多视角的奇特画面。总之，创意要"接地气"，以观众为中心进行创意。对观众的观看体验的关照使得《舌尖上的中国》能够在众多纪录片中脱颖而出，成功地吸引观众的注意力并俘获观众的心。

第二，以市场为中心进行策划。纪录片不仅仅是纪实艺术品，还是文化产品，纪录片的创作需要考虑经济上的收益。在文化经济时代，纪录片的创作需要改变过去那种由电视台出资、创作者只管把片子做出来，能否获得收视率、有多少观众爱看、能否销售出去等创作者一概不管的状况。《舌尖上的中国》能够获得很高的收视率、网络点击率和海外版权售价，与其以市场为中心进行策划有着密切的关系。纪录片名字的敲定、对微博

---

① 牛梦笛、李蕾：《〈舌尖上的中国〉文化魅力的新开掘》，《光明日报》，2012-5-28。

等网络新媒体的灵活运用都体现着制片方自觉的市场意识。《舌尖上的中国》图书的出版、《舌尖上的中国》第二季的未播先热和成功预售，也体现了制作发行团体深入挖掘“舌尖文化”品牌价值和继续维护品牌影响力的观念。

第三，运用国际通用语言传播中国文化。《舌尖上的中国》用视觉化的呈现方式，传递朴素的自然关怀和人文关怀价值观念；通过饮食这种最普通的存在，在淘到了国际市场上的黄金的同时，也完成了对中国文化的“无折扣”跨国传播。《舌尖上的中国》融合了世界的胸襟、中国的视野、民族的风格、国际化的制作和文化魅力的开掘。这一点对中国文化创意产业如何成功“走出去”具有重要的启示意义。

第四，陌生化的表现手法。《舌尖上的中国》所展示的正是发生在国人身上的日常生活，食物是日常的食物，故事更是平凡的故事，但是《舌尖上的中国》成功采用了陌生化的表现手法，以全新的视角再现日常饮食和平凡故事，获得了陌生化的效果，带给观众全新的现实感受和特别的体验，更引导观众对自己身边的日常饮食进行全新的再认识。陌生化是非常重要的创意手段，《花木兰》《功夫熊猫》等美国动画大片正是通过陌生化的创作使国人再熟悉不过的故事与形象获得了全新的生命力。打破惯性思维，善用陌生化创意手段，以不同的视角对熟悉的文化和事物进行审视，有助于获得优秀的创意。

第二节　我国文化创意与策划的不足

近年来，我国文化创意产业获得了迅速的发展，传统产业不断与文化创意产业融合，文化创意新兴业态逐渐萌生，从而带动了中国创意产业经济的兴起。随着文化创意产业的发展，人们对文化创意与策划的重要作用的认识日益加深，并在经验总结、理论探索和市场实践等方面都取得了一定的成绩，也涌现了一批文化创意与策划的成功案例。但是，总的来说，我国文化创意与策划还存在着不足与缺陷。

一、原创力不足，模仿成风

创造力是文化创意与策划的灵魂，并贯穿于创意与策划过程的始终。在知识经济时代，创造力成为最核心的竞争力，好的创意会带来巨大的经济附加值。虽然我国拥有悠久的历史和丰富的民族文化，文化资源极其丰富，但文化原创力的不足，使得我国文化创意产业无法充分发挥文化资源的优势，无法将庞大的文化宝库转化为优秀的创意和文化产品。比如，影视、游戏、动漫等是文化创意产业中的核心行业，对原创力的依赖最强，原初创意的好坏直接影响到整体产业链的开发和运作，而原创力的不足正是我国影视、游戏、动漫等文化创意行业的短板。《怪物史莱克》的动画总监在评价我国的动漫产业时说，中国的动漫发展现在最缺乏的就是创意。美国好莱坞的动画大片如《花木兰》《功夫熊猫》等一次次给中国动漫产业带来尴尬的同时，也给中国文化创意产业的创造力不足敲响了警钟。

“它山之石，可以攻玉”，学习并借鉴他人的优秀创意是逐渐提高自身创造力的一种途径，但是拙劣的模仿甚至抄袭便属于创意态度的不端正，不但无法提高自身的原创能力，反而会扼杀掉创新意识。纵观中国的文化创意领域，充斥着各种拙劣的模仿，各种综艺节目形式雷同、电视剧内容和桥段同质化、动画片简单模仿甚至抄袭国外动画等现象屡屡可见。文化市场上也是如此，“一旦某种文化产品走俏，企业便纷纷闻‘俏’而动，竞相生产，……导致供过于求，产品销售由俏变滞，造成大量积压，生产企业陷入困境”①。原创力不足和创意态度的不端正，导致优秀创意的缺乏，这已经成为制约我国文化创意产业的最大瓶颈。

二、创意与策划的市场意识和消费者意识缺位

我国已经摆脱了计划经济时代并快速迈进市场经济时代，而且近几年来随着文化体制改革步伐的加快，文化市场渐趋完善和成熟，文化产业和创意产业的发展也进入了快车道。但是，一些文化单位和文化企业尚未树立成熟的文化市场意识，对文化市场规律缺乏足够的认知，尚未认识到“在内容为王的文化产业领域，文化企业如果不能生产出满足文化消费者的精神、心理需要的文化产品，就必然会在激烈的市场竞争中遭受失败”②。2008 年 8 月，世界权威创意经济研究机构 ICEC 公布了年度影响世界的十大创意产品名单，海尔生产的卡萨帝法式对开门冰箱名列其中，并成为唯一入选的冰箱品牌。“在谈到成功经验时，海尔相关人士指出，因

---

① 严三九、王虎：《文化产业创意与策划》，65 页，上海，复旦大学出版社，2008。

② 严三九、王虎：《文化产业创意与策划》，55 页，上海，复旦大学出版社，2008。

为海尔始终专注于用户需求，每一次产品的创新都建立在满足用户需求之上。”[1] 这种以消费者为中心进行创新的做法正是我国文化创意与策划领域所缺乏的。

影视、动漫等文化创意产业具有高投入、高风险、高附加值的特性，在项目启动之前必须以市场和消费者为中心进行细致的调查和可行性研究。美国好莱坞在电影开拍之前，会结合电影的创意和内容进行细致的市场和潜在观众调查，再根据调查数据制定详细的策划推广方案，以此为大制作、大投入的好莱坞大片降低风险。日本动漫产业也形成了以市场和受众为标杆的评价模式：只有受众喜欢的漫画才会在杂志上继续连载，杂志上人气最高的漫画才会被制作成动画片，并且动画边制边播，播出期间穿插对观众的收视调查和意见收集，随时对动画内容进行必要的修改。反观我国动画片的制作与生产，虽然有些动画剧动辄上百集甚至上千集，但是由于没有市场调查，制作出来的动画创意平庸、内容粗糙、毫无新意，导致无法播出或者播出后效果甚微，最终无法盈利，几千万元的投资化为泡影。这种市场意识和消费者意识的缺位，严重影响了我国文化创意与策划的成功率。

三、知识产权保护不力

创意产业的定义是，源于个人的创意、技巧和才华，通过知识产权的开发利用而具有创造财富和就业的潜力的行业。创意是文化创意产业的灵魂，而知识产权是文化创意产业的基础，对知识产权的有效保护是文化创意产业健康顺利发展的重要保障。美国、英国、日本等发达国家知识产权保护和实施机制的发展历史较长，形成了非常完备的知识产权保护法律体系，人们也大都具有自觉的知识产权意识，这为其文化创意产业的发展奠定了良好的基础。如果对知识产权的保护不能有效实现，那么创意的经济价值便无法实现，这对人们的创造激情和创意产业都是毁灭性的打击。

对创造力的保护不力是影响我国文化创意与策划的重要因素。一方面是我国知识产权法律体系不完善，尤其是面对互联网环境中的各种侵权行为，相关法律更是显得力不从心。“创意产业之父”霍金斯说过：“发展创

---

① 贾永、徐壮志、樊永强：《创意改变传媒——媒体创意策划的理论与实践》，《中国记者》，2010（3）。

意经济的核心基础是要有完备的知识产权保护法和法律促进政策，没有这个核心，创意活动将无法真正形成创意产业与经济。”另一方面是人们的知识产权意识淡薄。如今互联网上信息的复制下载方便快捷，随手复制下载资料进行应用已经成为人们上网的习惯；各种下载软件尤其是P2P软件更是给音乐创作、影视动漫、游戏软件等创意行业带来了巨大的冲击。比如前述案例《舌尖上的中国》的海报设计就涉及侵权行为。《舌尖上的中国》的海报近看为一幅中国山水画，远看是被筷子夹着的一片腊肉，这个创意的奇思妙想令无数观众为之感慨。但很快有网友发现这片腊肉中的山水画是中国美协副主席、广东美协主席许钦松的作品，海报的设计者张发财也承认自己在想好了用筷子和山水画结合的创意之后，在网上搜了一大堆山水国画并从中选择了一张进行调整使用，并承认这次失误是由于没有深入确认网络图片的来源。

四、品牌策划意识不足

品牌是企业的无形资产，是非常重要的核心竞争力；相对于生产制造企业，品牌对文化创意产业更加重要。“随着文化产业竞争的加剧，稀缺的注意力资源成了众多企业争夺的焦点，而良好的品牌形象无疑会增强受众的忠诚度和美誉度，从而提高企业的公信力，长久地吸引受众的注意力。”① 文化品牌可以通过有效创意与策划建立和维护，从而增加文化企业的竞争力，并为文化企业带来巨大的品牌价值。我国文化创意产业在品牌的建立、品牌的维护和品牌价值的开发上尚存在不足。

第一，文化产品在创意与策划之初，就应该具有整体和长远眼光，有着清晰的品牌定位和如何建立品牌的思路。如前述《云南映象》在创意策划的初期就形成了对未来品牌建设的设想，并从艺术作品的命名开始就与文化品牌的塑造结合起来，从而成功以《云南映象》打造了云南民族文化的名片。这种整体性和长远性的品牌创意与策划是很多文化创意企业所欠缺的。

第二，文化品牌建立之后，应该进行有效的维护，以延长品牌的生命力和进一步扩大品牌的影响力。我国文化品牌建立之后，往往只注重对品牌价值的一味开发而忽视了对品牌的有效维护，导致文化品牌的生命力很快耗尽而退出历史舞台。《蓝猫淘气三千问》是中国动漫领域的著名品牌，

① 严三九、王虎：《文化产业创意与策划》，87页，上海，复旦大学出版社，2008。

“蓝猫”衍生品也为湖南三辰公司带去了丰厚的利润，但是由于没有对“蓝猫”动画进行内容的更新，“蓝猫”只是风光一时，几年之后动画形象和衍生产品淹没在竞争激烈的动漫领域中，成为中国动漫的“历史案例”，而没有如人们所希望的那样成为中国的“米老鼠”“凯蒂猫”；而《喜羊羊与灰太狼》则得益于内容的不断更新，几乎每年都有新的电视动画和电影动画与观众见面，在持续吸引老观众的同时不断俘获新观众，从而成为中国动漫的第一品牌。

第三，我国的文化品牌创意与策划缺乏对品牌价值的有效开发。对品牌的有效开发，一方面可以获得经济利益，另一方面也可以扩大品牌的影响。有些文化创意企业坐拥著名品牌的巨大财富，而没有通过创意和策划对品牌价值进行有效的开发，以致浪费品牌生命的黄金时期，错过创造经济价值的机遇。也有些文化创意企业对品牌的开发较为单一，没有充分发掘品牌的价值。比如《舌尖上的中国》已经成为中国纪录片的著名品牌，纪录片播出后带热了美食主题旅游、美食网购和地域性美食餐馆，这充分说明了《舌尖上的中国》品牌具有多领域产业拓展的潜力，能够引发连锁产业效应，出品方可以尝试相关产业链开发。但是出品方并没有对其品牌价值进行大胆的多领域开发，只是运用了出版同名图书和拍摄续集两种形式，并没有涉入更多的领域，品牌开发略显单一。

五、创意与策划人才不足

创意产业的发展离不开人的创意与努力，创意人才是创意产业的本质竞争力所在。纽约的创意产业之所发达，很大程度上是因为全美约 8.3%的创意人才集中于此；东京更是集聚了全日本 50%以上的创意产业从业人员。我国创意产业人才在数量、结构、能力与素质上都不能适应文化创意产业发展的需求，相关人才的缺乏是我国文化创意产业发展的瓶颈之一。

第一，创意与策划人才数量不足。“据不完全统计，在中国日渐发展的高等院校，设立艺术设计专业的已经达到 1400 多所，每年毕业生数量约 10 多万人。”[①] 创意人才的这种增速远远不能满足我国创意产业发展的需求，创意策划人才数量相对于创意产业发达国家更是相去甚远。而且，文化创意产业的发展，越来越需要既懂得创意又懂得策划的综合性人才，这种能够在艺术设计领域和市场营销领域游刃有余的复合型人才极为

① 刘晖：《对中国文化创意产业人才培养的思考》，《大众文艺》，2010 (5)。

稀缺。

第二，我国文化创意与策划人才的结构不合理，主要体现在相关人才主要集中于中低端文化创意领域，高端人才匮乏。如中国缺少自己的汽车设计大师、家电设计大师、家具设计大师、服装设计大师、玩具设计大师、动漫设计大师。

第三，我国文化创意与策划人才的素质和能力不足，这很大程度上是中国创意与策划教育模式所造成的。“传统的工业和农业追求标准化、规范化、规模化等实现效益最大化的目标，教育的层次、组织、模式、方法和手段都是以此为依据，培养的学生基本上是统一规格的，相近的思维方式和工作方法直接导致创造性人才的不足，特别是具有高度敏感性和直觉感悟的人才奇缺，制约创意产业的发展。”① 所以，文化创意与策划的人才培养模式需要创新，需要打破应试教育的制约，培养学生广泛的兴趣和灵活的思维模式，扩大学生的知识覆盖面，激发学生的想象力和创造力，在此基础上再结合创意与策划的理论和方法，增强创意策划人才的能力和素质。

第三节　国外文化创意与策划经典案例评析

案例一　“愤怒的小鸟”觅食全球

《愤怒的小鸟》是芬兰的Rovio公司在2009年推出的一款益智小游戏，简单的操作和生动有趣的画面很快让这款老少咸宜的游戏风靡全球。在欧洲、美国、日本、中国，在iPhone、iPad和其他智能手机和个人电脑上，在公交车、地铁上，在咖啡厅、写字楼里，到处都能看到“愤怒的小鸟”们的身影，听到轻松愉快的游戏配乐。《愤怒的小鸟》至今已经在各种平台上创造了超过10亿次的下载量，拥有来自世界各地的无数的粉丝，游戏还发展了庞大的线下业务，从而为Rovio公司带来了巨大的利润。《愤怒的小鸟》的流行可以称得上是智能手机时代的一种文化狂热，也可称得上近几年的流行文化符号之一。

一、背景介绍

---

① 汪传雷、谭星、谢阳群：《中国创意产业的问题及对策研究》，《生产力研究》，2007（6）。

《愤怒的小鸟》是Rovio公司2009年推出的第51款游戏，之前的Rovio只是一个默默无闻的小型游戏公司，日子过得并非一帆风顺，还一度濒临破产。《愤怒的小鸟》起源于公司中一位游戏设计师的画，他画了一只看起来非常愤怒的小鸟，这个可爱、有亲和力又有着愤怒的表情的小鸟使团队决定开发以这只小鸟作为主角的游戏。最终，《愤怒的小鸟》具有了简单的故事情节：以所谓的"猪流感"为灵感所设计出来的绿色的猪偷走了小鸟们的鸟蛋，为了向猪们复仇，各种小鸟以自己的身体作为子弹向猪发起进攻。小鸟们造型各异，叫声讨喜，非常可爱，并具有各自特殊的能力：红色的小鸟具有最大的撞击力，黄色的小鸟能够空中加速，蓝色的小鸟能够一只变成三只，黑色的小鸟能够爆炸，绿色的小鸟能够回旋，另外还有会投蛋和能冰冻的小鸟。而玩家则操作弹弓以合适的角度和力度并结合小鸟的不同能力，将小鸟弹射出去，破坏绿猪的堡垒并将猪消灭。

就是这样一款休闲益智小游戏，一经推出就获得了广泛的喜爱，并在短短的时间内风靡全球。"愤怒的小鸟"先行在芬兰的App Store（苹果公司应用商店）面世，简单的操作和生动有趣的画面让它快速抢占了市场，成为最畅销的应用。随后Rovio公司将游戏应用于Android操作系统，《愤怒的小鸟》迅速跨越了各个平台，成为最流行的休闲益智游戏。

《愤怒的小鸟》吸引了从4岁到80岁的广大人群，包括一些国家的政要和名人。比如英国首相大卫·卡梅伦就是《愤怒的小鸟》的狂热粉丝，并且购买了完整版的游戏；作家拉什迪在接受采访时也称自己是玩《愤怒的小鸟》的高手；美国著名的脱口秀主持人柯南也是《愤怒的小鸟》爱好者；无数明星艺人都在自己的Twitter和Facebook上描述自己玩《愤怒的小鸟》的心得体会。

2010年12月11日，在包括伦敦特拉法尔加广场在内的全球无数时尚角落，《愤怒的小鸟》的粉丝们聚集在一起，身着游戏中小鸟、猪头角色服饰，手抱游戏造型的毛绒玩具，热烈庆祝《愤怒的小鸟》诞生1周年，这一天被称为"愤怒的小鸟节"。"截至周年纪念日，《愤怒的小鸟》已经在iOS平台卖出了1300万份，而来自Android平台的带广告版免费游戏，每月也能给公司带来100万美元的收入。每天全世界的人们花在这款游戏上的时间超过两亿分钟，而《纽约时报》甚至将它称为'2010年最不可思议的流行文化狂热之一'。"①

① 陈勇：《"愤怒的小鸟"飞遍全球》，《上海信息化》，2011(6)。

耗资仅仅10万美元开发出来的《愤怒的小鸟》借助于移动互联网的繁荣，创造出了接近3亿美元的惊人利润，而且这还不包括文化用品、服饰、玩偶、游乐园、书籍、电影和动画等衍生产品。“现在的商学院已经把《愤怒的小鸟》编入了教材，作为APP时代极其经典的一个案例。《愤怒的小鸟》在某种程度上暗示了在新终端时代和新传播时代，娱乐工业和品牌世界的巨大转变，也证明了移动互联网世界的确存在一种成功的路径，任何人都可能造就出广泛的流行文化。”①

二、《愤怒的小鸟》创意与策划的成功经验

（一）精致游戏，粘住用户

玩过《愤怒的小鸟》的人，大部分都会喜欢上这个可爱的游戏，更不用提那些“鸟迷”们对它的狂热了。《愤怒的小鸟》确实是一款精致的小游戏，虽然只有10万美元的开发费用，但却通过精心的设计吸引了大量的用户。

第一，形象可爱，讨人喜欢。小鸟们有各种可爱的形象，但很少有人将它们与“愤怒”联系在一起。小鸟们一改平时温柔甚至懦弱的性格，以“愤怒”的身姿奋不顾身攻击绿猪的情形无疑带给人们耳目一新的感觉。Rovio公司进行了同类产品的调查和比较，发现凡是大热的游戏，其主角的形象大多是圆圆的设计，所以将主角设定成没有脚没有翅膀、圆滚滚的小鸟，而反派绿猪们也是一副肥胖、慵懒、奸诈甚至“欠扁”的样子。颜色设计上，采用红、黄、蓝、绿等饱和度高的颜色，鲜亮明快，让人从视觉上感到愉快。这些颇为独特的形象设计令用户印象深刻，轻而易举地获得了用户的喜爱。

第二，配乐轻松愉快，非常出彩。《愤怒的小鸟》的音效和声效设计也为游戏增光不少。进入游戏时明快轻松的节奏，进攻前小鸟们跃跃欲试的叫声，被弹射过程中不同小鸟的呼声以及胜利后的欢呼声和失败时的惋惜声，绿猪的惨叫声、憨厚的笑声以及没有被小鸟撞到时发出的讽刺声，都透出轻松愉快和天真可爱。每次小鸟们失败，绿猪们都发出讽刺的哼声，露出得意的笑容，这可能会让玩家比小鸟更“愤怒”，会毫不犹豫地按下重玩键。可见配乐的成功也是吸引玩家的重要因素。

第三，注重游戏的故事性。与普通的休闲小游戏不同，《愤怒的小鸟》非常注重游戏的故事性。游戏开发之初，小鸟仅仅是一款模仿弹弓游戏中

---

① 王江：《“愤怒的小鸟”能火多久》，《沪港经济》，2012（11）。

的配角，但是Rovio公司决定围绕小鸟设计故事，讲了一个以自身为武器，与偷鸟蛋的猪头开战的复仇游戏。“很多游戏背后都没有一个好的故事支撑，但是小鸟的设计开发非常注意这一点，这种思路一直贯穿《愤怒的小鸟》后继的产品开发。每开发一个新的角色，都会注意到它在故事中的位置，成为故事的一部分。故事性的设计有效地吸引了不同年龄段的玩家，从孩子到老人。”①

（二）合理设计，符合现代人休闲娱乐需求

第一，游戏简单易玩且耐玩。《愤怒的小鸟》是一款简单的游戏，可以在很短的时间内上手。Rovio公司的公关主管曾说：“《愤怒的小鸟》是世界第一款不需要看任何文字介绍，不需要语言上的要求，无论是两三岁的幼儿还是白发苍苍的老人，拿到手上就知道怎么玩的游戏。”简单的操作大大拓展了它的玩家群体。但是同时《愤怒的小鸟》又是一款十分耐玩的游戏。游戏虽然简单，但是角度和距离的计算又让玩家颇费脑筋，而且通过合理的关卡设计，难度随关卡的增加而增大，也出现了更多种类的小鸟，这些都对玩家形成了新一轮的吸引力。《愤怒的小鸟》创造了“‘初玩者5分钟轻松上手，老玩家15分钟体验博大精深’的效果，而今天，这已经成了移动终端游戏开发的原则之一”②。

第二，合理利用玩家的碎片化时间。《愤怒的小鸟》非常符合现代快节奏的生活方式，满足玩家随玩随停的需求。它能将游戏时间控制在15分钟以内，能够合理运用玩家的碎片化时间，等电梯、坐公交等空闲时刻，玩家都能够随时打开游戏玩上几关。

第三，满足轻度发泄需求。快节奏高压力的生活使得现代年轻人或多或少都存在一点发泄压力的需求。《愤怒的小鸟》是一款轻暴力游戏，通过操纵着“愤怒的小鸟”以身体攻击绿猪及其堡垒，能够减轻自身压力、排解烦恼，获得愉悦的感受。

（三）重视与用户的互动，保证持续更新的创意来源

在游戏的设计上，Rovio公司非常重视与用户的互动，十分欢迎用户参与游戏的设计，而且来自用户的意见也能够切实反映在游戏的研发中。比如，一位叫伊凡的5岁孩子设计了一个关口，他的母亲将图样寄给了Rovio公司，Rovio公司就完全按照伊凡的图样设计了一个关口，这一关

---

① 李立：《“愤怒小鸟”变形记》，《中国经营报》，2012-11-5。

② 陈勇：《“愤怒的小鸟”飞遍全球》，《上海信息化》，2011（6）。

就叫伊凡关。这种互动策略不仅成为接近用户、推广游戏的重要策略，更重要的是调动了用户的参与热情，还为游戏持续更新提供了创意的来源。“成千上万的粉丝提供的创意和意见对改进游戏本身起到了至关重要的作用。用户和开发公司的这种良性互动会帮助‘愤怒的小鸟’拥有更加持久的生命力。”①

（四）融入地域文化，不断升级自身的吸引力

《愤怒的小鸟》作为一款风靡世界的游戏，其开发公司Rovio具有国际化的眼光，这一点体现在公司能够将游戏内容主动与地域文化相结合，使游戏内容更具地域亲和力，从而使不同地域的玩家能够在游戏中体验本土文化。

至今《愤怒的小鸟》已经有夏日猪餐版、万圣节版、圣诞版、情人节版、三叶草版、复活节版、樱花版、中秋版和春节版等，分别迎合西方和东方不同的地域市场。比如，随着Rovio公司进军中国市场，带有中国元素符号的“愤怒的小鸟中秋版”横空出世。它以中国传统节日中秋节作为主题，出现的是古色古香的中国建筑场景；绿猪也一改呆板样子，在新版中头戴草帽，品着中国茶；小鸟在攻击绿猪的同时，还需要收集月饼，开启隐藏关卡。这种创新的游戏内容设计，不仅使老玩家耳目一新，也能够吸引新玩家的注意力。

（五）多平台、组合式的营销策略

第一，低价策略抓住与苹果公司合作的机遇。抓住与苹果公司合作的机遇，是《愤怒的小鸟》能够获得成功的重要原因。为了打动苹果公司，也为了尽快收回投资，Rovio公司采用了低价策略，把价格定到了每次下载仅需0.99美元的超级低价，从而将游戏的大部分利润留给了苹果公司。

借助于苹果面向全球销售的App Store平台，“愤怒的小鸟”开始展翅高飞了。首先，通过苹果的App Store，Rovio公司可以直接面向数百万的终端用户，即直接面向消费者和玩家，而不用再按传统方式与手机厂商、运营商一一联系洽谈，这为他们打开市场提供了便利。其次，苹果公司的iPhone和iPad的触摸式的掌上操作设计，刚好契合了《愤怒的小鸟》这款游戏的优势。《愤怒的小鸟》手机版的操作是用手指滑动进行小鸟弹射角度与强度的调整，充分发挥了触摸屏的使用体验优势。“苹果颠覆了整个手机游戏市场的生态，使游戏公司摆脱了过去那种由运营商决定其生死

---

① 李柳进：《“愤怒的小鸟”的成功之道》，《新闻世界》，2012（9）。

的旧体制，人们只需要一个计费渠道就可以通过手机玩游戏。‘愤怒的小鸟’利用这个渠道一炮打响，开始红遍全球，其成功必然性在于它是第一个选择和手机发行商共同推出的游戏。”①

第二，巧用名人效应和网络传播。在推广的初期，Rovio 公司并未刻意为《愤怒的小鸟》制作传统广告，而是选择“免费广告”方式：每次知名人物在公众场合发表对该游戏的评价和言论，都会被其截取下来并制成视频放到网络中，充分利用名人和网络的力量进行宣传，通过公众人物的推荐使更多的玩家产生好奇心。例如，美国总统奥巴马与州长们开会，有一个州长却用 iPad 玩起了《愤怒的小鸟》，并引来了众人的围观和喝彩；脱口秀主持人柯南·奥布莱恩在 YouTube 上的一个视频中，吹嘘自己已经闯到《愤怒的小鸟》的第四关；诺基亚执行副总裁恩瑟对他的同事说：“喜欢这游戏，已经玩到 39 关了。”这些都是网络上关于《愤怒的小鸟》的经典视频，有着超高的点击率。每当有公众人物在任何时间、任何场合发表关于“小鸟”的言论，Rovio 公司总是第一时间将视频上传到 YouTube，这样的视频随后会在短时间内被“运作”到点击排行榜。而《愤怒的小鸟》在中国的风靡也与名人效应有关，比如李开复在公司年会上面对同事的起哄，亲自扮演了那只红色的粗眉怒目的小鸟的事件，就在一定程度上为《愤怒的小鸟》做了免费的宣传。

第三，运用推特（Twitter）等人际关系网络社区进行营销。Twitter 和 Facebook 等人际关系网络社区，是 Rovio 公司隐形广告的主要发布地。英国互动游戏协会的安迪曾在自己的 Twitter 上透露，首相卡梅伦是《愤怒的小鸟》的狂热粉丝，并且购买了完整版的游戏。这条消息毫不意外地在 Twitter 上广为传播。还有无数明星艺人都在自己的 Twitter 和 Facebook 上描述自己玩《愤怒的小鸟》的心得体会，这毫无疑问地是为《愤怒的小鸟》做了免费的宣传。同时，公司也充分利用 Twitter 和 Facebook 等人际关系网络社区与用户进行互动。在 Rovio 公司 40 个人的团队中，有 23 个人专门负责回复邮件和在 Twitter 上宣传，并向研发团队及时反馈信息。这种名人效应加网络营销的方式，使得《愤怒的小鸟》在极短的时间内就做到了家喻户晓。“在市场方面，我们没有什么特殊的资源，没有进行任何传统广告和社区宣传，只是工作人员认真回复人们的每一封邮件、Twitter 上的每一个 Tweet，积极和玩家进行社区互动。人们问

① 李柳进：《“愤怒的小鸟”的成功之道》，《新闻世界》，2012（9）。

'打到哪一关了''找到新的金蛋了吗''你用哪种鸟'之后，就口耳相传了……”

第四，多平台推广的策略成功地助推了小鸟游戏井喷发展的势头。“当在苹果 App Store 取得决定性胜利之后，Rovio 公司认为，小鸟的狂潮已经有足够的力量冲出苹果粉丝的小圈子，开始向大众流行推广。小鸟瞄准了智能手机平台的未来之星 Android，由于小鸟的知名度已经形成，其 Android 版游戏下载量迅速突破 3000 万次。随之进军 Symbian、Windows Phone 以及 Windows 操作系统，先后推出相应平台的游戏版本。可以说，只要有手机、有电脑的地方，就有小鸟那愤怒的身影。”①

（六）跨界经营，多头盈利

Rovio 公司将自己定位为娱乐产业公司而非单纯的游戏公司，所以在《愤怒的小鸟》风靡全球成为一个著名的品牌、拥有识别度非常高的形象后，Rovio 一直致力于让他们的“小鸟”们飞入现实中的多个领域内。

2010 年，公司发现粉丝们不仅仅喜欢游戏，更希望能买到和游戏相关的周边产品。公司决定将小鸟变成一个娱乐品牌，各式各样的衍生品被迅速开发出来。“玩具、衣服、卡通片甚至食谱和漫画，超过 1 万种的周边产品开始成为公司的吸金利器。在新加坡，Rovio 与圣淘沙游乐场的缆车运营商合作，每一个去圣淘沙的游客都会先乘坐‘小鸟’缆车。在澳大利亚，小鸟的专柜扑向主要城市的机场。”②

2011 年，Rovio 公司与 20 世纪福克斯合作推出 3D 动画片《里约大冒险》，影片的全球累积票房高达 2.83 亿美元。Rovio 还与 20 世纪福克斯合作开发了《愤怒的小鸟》的“里约大冒险”特别版游戏，上线 10 天后下载量即突破了 1000 万次。据调查，《里约大冒险》电影观众中 42%是通过《愤怒的小鸟》特别版游戏知道了该电影。2011 年小鸟们为 Rovio 赚到了 1.063 亿美元，而其中 40%的收入来自衍生品，这正是《愤怒的小鸟》品牌价值的最大体现。

对于 Rovio 而言，中国已经成为最重要的市场之一。Rovio 公司将在中国开几百家“愤怒的小鸟”零售店，建设主题公园，并开拓网上商城。Rovio 公司与中国最大的网上正品鞋城乐淘网的合作再次证实了“小鸟”品牌在中国的影响力，他们推出的第一批 3 万双“愤怒的小鸟”系列低帮

---

① 孟昭莉：《愤怒的小鸟如何成功地飞向全球》，《人力资源》，2011（9）。

② 李立：《“愤怒小鸟”变形记》，《中国经营报》，2012-11-5。

板鞋，在网站发布后一星期内全部卖光。

总之，小鸟的势力范围早已全面渗透到了现实世界。2012年“愤怒的小鸟”在诞生地芬兰有了自己的占地5000多平方米的主题公园，“愤怒的小鸟”主题可乐在芬兰的销量甚至超过可口可乐。Rovio在雄心勃勃的计划里，是想把“愤怒的小鸟”打造成米老鼠那样的经典形象。

三、小结与评价

（一）抓住移动互联网的机遇，应运而生

《愤怒的小鸟》的成功，不论从内容设计的创意上来说，还是从其营销策划模式上来说，都说明了Rovio公司洞察并顺应了移动互联网发展趋势，抓住了移动互联网大范围进入人们生活的机遇。

2007年苹果公司的iPhone问世，拉开了触屏手机时代的序幕；2008年苹果公司发布了网上应用程序商店App Store。Rovio公司发现越来越多的手机用户用iPhone玩游戏，意识到移动互联网时代的到来和苹果应用商店对手机软件销售产生的深远影响，于是决定研发一些基于iPhone平台的手机游戏。《愤怒的小鸟》就在这样的背景下被创造出来，它从一开始就是为了触屏手机而开发设计的，在手机平台获得巨大成功后又扩展至其他平台。

（二）用户至上，注重用户体验

文化创意企业与其他行业的企业一样，需要“用户至上”的观念，并且文化创意企业要更加注重用户的体验和需求。《愤怒的小鸟》这款游戏，不论是随玩随停的碎片化时间占用性，还是简单上手难于精通的耐玩性，还是其轻度暴力满足发泄需求的属性，都不是凭空创造出来的，而是在对当今休闲游戏进行实地的调查和分析的基础上、在了解了用户和玩家的需求后产生创意并设计出来的。

比如，Rovio公司在设计具体的游戏之前，先缜密地分析手机用户的各种行为特征，结果发现“很多手机用户玩游戏时间都在15分钟之内”，容易粘住客户的手机游戏通常具备随玩随停的特征，能够有效填补“碎片时间”，而《愤怒的小鸟》的游戏时间就正好控制在这个时间范围内。Rovio公司非常重视与玩家的交流，认真听取玩家的意见，并根据玩家的建议对游戏内容进行修改。在游戏方式的设计上，Rovio公司为了使用户能够获得最好的体验，不断对游戏进行修正，仅仅对小鸟“飞”的方式就修正过多次。注重用户的体验，使《愤怒的小鸟》的广大玩家群体能够从游戏中获得乐趣，满足心理需求，并成为小鸟们的忠实粉丝。

（三）“不只是一款游戏”

Rovio公司全球市场拓展总经理彼德·维斯特巴卡说过这样一句话：“对我们来说，《愤怒的小鸟》的意义已经远不只是一款游戏。”《愤怒的小鸟》从最初的创意，到被设计成一款新颖活泼的休闲益智小游戏，最终通过营销策划风靡世界，它早已经不是一款单纯的游戏，而是成为一个成功的品牌，被构建成从虚拟游戏跨越多个领域的庞大产业链，更成为移动多媒体时代文化创意产业的经典案例。“愤怒的小鸟”已经成为“快乐的小鸟”“黄金的小鸟”，它们飞出游戏，觅食全球。

中国的移动多媒体终端用户数量庞大，休闲游戏市场极其广阔。但是纵观成千上万活跃于中国移动多媒体终端上的小游戏，我们发现，由国人原创的游戏寥寥无几，且大都创意平庸、制作粗糙，更有无数仿制《愤怒的小鸟》《切水果》《植物大战僵尸》等著名游戏的“山寨货”。《愤怒的小鸟》的成功在创意和策划方面给我们的启示是：第一，增强创新的意识，端正创新的态度。“《愤怒的小鸟》游戏的创意来源于人们司空见惯的‘抛物线’原理，看似简单，却是基于物理学、结构力学、地心引力学的挑战游戏。”[①] 简单的创意来源和简单的游戏规则，透出的却是并不简单的创新。第二，创意和策划要顺应时代趋势，符合市场需求。《愤怒的小鸟》是创意和策划的成功，也是“时势造就的英雄”。对于中国文化创意企业来说，需要准确抓住网络时代带来的瞬息万变的机遇，需要顺应时势设计出满足用户需求的文化产品。

案例二　日本第一虚拟歌姬：初音未来

初音未来，16岁的花季少女，身高158厘米，体重42公斤，嗓音甜美，舞姿动人；黑色短裙和绿色长发是她的标志性打扮，各种流行歌曲是她的特长；她是日本乃至亚洲广大青少年的偶像，更是日本御宅文化的女神，发行过歌曲专辑，拥有许多脍炙人口的成名曲，开过多场演唱会，更是许多游戏和软件等的广告代言人。然而，她却不是存在于现实中的人物，而是一款音乐软件虚拟出来的歌手，是由日本的动漫文化所造就的虚拟偶像。

一、背景介绍

---

① 冯雨乔、朱碧颖：《小游戏、大产业——〈愤怒的小鸟〉对中国游戏产业的启示》，《现代商业》，2011（17）。

2007年8月31日，日本最大的音乐软件公司——CRYPTON未来媒体公司推出一部以雅马哈的语音合成引擎为基础开发的虚拟女性歌手软件。该软件将人类的声音转录合成为虚拟歌手的声音，使用者通过输入音调、歌词后即可使软件发出酷似真人歌唱的声音。为了对这款虚拟歌手软件进行营销，公司请来日本著名的插画家KEI为软件设定并绘制了虚拟形象。KEI用十分有透明感的画风赋予了这个虚拟的形象美丽的容颜，并为其设定了多种造型的华丽衣服。在KEI的笔下，一位戴着绿色发卡，扎着绿色双马尾辫的16岁少女诞生了。公司又从500多位动画声优中选择了藤田咲对她进行配音，为她提供了单一日语发音样本，使她能够运用这些单一日语发音样本进行自主发音和歌唱。公司为她取名初音未来，"初音"意为"最初的声音"，"未来"意为"未来的偶像"。

正是CRYPTON未来媒体公司对动漫这种日本最"接地气"的营销方式的选择，使得初音未来从一开始就步入了与一般的虚拟歌手软件不一样的道路。初音未来在推出数天之后，即存货不足；9月12日，售卖数及预约数接近3000套，至9月27日售出约1万套，10月27日售出2万套，至2008年1月25日达到3万套，至2008年7月23日达到4万套，并以平均每周300套的速度继续卖出。对于一年内平均销售两三百套、总共卖出1000套已是大热的音乐软件来说，4万多套绝对是个罕见的数目。2007年9月23日，初音未来在发售仅三周后就已经达到日本音乐软件市场占有率的第一位，甚至比第二位高出4倍之多。

初音未来最大的成功还不是在软件的售卖数量上，而是体现在她由一款软件的虚拟形象发展成为具有广泛影响力的虚拟偶像，渗透到文化产业诸多领域之中。

首先，初音未来吸引了新一代和从不认识电子音乐的人接触电子音乐创作，使电子音乐创作再度卷起热潮。比起请一位人类歌手歌唱，使用初音未来较便宜，这对业余音乐创作人来说非常合适，此外也有专职的音乐制作人使用初音未来制作歌曲样品试听。而对于一些五音不全的业余乐迷来说，让初音未来替他们唱歌则成为完成自己音乐梦想的有效途径。由于初音未来并非为初学者设计，所以初次接触电子音乐制作的用户需要一段时间适应。大阪电气通信大学还为初音未来的初学者开设专门的讲座，并且在2008年将初音未来相关讲座并入正式课程中，这也从一个侧面证明了初音未来的影响力之大。很快，初音未来以巨大的亲和力吸引了无数粉丝，运用初音未来这部软件创作歌曲成了为初音未来这个形象创作。据统计，仅日本本土网友为初音制作的歌曲和MV就超过2万首，以初音未来的名义发售的单曲销量甚至冲进了日本公信榜。

随后，有人开发出了能让初音“动起来”的软件。比如，在初音未来的爱好者中有位编程员制作了一个名为“MikuMiku Dance”的软件，可以为初音设计各种各样的动作，让初音舞动起来。后来，经过初音爱好者的不断改进与创作，初音未来不仅有了自己的歌声还有了自己的MV，吸引了越来越多的人投入到初音未来系列作品的创作中。日本NICONICO网站上关于初音的MV和小影片以日均100部的速度疯狂增长。

再后来，初音未来的影响力逐渐突破虚拟世界进入现实世界。有人开始翻唱初音的歌，模仿初音的舞姿；初音未来还开起了自己的演唱会，发售了自己的专辑，还成为许多广告的代言人和一些活动的形象大使。而且，日本政府内阁的对外宣传杂志*Highlighting JAPAN*也曾以“虚拟偶像”为题向世界介绍初音未来。

更为重要的是，初音未来带动了相关的漫画、动画以及周边衍生产品的创作与生产，在日本动漫产业诸多形态的产业链中创造了以虚拟软件形象为起点的产业链新模式。

二、初音未来创意与策划的成功经验

（一）选择动漫为营销方式，成功对接日本的动漫文化

最初，CRYPTON未来媒体公司是以海外为主要目标市场进行虚拟女性歌手软件的推广的，在销售成绩并不理想的情况下，他们转回日本国内市场。CRYPTON公司清晰地认识到“在日本最赚钱的还是动漫”，所以决定赋予这款虚拟歌手软件以一个符合日本动漫“萌”文化的清纯可爱动漫形象。公司选择了日本著名的插画家KEI，认为KEI“十分有透明感”的画风非常符合初音未来的形象。至于初音未来的声音，CRYPTON公司原本打算请真正的歌手为初音配音，但最终以软件创作歌曲的版权问题而作罢，最后从500名动画声优中选择了嗓音甜美的藤田咲为初音配上基础音，实际上这一选择进一步密切了初音未来与动漫界的联系。

第一，成功对接日本的动漫文化。从创意与策划的角度来说，正是CRYPTON公司对初音未来青春动漫形象的赋予和对动漫营销方式的选择，使初音未来拥有了广大而稳定的潜在用户群体即日本广大的动漫爱好者。毫无疑问，动漫文化是现代日本最具生命力的青少年文化，CRYPTON公司所选择的营销方式成功地使初音未来生长在了这片繁荣的文化土壤上。软件发售后，初音未来动漫风格的形象和角色设定对日本的

动漫爱好者产生了很强的亲和力和巨大的影响力，他们购买软件、制作歌曲并上传至网络，他人观看后受到吸引而产生购买行为，产生了一种滚雪球式的消费浪潮，从而为初音未来后来在 ACG（动画、漫画、电子游戏的英文简称）领域的成功奠定了基础。

第二，虚拟化偶像的独到创意。将初音未来设定为虚拟偶像的创意是十分独到的。首先，初音未来是第一个拥有自己独特声音的虚拟偶像。虽然在日本存在诸多虚拟偶像，他们来自动漫或电子游戏，有着很高的人气，但是这些虚拟偶像的形象和声音是分离的，他们的声音无法离开配音演员而独立存在。而藤田咲只是为初音未来提供了基础发音，所以初音未来的声音和歌声与藤田咲的联系非常薄弱，使得初音未来成为第一个拥有自己独特声音的虚拟偶像，与其他动漫偶像相比更具存在感和现实感。仅这一点便吸引无数初音的爱好者们购买软件，让她唱出自己为她创作的歌，跳出自己为她编好的舞蹈。其次，作为虚拟偶像的初音未来，有诸多真实人类无法超越的优点。初音未来拥有永远不会衰老的美丽容颜，她演出的时候不会出差错，个人生活上也不会有负面新闻，更拥有许多超越正常人的歌唱能力，比如她能够以超越正常人的语速在 1 秒钟之内唱出多达 12 个音节。CRYPTON 公司将初音未来打造成虚拟偶像的创意，使初音未来受到广泛的喜爱，获得了超越一般动漫偶像和现实偶像的华丽光环。

（二）赋予初音未来极大的开放性，为再创意留足空间

首先，CRYPTON 公司对初音未来的设定是简单的，只涉及姓名、年龄、身高、体重、擅长曲种和擅长音域等基本内容。这是一种只有基本设定的不完全人物设计，为初音未来形象的再设计留下了巨大的创作空间，也迎合了大众对留有空白的文化进行填补性创造的欲望。而且，不完全的设定对再创作没有太大束缚，因此用户容易对“自己创造的初音未来”产生感情，进而为她创作出大量作品。“因为人物设定不完全却特点突出，原声配音缺乏存在感，使得这个人物成为创作空间颇大的可写文本，同时又彻底将她与真实的人剥离开来，杜绝真实的人的活动影响这一形象在公众心目中约定俗成的稳定性。通过大量的复制传播及再创造并二次复制传播的过程，这位虚拟偶像拥有了鲜活且多样化的人格，她走出电脑走向了现实舞台。”①

① 段译、万童杰：《偶像与虚拟偶像——人的物化与物的人化》，载宫承波主编《新传媒》，138—139 页，北京，中国广播电视出版社，2010。

其次，CRYPTON公司对于公众对初音未来的再创作采取了肯定甚至鼓励的态度。CRYPTON公司没有像传统的文化企业那样去和再创作者们争执版权问题，而是以官方的姿态认可了爱好者们为初音未来创作的歌舞和追加的人物设定。CRYPTON公司明确声明“只要不用于商业用途，可以随意使用初音形象”，并开辟独立的网站供爱好者们发表作品与相互交流，而且这些爱好者中还有很多专业的音乐制作人。如果不是初音未来的爱好者在网络上发表交流自己创作的作品，单凭CRYPTON公司自己的能力，初音未来不可能有现在这样巨大的影响力。正如初音未来在自己的演唱会上所说的，“我是大家培育的偶像”，她的成功很大程度上取决于用户之间免费的交流共享，而这也正是CRYPTON公司在创意与策划上的精明之处。

（三）虚拟偶像的现实运作，进行多领域的产业开发

在初音未来以虚拟偶像的身份拥有了大量爱好者之后，CRYPTON公司大胆策划，对这位存在于“二次元”中的虚拟偶像进行了现实的运作，围绕初音未来进行了多领域的产业开发。

第一，为初音未来发行专辑。初音未来不是实际存在的歌手，她不可能拥有版权，也不可以在版权范围内被称为“歌手”。但是CRYPTON公司在充分了解了初音未来在动漫和音乐爱好者们心中的影响力之后，大胆地为初音未来推出了作品专辑。比如，2008年1月25日，初音未来的官方CD《星星的碎片》发售，CRYPTON公司别出心裁地在“演唱者”一栏写上了“初音未来”；2009年3月4日，初音未来的音乐专辑*Super Cell*取得了在当周音乐销量排名位列第四的好成绩；据不完全统计，截至2010年3月，以初音未来的名义发售的音乐CD达30余种。

第二，为初音未来开演唱会。初音未来应该是世界上第一个开演唱会的虚拟偶像，而且她的演唱会场场门票一扫而光，现场火爆程度赶超现实中的演艺明星。虚拟偶像的演唱会，无论在动漫领域还是在虚拟偶像领域，都算得上是大胆的创举和里程碑式的事件。

2009年8月，在埼玉超级体育馆举办的2009夏季动漫音乐盛典上，初音未来登场演唱。2010年3月9日，CRYPTON公司联合世嘉公司举办了一场名为“初音未来日的感谢祭”的初音未来全息投影演唱会，这是世界上首次以虚拟偶像为主角的演唱会，2500张门票几乎在瞬间就被抢购一空，演唱日当晚更有超过3万的忠实爱好者通过付费网络直播观看了整场演出。在演唱会上，在科技的支持下，栩栩如生的初音未来劲歌热舞，和

现场观众频频互动，再一次向世人展示出她的超强魅力和影响力。随后，在公司的积极运作下，初音未来走出日本，将演唱会开到国外。2011年7月“初音未来的城邦·洛杉矶站”演唱会在美国洛杉矶诺基亚剧院举行，初音未来首次在日本以外地区公演。后来初音未来还在新加坡和中国台湾、香港开唱。2012年3月8日和9日，初音未来在东京分别举行名为“HatsuneMiku Live Party 2012（MIKUPA）”和“最后的感谢祭”的两场演唱会，中国上海、香港和台湾进行了同步转播。而且，初音未来的演唱会也以DVD的方式发行，供初音的爱好者们欣赏和收藏。

第三，初音未来担任广告和活动的代言人。来自虚拟世界的初音未来，在公司的策划下，与真实世界的明星艺人一样，成为了许多广告和活动的代言人。这不仅充分利用并再次扩大了初音未来的影响力，同时也为公司带来了不菲的利润收入。比如，2011年，初音未来登上了日本丰田汽车在美国推出的2011花冠系列的广告；2012年6月的戛纳国际广告节上，由谷歌Chrome浏览器与初音未来合作的广告夺得了“直销类单元”铜狮奖，初音未来再次刷新并扩大了自己的知名度和影响力。2011年2月，初音未来担任了日本第62届北海道冰雪节的形象大使，专门设计的有着银色长发、戴着白色耳罩的“冰雪初音”贯穿本届北海道冰雪节的全程，与会者除了可以看到“冰雪初音”的主题冰雕外，还可以购买“冰雪初音”的各种周边产品。

第四，初音未来广泛涉足ACG产业。日本有着成熟的动漫产业运作模式，这使得一个成功的动漫形象的品牌价值和商业潜力能够非常有效地被挖掘，主要途径便是广泛地涉足ACG及其周边衍生行业。初音未来已经成为最受瞩目的虚拟动漫形象，对其进行多领域的产业开发对CRYPTON公司来说水到渠成。顺势选择合适的领域进行产业开发既是对初音未来品牌价值的利用，也是对其品牌的有效维护。经过CRYPTON公司的慎重考虑和选择，初音未来已经有了自己的漫画、多种人物模型和主题食品等，CRYPTON公司还与世嘉公司联手推出了初音的PSP平台音乐游戏《初音未来：歌姬计划》系列，这些衍生作品和产品都获得了不错的市场反响。

三、小结与评价

初音未来的成功，原因在于CRYPTON公司对数字科技和网络技术的灵活运用，更在于其对日本动漫文化的深刻了解，这是初音未来的创意和策划能够实现的基础。所以，初音未来创意与策划的成功，是数字技术与网络技术的胜利，更是日本独有的动漫文化的胜利。

（一）数字科技和网络技术的胜利

首先，初音未来的诞生得益于数字技术的发达。日本先进的录音、混音技术和发达的电子乐举世闻名。初音的声音素材来自声优藤田咲，藤田咲为初音未来配上基础日语发音之后，CRYPTON公司的研发人员不仅实现了平假名和片假名与声音的一一对应，还实现了节奏与音调的自由变换。制作方还准备了很多将不同的声音完美连接起来的声音素材，不仅处理每个词的声音，还要把词与词之间的部分圆润地衔接起来。CRYPTON公司对数字技术的灵活应用使初音未来具有16岁花季少女的甜美声音，正是这甜美的声音、纯熟的歌唱技巧吸引了无数的音乐爱好者和动漫爱好者。

初音未来由二维的插画转变为三维立体图像，再到可以自由舞蹈，甚至登台表演、开演唱会、与观众互动，这一过程展现的是初音未来的魅力，更是数字技术的魅力。比如，在“初音未来日的感谢祭”演唱会上，初音未来盛装登场，栩栩如生，令观众为之沸腾。这种立体实感效果的实现得益于先进的全息投影技术，即将事先制作好的影像投射到演唱会现场的一张特殊的屏幕上。世嘉公司采用德国Sax3D屏幕，这张屏幕几乎是透明的，并且只对投影过来的影像产生反射，而且投影出的图像鲜亮清晰，使观众产生初音未来从虚拟走入现实的错觉。

其次，初音未来的成功也是互联网络高度发达的结果。毋庸置疑，初音未来超高的人气主要是在互联网上积累起来的。在CRYPTON公司的策划和诸多网友的努力下，初音未来在网络上获得了强大的生命力：上万首音乐作品，数不清的MV作品，无数的形象再设定和同人再创作。而且通过网络初音未来还拥有了无数的海外爱好者。

（二）日本动漫文化的胜利

日本有着世界上最发达的动漫产业，也有着最繁荣的动漫文化。动漫产业是日本支柱性产业，动漫文化也逐渐摆脱亚文化性质融入主流文化之中，动漫已经成为日本塑造国家形象和提升软实力的重要途径，也已经成为日本人生活的一部分。在日本，随时可以看到动漫主题餐厅、动漫主题列车、动漫主题信用卡和动漫人物的街头塑像，看到“柯南”“路飞”“漩涡鸣人”等热门动漫人物为各种产品拍摄的广告，而大到家具电器小到铅笔橡皮的各种动漫周边产品更是随处可见。动漫产业是日本文化创意产业的领军行业，而动漫文化则为文化创意产业提供了良好的环境。

如果说动漫文化是水而动漫产业是鱼，那么对于初音未来的创意与策划来说，成功地对接日本动漫文化就如同鱼儿进入海洋一般。首先这一定位使初音未来的潜在消费群体突破拟声软件的小众群体，扩大为日本广大的动漫爱好者；其次对初音未来不完全的设定和官方开放性的态度，调动起了初音爱好者对其再创作的热情，使初音未来从软件的拟人形象成长为内容丰富的虚拟动漫形象。这些转变使初音未来从软件领域进入了动漫领域，从而可以借助日本成熟的动漫产业拓展模式进行多领域的产业开发，大大增加了初音未来的附加价值。

第四节　国外文化创意与策划的启示

国外文化创意产业发达国家一般具有较长的文化创意发展历史，相对于中国而言其文化创意与策划较为成熟，具有众多成功的经典案例。虽然文化创意与策划的方法、理论、原则等千变万化，但是我们仍旧能够从创意策划的成功案例中总结出普遍性的经验，这对我国文化创意和策划具有一定的借鉴和启示意义。

一、创意与策划的市场和消费者本位

发达国家的文化创意产业能够创造巨大的经济价值并成为国家的支柱性产业，是因为能够将创意与策划通过市场转化为巨大的财富，这种转化的顺利实现是以创意与策划的市场和消费者本位为基础的。在文化创意产业中，市场是能够让优秀创意与策划的种子生根发芽、茁壮成长的沃土。只有满足市场和消费者需求的创意才能成为有效的创意，同时再优秀的创意也需要策划与宣传的配合，创意与策划密切与市场和消费者需求相结合才能够成就创意向财富的转化。以好莱坞电影的创意与策划为例，众多高票房的好莱坞大片以曲折的情节、动人的故事吸引着观众，其题材和内容的创意并非凭空想象，其宣传推广也并非漫无目的，都是在严谨的市场与消费者调查基础上设计出来的，从电影类型和电影题材的选择、主要演员的配置到宣传与推广方案都优先考虑市场和消费者需求。比如在营销推广方面，好莱坞的电影营销并不仅仅是简单的广告宣传投入，其重点在于对目标市场的分析和定位、对观众心理需求的分析和观众观影反应的反馈等；好莱坞大片进入国际市场也以调研和分析为基础，“从选择哪部大片（导演、演员、故事等）、上映时间（节假日）、宣传方式（网络、海报、

首映式等）、放映组合（影片、DVD 等）等方面，根据该国实际情况选择性地进行组合，一切都以充分占有该国市场为目的”[①]。总之，好莱坞大片的创意策划的市场本位是其具有强大市场竞争力的重要原因。

二、创意与策划的开放思维和文化杂糅

“创意思维中接受来自任何方向和领域中的新鲜思想、理念和方法，直接运用或借鉴其他领域中可为我所用的东西，它像大海容纳百川一样，对所有的河流都是开放着的。”[②]

首先，文化创意与策划需要开放的思维。好的创意与策划往往需要打破常规、不按常理出牌以获得突破性的效果，只有开放的思维才能最大限度地激发人们的创造力和想象力。国外的许多文化创意策划案例，大都体现着思维的开放性。比如，梦工厂制作的《怪物史莱克》曾以超高的票房收入打破迪士尼《狮子王》所保持的票房纪录，一度成为美国历史上最赚钱的动画电影。《怪物史莱克》最吸引观众的地方莫过于它颠覆性的设定和打破常规的情节设计。它一改好莱坞的“审美”习惯，将主角设定为一只丑陋的绿色怪物，解救公主的不是英俊的王子而是粗鲁的史莱克，被诅咒的公主在解除魔咒后不但没有恢复美丽反而变得和史莱克一样丑陋，并且公主也一改往日童话中娇弱、隐忍的形象，被设定成敢爱敢恨、极富个性的形象，她高超的中国功夫更是令观众印象深刻。《怪物史莱克》对传统童话进行了颠覆和重构，以丰富的想象力和创造力带给观众另类的审美。

其次，文化创意与策划需要文化的杂糅与整合。杂糅与整合是十分重要的创意策划手段，是通过创意策划对丰富的文化资源和文化要素进行整合，以创造新的文化的过程。“创意生产者将信息纳入一个确定的形态，将不同的材料整合在同一体内，也是整理、修订、重排的过程。当创意生产者修改、准备、改编、重获灵感，重新置入语境，精简和削减材料，使得它们形成一个确定的形态时，拼编创意才指引道路。”[③] 美国文化是典型的熔炉式文化，多元文化的融合创新赋予了美国文化勃勃生机。而美国文

---

① 李梦哲：《浅析好莱坞电影营销模式对中国电影营销模式的影响》，《电影评介》，2010（13）。

② 江奔东：《文化产业经济学》，193 页，济南，泰山出版社，2008。

③ ［澳］约翰·哈特利著，曹书乐等译：《创意实践》，载哈特利《创意产业读本》，141 页，北京，清华大学出版社，2007。

化产业的创意与策划也善于运用全球文化资源，与本国的科技文化、时尚文化和价值观念等杂糅整合在一起，形成极具开放性、包容性的宏大创意。最为典型的仍旧是美国的好莱坞大片，它们广泛吸收世界上优秀的民族文化资源，加以杂糅创新，为观众呈现了诸多文化盛宴，如以《哈姆雷特》为原本的动画电影《狮子王》、以凯尔特神话传说为蓝本的电影《亚瑟王》、以希腊神话为原本创作的《特洛伊》、以《圣经旧约》中“出埃及记”为故事蓝本的《埃及王子》、吸收了日本元素的电影《最后的武士》以及让国人不断反思的中国题材动画《花木兰》《功夫熊猫》等。

总之，文化的杂糅与整合使文化创意与策划的灵感来源极大拓展，使创作和生产的文化产品蕴含的文化要素更加丰富，更具包容性与开放性。中国有着丰富的文化资源，不同地域、不同民族的文化多姿多彩，我们的创意与策划从业者应该善加运用，并且应有国际眼光和胸怀，能够整合世界优秀的文化资源为我所用。

三、创意与策划的整体性和高度性

第一，创意与策划的整体性强调创意策划不是一时的、局部的，而是长远的和整体的。日本动漫的创意策划即体现了创意策划的整体性。首先，日本漫画作者和杂志编辑在构思一部漫画时，往往会顾及日后是否适合动画改编和衍生产品开发，会在漫画创作中加入相关商业元素。其次，日本动画在创意策划之初已经开始考虑动画产业链的整体运作，在融资、内容和形象设计的过程中将涉及衍生产品开发的电子游戏公司、广告公司、电影公司、玩具公司、服装公司、出版社等纳入进来，咨询并尊重多方的意见，从而为动漫形象的多领域产业开发奠定基础。

第二，创意与策划的高度性强调创意策划的广度、深度和开放性。一个有高度的创意策划能够派生出诸多子创意，为受众和创作者留下足够的空间，使受众能够结合自己的经验获得“代入式”的感受，也使生产者能够进行开放式的再创作和续创作。比如，《怪物史莱克》的创意就为续集和衍生电影的再创作留足了空间，以此为基础制作公司梦工厂相继推出了两部电影续集，并为电影中个性鲜明、深受观众喜爱的角色 Boots 创作了全新的动画电影《穿靴子的猫》，从而延长了故事和形象的生命力，拓展了产业链。前述日本虚拟偶像初音未来的案例中，开发公司正是合理运用了不完整的初音未来形象设定为爱好者们留足了再创作空间，引发了粉丝们对初音未来进行再创作的风潮，从而使初音未来的创意中衍生出无数的小创意，使初音未来成为文化元素十分丰富的虚拟形象。2012年伦敦奥运会吉祥物文洛克（Wenlock）的形象设计也是简单而开放的，与2008年北京奥运会的吉祥物福娃不同，文洛克身上并没有太多的文化要素，这使得文洛克具有了“百搭”的特点：它可以穿上英国皇家警察的制服，可以披上英国国旗，可以穿上古代英国骑士的铠甲，……其多变的造型颇有新意，也使文洛克的衍生产品十分丰富。

四、注重对高新技术的应用

高新技术一次次拓展着人们的认知领域、更新人们的知识存储，并为人们的想象力和创造力插上飞翔的翅膀，将无数奇思妙想变为现实呈现给人们。通过对文化创意产业发达的国家进行分析，我们发现高新技术是其文化创意产业发展的重要助推器。好莱坞环球影城和洛杉矶迪士尼乐园这两个世界著名的主题公园内，高科技的设备和设施无处不在，如模拟飞船飞行的4D电影，将视听与动感结合，带给人们刺激的全息体验。这些主题公园的设计者充分运用声、光、机、电等各种科技手段，创造了多种逼真、刺激、令人有如身临其境的效果，真正达到了艺术与科技的融合。日本的虚拟偶像初音未来诞生于先进的数字技术，而赋予她更加丰富的生命内涵的是网络技术，“初音未来日的感谢祭”演唱会上初音未来的精彩表演则是得益于先进的全息投影技术。2012年电影《阿凡达》通过成熟的3D数字技术，向我们展示了蓝皮肤长尾巴的巨人、夜间透着荧光的奇异植物、漂浮于天空并流淌着瀑布的山峰……，当这个充满梦幻的异域世界以似乎触手可及的形态展现在我们的面前时，我们无不为科技与艺术的完美结合而感慨和惊叹。

数字技术、网络技术等高新技术为文化创意与策划带来了无限的可能性，极大提高了人们对想象空间的表达能力。在数字技术的帮助之下，我们几乎可以达到“只有人们想不到，没有数字虚拟技术表现不了”的境界。比如在科技的支撑下，影视、游戏、动漫能够充分发挥其夸张性、变形性和虚拟性，以无限的表达能力将人们的想象空间呈现出来。当下文化创意产业的发展必须加强与高新技术的交融，将高新技术元素纳入创意与策划系统之中，使得创意与策划及文化产品具有时代性和前瞻性。

五、注重运用现代传媒进行宣传

当今时代是注意力经济的时代，成功地吸引大众的眼球等于创意与策划成功了一半。国外成功的文化创意与策划都非常重视合理利用现代传媒进行宣传和营销。在对《愤怒的小鸟》游戏的推广中，Rovio公司便通过视频网站和网络社区将名人效应发挥到了极致。迪士尼公司在其每部动画电影上映之前，都全面发动自己旗下的电视频道、网站等媒体进行不遗余力的宣传，以提高动画电影的知名度。环球嘉年华是与迪士尼主题公园、环球影城齐名的世界三大娱乐主题公园之一，是世界最大的巡回移动式游乐场，已经游历过世界许多大城市，每到一处都受到人们的热烈追捧。作为一种体验式消费产品，环球嘉年华只有吸引人们进入游乐场才有可能获利，所以环球嘉年华非常注重对现代传媒的应用，在进入目标城市之前的半年便开始运用各种传媒渠道进行宣传。"从2004年7月2日开始的环球嘉年华北京之行，平均每日接待游客近2万人次。其中，53.8%的消费者是通过新闻媒体（电视、报纸）了解到此次活动的，31.1%的消费者是通过朋友推荐的，通过网络方式了解的占12.9%。可见环球嘉年华的宣传还是非常有效的。"①

六、多领域产业拓展

文化创意产品和服务形成一定的品牌之后，通过合理的创意策划进行多领域的产业开发是创造利润与价值的重要手段。比如，《星球大战》系列电影是美国科幻片的代表作，是美国电影产业的经典案例。据统计，截至2010年，《星球大战》六部曲累计票房超过44亿美元，而这还只是电影本身的收入。《星球大战》周边产品包括儿童玩具、电子游戏、道具服装、图书出版等的收入已超过90亿美元。

一方面，通过对文化产品中创意要素的拆分、整合，可以创造出以各种媒介为载体的文化产品，从而使文化创意产业链能够拓展到多种行业之中，形成多窗口盈利，创造更大的价值；另一方面，多领域开发亦是对形象和品牌的变相宣传和营销，进一步扩大了形象与品牌的影响力。总之，"在策划内容产品之初就应该考虑如何将内容产品中包含的各种元素商业化：形象、道具、服装、用品等具有特定形象和造型的元素的使用权，通过内容的授权同相关产业发生联系"②。

---

① 许忠伟：《文化创意产业案例研究》，129页，天津，南开大学出版社，2010。

② 赵子忠：《内容产业论——数字新媒体的核心》，46页，北京，中国传媒大学出版社，2005。

七、创意与策划人才的培养

文化创意产业发达的国家能够不断涌现出创意与策划的经典案例、培养出创意策划大师，是因为他们有着丰富的文化创意策划人才资源。以英国为例，英国已经有200多万的创意产业从业者，这是英国文化创意产业发展最重要的资源。“英国发展文化创意产业取得成功的主要经验是：创意产业的主力是思维活跃的青年。创意产业的可持续发展，需要源源不断的人才队伍，要靠对青少年的创造力、想象力的重视、开发和创意能力的培养。对青少年进行艺术教育与创造力培养是文化创意产业长期发展的基石。”[①] 2008年英国出台了“创意英国——新经济中的新天才计划”的战略研究报告，报告提出要激发每个人的创意才能，首先要从儿童教育抓起，尽早发现个人的创意才能，并分别对青少年、成人创意才能的培养提出诸多具体对策，以培养一流的创意人才，催生一流的创意企业。美国、日本、韩国都在高等院校开设了专门的创意与策划相关学科，而且韩国对于急需的高级复合型创意人才还采取了集中培养的方式。

---

① 程坚军：《对我国文化创意产业发展及人才培养的思考——以英国文化创意产业发展为例》，《中国广播电视学刊》，2010 (7)。

主要参考文献

著作：

1. 邵牧君：《西方电影史概论》，北京，中国电影出版社，1982。

2. 黄升民、丁俊杰：《国际化背景下的中国媒介产业化透视》，北京，企业管理出版社，1999。

3. 邵培仁：《传播学》，北京，高等教育出版社，2000。

4. 陈放、谢宏：《文化策划学》，北京，时事出版社，2000。

5. 谢新洲：《数字出版技术》，北京，北京大学出版社，2002。

6. 甘自恒：《创造学原理和方法——广义创造学》，北京，科学出版社，2003。

7. 叶取源等：《中国文化产业评论（第一卷）》，上海，上海人民出版社，2003。

8. 李序、顾文瑾：《新动漫 10 年经典》，南昌，二十一世纪出版社，2003。

9. 于光远：《论普遍有闲的社会》，北京，中国经济出版社，2005。

10. 陈鲁直：《民闲论》，北京，中国经济出版社，2005。

11. 苗棣等：《中美电视艺术比较》，北京，文化艺术出版社，2005。

12. 孟建、[德] Stefan Friedrich 主编：《图像时代》，上海，复旦大学出版社，2005。

13. 赵子忠：《内容产业论——数字新媒体的核心》，北京，中国传媒大学出版社，2005。

14. 包亚明主编：《后大都市与文化研究》，上海，上海教育出版社，2005。

15. 吴信训：《现代传媒经济学》，上海，复旦大学出版社，2005。

16. 胡惠林：《文化产业概论》，昆明，云南大学出版社，2005。

17. 胡惠林：《文化产业学》，上海，上海文艺出版社，2006。

18. 欧阳友权：《文化产业通论》，北京，中国经济出版社，2006。

19. 匡文波：《手机媒体概论》，北京，中国人民大学出版社，2006。

20. 崔保国：《2006年：中国传媒产业发展报告》，北京，社会科学文献出版社，2006。

21. 动画产业年报课题组：《2004—2005中国动画产业年报》，北京，海洋出版社，2006。

22. 谭玲、殷俊：《动漫产业》，成都，四川大学出版社，2006。

23. 郑树森：《电影类型与类型电影》，南京，江苏教育出版社，2006。

24. 施建生：《伟大的经济学家熊彼特》，北京，中信出版社，2006。

25. 宋彦麟：《辽宁省文化产业竞争力研究》，北京，四川大学出版社，2007。

26. 谢耘耕、陈虹：《真人秀节目：理论、形态和创新》，上海，复旦大学出版社，2007。

27. 周培玉、万钧、刘秉君：《策划思维与创意方法》，北京，中国经济出版社，2007。

28. 陈放、武力：《创意学》，北京，金城出版社，2007。

29. 罗玲玲主编：《创意思维训练》，北京，首都经济贸易大学出版社，2008。

30. 曾兴：《策划学概论》，北京，中国广播电视出版社，2008。

31. 史振洪、刘胜花、万钧：《商务策划学》，南京，南京大学出版社，2008。

32. 严三九、王虎：《文化产业创意与策划》，上海，复旦大学出版社，2008。

33. 江奔东：《文化产业经济学》，济南，泰山出版社，2008。

34. 吴素玲主编：《电视剧艺术类型论》，北京，中国传媒大学出版社，2008。

35. 郝建：《中国电视剧文化研究与类型研究》，北京，中国电影出版社，2008。

36. 周宪：《视觉文化的转向》，北京，北京大学出版社，2008。

37. 杨谷：《网络文化建设与管理概论》，北京，国家行政学院出版社，2008。

38. 朱海松：《手机媒体》，广州，广东经济出版社，2008。

39. 郝振省：《2007—2008 中国数字出版产业年度报告》，北京，中国书籍出版社，2008。

40. 江奔东：《文化产业创意学》，济南，泰山出版社，2009。

41. 谢伦灿：《文化娱乐产业的评价与发展》，北京，中国经济出版社，2009。

42. 吴粲、李琳：《策划学精要》，北京，中国人民大学出版社，2009。

43. 蔡盈洲：《中国电视剧类型研究》，南昌，江西高校出版社，2009。

44. 盛思梅：《信息技术与网络创意产业》，北京，东方出版社，2009。

45. 田青毅、张小琴：《手机：个人移动多媒体》，北京，清华大学出版社，2009。

46. 厉无畏：《创意改变中国》，北京，新华出版社，2009。

47. 王育济、齐勇锋、侯样祥、韩英：《中国文化产业学术年鉴（1979—2002 年卷）》，济南，山东大学出版社，2009。

48. 王育济、齐勇锋、侯样祥、韩英：《中国文化产业学术年鉴（2003—2007 年卷）》，北京，文化艺术出版社，2009。

49. 王育济、齐勇锋、侯样祥、韩英：《中国文化产业学术年鉴（2008 年卷）》，北京，文化艺术出版社，2009。

50. 吴廷玉：《文化创意策划学》，大连，大连理工大学出版社，2010。

51. 欧阳友权、匡文波：《手机媒体——新媒体中的新革命》，北京，华夏出版社，2010。

52. 李宇红、赵晶媛：《文化创意的人文理论和产业研究》，北京，中国物资出版社，2010。

53. 张小争：《电影娱乐营销》，北京，中国传媒大学出版社，2010。

54. 宫承波主编，《新传媒》，北京，中国广播电视出版社，2010。

55. 张晓明等主编：《2010 年中国文化产业发展报告》，北京，社会科学文献出版社，2010。

56. 许忠伟：《文化创意产业案例研究》，天津，南开大学出版社，2010。

57. 熊忠辉：《广播电视节目形态解析》，北京，化学工业出版社，2010。

58. 曾耀农：《现代媒体策划原理及应用》，北京，清华大学出版社，2010。

59. 岳泉等：《新媒介概论》，南京，南京大学出版社，2010。

60. 张浩、张志宇：《文化创意方法与技巧》，北京，中国经济出版社，2010。

61. 胡惠林：《中国文化产业政策文献研究综述 1999—2009》，上海，上海人民出版社，2010。

62. 白庆祥、李宇红：《文化创意学》，北京，中国经济出版社，2010。

63. 梁漱溟：《中国文化要义》，上海，上海人民出版社，2011。

64. 朱海松：《第一媒体——手机媒体化的商业革命》，广州，广东经济出版社，2011。

65. 李锡东：《文化产业策划实务》，北京，清华大学出版社，2011。

66. 欧阳坚：《文化产业政策与文化产业发展研究》，北京，中国经济出版社，2011。

67. 金元浦：《中国文化概论（第二版）》，北京，中国人民大学出版社，2012。

68. 昝胜锋、唐月民主编：《文化产业十八讲》，福州，福建人民出版社，2012。

69. 韩英、付晓青：《文化产业概论》，福州，福建人民出版社，2012。

70. 董雪梅：《文化产业知识产权》，福州，福建人民出版社，2012。

71. 牛淑萍：《文化资源学》，福州，福建人民出版社，2012。

72. 丁培卫：《广告创意与文案策划》，福州，福建人民出版社，2012。

73. 刘玉平、王晓鹏：《文化产业文献导读》，福州，福建人民出版社，2013。

74. 王广振：《动漫产业概论》，福州，福建人民出版社，2013。

75. 张友臣：《文化产业管理学》，福州，福建人民出版社，2013。

76. [古希腊] 亚里士多德著，罗念生译：《诗学》，北京，人民文学出版社，1962。

77. [古希腊] 柏拉图著，朱光潜译：《柏拉图文艺对话集》，北京，人民文学出版社，1963。

78. [美] 凡勃伦著，蔡受百译：《有闲阶级论》，北京，商务印书馆，1964。

79. [德] 霍克海默、阿多尔诺著，洪佩郁、蔺月峰译：《启蒙辩证法》，重庆，重庆出版社，1990。

80. [英] 爱德华·泰勒著，连树声译：《原始文化》，上海，上海文艺出版社，1992。

81. ［美］马文·哈里斯著，顾建光、高云霞译：《文化·人·自然——普通人类学导引》，杭州，浙江人民出版社，1992。

82. ［美］尼古拉斯·尼葛洛庞帝著，胡泳、范海燕译：《数字化生存》，海口，海南出版社，1997。

83. ［美］杰弗瑞·戈比著，张春波等译：《21世纪的休闲与休闲服务》，昆明，云南人民出版社，2000。

84. ［美］托马斯·古德尔、杰弗瑞·戈比著，成素梅译：《人类思想史中的闲》，昆明，云南人民出版社，2000。

85. ［美］米切尔·J·沃尔夫著，黄光伟、邓盛华译：《娱乐经济》，北京，光明日报出版社，2001。

86. ［美］埃弗雷特·M·罗杰斯著，辛欣译：《创新的扩散》，北京，中央编译出版社，2002。

87. ［美］卡拉·亨德森著，刘耳等译：《女性休闲——女性主义的视角》，昆明，云南人民出版社，2004。

88. ［美］克里斯·安德森著，乔江涛译：《长尾理论》，北京，中信出版社，2006。

89. ［英］约翰·霍金斯著，洪庆福、孙薇薇等译：《创意经济：如何点石成金》，上海，上海三联书店，2006。

90. ［英］大卫·赫斯蒙德夫著，张菲娜译：《文化产业》，北京，中国人民大学出版社，2007。

91. ［澳］约翰·哈特利著，曹书乐等译：《创意产业读本》，北京，清华大学出版社，2007。

92. ［英］约翰·凯恩斯著，张军、贾晓屹译：《和约的经济后果》，北京，华夏出版社，2008。

93. ［美］约翰·凯利著，赵冉等译：《走向自由——休闲娱乐社会学新论》，昆明，云南人民出版社，2008。

94. ［美］尼尔·波兹曼著，章艳译：《娱乐至死》，桂林，广西师范大学出版社，2011。

95. ［美］保罗·莱文森著，何道宽译：《软利器》，上海，复旦大学出版社，2011。

96. ［美］保罗·莱文森著，何道宽译：《新新媒介》，上海，复旦大学出版社，2011。

97. ［美］E·M·罗杰斯著，殷晓蓉译：《传播学史：一种传记式的方法》，上海，上海译文出版社，2012。

98. Claude Lévi-Strauss. *Structural Anthropology*. New York：Basic Books. 1963.

论文：

1. 程京生：《文化研究与哲学研究——杨宪邦先生答问录》，《东南文化》，1990（Z1）。

2. 杨建国：《网络音乐文化初露头角》，《新民晚报》，2000-11-29。

3. 闵大洪：《手机正在成为媒体工具》，《中国传媒科技》，2001（6）。

4. 孟晋：《唐都长安休闲娱乐文化发展的背景考察》，《濮阳教育学院学报》，2002（2）。

5. 胡斌：《网络音乐的多文化视角研究》，《人民音乐》，2002（11）。

6. 匡文波：《论手机媒体》，《国际新闻界》，2003（3）。

7. ［美］苏珊·海瓦德、侯克明、庞亚平：《电影学关键词——类型/子类型》，《电影艺术》，2003（6）。

8. 黄沁：《论音乐传播形式发展及其价值体现》，《武汉音乐学院学报》，2004（S1）。

9. 毛峰：《娱乐至死的物种：波兹曼的媒介哲学》，《现代传播》，2005（2）。

10. 熊国荣、衫木：《手机：最有资格成为第五媒体》，《新闻与写作》，2005（3）。

11. 姚琦、易柯：《网络音乐的现状分析》，《音乐探索》，2005（4）。

12. 廖开和：《〈云南映象〉的艺术魅力和市场秘诀》，《民族艺术研究》，2005（6）。

13. 高丽莎：《手机报：电子媒介时代的新闻快餐》，《东南传播》，2005（8）。

14. 张毓强：《新媒体：威胁还是机遇》，《中国记者》，2005（8）。

15. 陈谷川：《手机报的建设模式探讨》，《中国传媒科技》，2005（9）。

16. 罗建华：《手机报纸的现状与前景》，《新闻前哨》，2006（6）。

17. 周晓明：《从“超级女声”看中国传媒产品》，《中国传媒科技》，2006（8）。

18. 张立：《数字出版相关概念的比较分析》，《中国出版》，2006（12）。

19. 楼文高、宋红艳、匡罗平：《产业及出版业创意发展策略》，《出版发行研究》，2007（2）。

20. 祁庭林：《传统出版该如何应对数字出版的挑战》，《前沿探索》，2007（4）。

21. 汪传雷、谭星、谢阳群：《中国创意产业的问题及对策研究》，《生产力研究》，2007（6）。

22. 原磊：《商业模式体系重构》，《中国工业经济》，2007（6）。

23. 刘成勇：《传统出版社进入数字出版的主要路径》，《出版发行研究》，2007（9）。

24. 张斌、何艳：《浅析我国动漫产业的现状及其发展的对策思路》，《特区经济》，2007（10）。

25. 闵光辉：《大众传播与当代音乐艺术传播的新特点》，《艺术教育》，2007（11）。

26. 曾臻、诸彦含：《甩着“长尾巴”的中国视频网——优酷网》，《科技创业月刊》，2007（12）。

27. 黄孝章、张志林、王亮：《新媒体发展中的“长尾效应”探析》，《北京印刷学院学报》，2008（1）。

28. 刘志英：《〈杜拉拉升职记〉：“口耳相传”的倍增效益》，《中国图书商报》，2008-2-28。

29. 陈露、江昀：《新媒体下受众话语权的回归》，《沈阳大学学报》，2008（4）。

30. 陈旭光：《中国电影：创意产业、创意主体与创意人才战略——当代中国电影的创意学研究之一》，《杭州师范大学学报（社会科学版）》，2008（4）。

31. 阳金州：《图书策划中的文化创意》，《今日中国论坛》，2008（7）。

32. 刘泰然：《娱乐：从圣化到泛化——娱乐文化的一个“考古学”梳理》，《学术论坛》，2008（12）。

33. 范丽珍：《改革开放30周年：十大电影市场术语（上）》，《中国电影市场》，2008（12）。

34. 韩冰、王蕾：《手机媒体存在形式解析及前瞻》，《新闻界》，2009（1）。

35. 郭小平：《论视听新媒体传播的社会影响》，《中国电视》，2009（3）。

36. 唐磊：《3D电影的冰与火》，《中国新闻周刊》，2009（10）。

37. 杨灿、李婧璇：《浅析图书选题策划与创新》，《安徽文学（下半月）》，2009（8）。

38. 李玉晓：《畅想中国3G手机时代》，《新闻爱好者》，2009（15）。

39. 张大伟：《数字出版即全媒体出版论——对“数字出版”概念生成语境的一种分析》，《新闻大学》，2010（1）。

40. 王建民：《“原始艺术”与市场需求：兼论〈云南映象〉的策划与推广》，《民族艺术研究》，2010（1）。

41. 贾永、徐壮志、樊永强：《创意改变传媒——媒体创意策划的理论与实践》，《中国记者》，2010（3）。

42. 相德宝：《中国新媒体研究的三个阶段》，《今传媒》，2010（4）。

43. 刘晖：《对中国文化创意产业人才培养的思考》，《大众文艺》，2010（5）。

44. 程坚军：《对我国文化创意产业发展及人才培养的思考——以英国文化创意产业发展为例》，《广播电视学刊》，2010（7）。

45. 王慧：《创新扩散理论的提出、发展及应用》，《大众商务》，2010（8）。

46. 李育林、刘维：《手机媒体现状及问题》，《新闻爱好者》，2010（9）。

47. 郭永新：《契合特定受众的按需生产——〈杜拉拉升职记〉编辑策划与作者内容生产的互动传播》，《出版发行研究》，2010（10）。

48. 吴冠平：《中国民族类型电影泛论》，《当代电影》，2010（12）。

49. 范玥、罗忆：《第五媒体传播的社会学意义》，《伊犁师范学院学报》，2010（12）。

50. 李梦哲：《浅析好莱坞电影营销模式对中国电影营销模式的影响》，《电影评介》，2010（13）。

51. 刘成勇：《关注“云出版”》，《出版参考》，2010（14）。

52. 李钟梅：《3D电影：艺术生产与大众狂欢》，《电影文学》，2010（23）。

53. 魏丽宏：《关于我国手机媒体研究的文献综述》，《中国传媒科技》，2011（2）。

54. 阎文华：《论网络音乐的审美倾向》，《作家》，2011（3）。

55. 刘寒娥：《数字出版时代图书选题策划的全媒体攻略》，《内蒙古社会科学（汉文版）》，2011（3）。

56. 张令宇：《现代化图书营销创意在出版策划中的运用》，《编辑之友》，2011（3）。

57. 陈勇：《“愤怒的小鸟”飞遍全球》，《上海信息化》，2011（6）。

58. 康初莹：《“微”传播时代的微电影营销模式解读》，《新闻界》，2011（7）。

59. 孟昭莉：《愤怒的小鸟如何成功地飞向全球》，《人力资源》，2011（9）。

60. 罗昕：《云计算时代数字出版的优势、问题与对策》，《出版发行研究》，2011（11）。

61. 冯雨桥、朱碧颖：《小游戏、大产业——〈愤怒的小鸟〉对中国游戏产业的启示》，《现代商业》，2011（17）。

62. 陈树超：《论近年来国产电影的类型化倾向》，《山东艺术学院学报》，2012（1）。

63. 司峥鸣：《中国 3D 电影产业的现状与发展对策》，《学术交流》，2012（1）。

64. 彭绍明：《云出版：数字出版发展的整体方案》，《出版发行研究》，2012（2）。

65. 郝永光、朱晓娜：《基于多元文化下当代网络音乐的发展现状及对策研究》，《群文天地》，2012（2）。

66. 黄倩：《基于组织动态能力的出版策划创新研究》，《中国编辑》，2012（3）。

67. 孙佳山等：《多重视野下的〈甄嬛传〉》，《文艺理论与批评》，2012（4）。

68. 崔兆倩：《浅析微电影的现状及发展》，《新闻与传播研究》，2012（4）。

69. 刘誉：《新世纪以来中国电视剧类型化创作及叙事演变》，《现代传播》，2012（4）。

70. 刘锦宏、李思洁、袁晓群：《云出版商业模式研究》，《出版科学》，2012（6）。

71. 陈旭光：《近年喜剧电影的类型化与青年文化性》，《当代电影》，2012（7）。

72. 徐大文：《才下舌尖，又上心头——评纪录片〈舌尖上的中国〉》，《中国电视（纪录）》，2012（7）。

73. 冯新、张同道：《从〈舌尖上的中国〉看中国纪录片的品牌构建》，《艺术评论》，2012（7）。

74. 朱玉卿、李璇：《乱花渐欲迷人眼——2012 年上半年国内电影市场评析》，《中国电影市场》，2012（8）。

75. 时丽霞：《优酷土豆合并案例浅析》，《企业研究》，2012（8）。

76. 李柳进：《“愤怒的小鸟”的成功之道》，《新闻世界》，2012（9）。

77. 陈旭光：《走向一种“制片人中心制”与“创意制片管理”理念——从〈画皮 2〉谈中国电影制片管理的观念转型与机制变革》，《艺术评论》，2012（9）。

78. 王立影：《普通人视角的味觉审美——浅析纪录片〈舌尖上的中国〉》，《今传媒》，2012（10）。

79. 辛腊娟：《纪录片〈舌尖上的中国〉的成功之道》，《东南传播》，2012（10）。

80. 周世林：《舌尖上的中国：满足的不仅仅是舌尖——兼析〈舌尖上的中国〉传播的成功之道》，《新闻与写作》，2012（10）。

81. 贾娜：《创意为王，赢在策划——浅析如何提高科技图书的市场竞争力》，《中国科技信息》，2012（11）。

82. 王江：《“愤怒的小鸟”能火多久》，《沪港经济》，2012（11）。

83. 黄倩：《云计算对数字出版模式的影响》，《中国出版》，2012（13）。

84. 张丽：《关于网络音乐文化的思考》，《大众文艺》，2012（19）。

85. 魏丽宏：《关于我国手机传媒产业发展的研究》，中国社会科学院博士论文，2012。

86. 饶曙光、鲜佳：《当下国产类型电影创作的结构性发展特征及其前景》，《浙江传媒学院学报》，2013（1）。

87. R. Amit，C. Zott. *Value Creation in E-business*. *Strategic Management Journal*，2001（22）.

88. Joseph，Nye，*Cultural and Recreational Industries in the United States*，*The Service Industries Journal*，Vol. 28（3—4）.

后　　记

2004年，教育部在山东大学等四所高校设立文化产业管理专业；2005年，山东大学历史文化学院文化产业管理学系正式成立，随后即启动《中国文化产业学术年鉴》的编纂工作。本人参加工作后，一面参与编纂年鉴，一面负责《海外文化产业编译参考》期刊的筹备组稿，同时为本科生开设了《文化创意与策划》这门课程。数年来，我将工作和教学相结合，所积累的讲义和素材为撰写《文化创意与策划》这本书奠定了坚实基础。2006年，山东省人民政府举办首届山东（国际）文化产业博览会，山东大学文化产业管理专业的师生直接参与了首届“文博会”的筹备、宣传等各项工作，王育济教授提出以“文化·创意·财富”作为此次“文博会”的主题词，这对本教材的撰写也有重要启发作用。

在本书即将付梓之际，感谢历史文化学院王育济教授、韩英教授长期以来的大力支持和鼓励，感谢诸位领导和同事给予的关心和帮助。历史文化学院博士生陈少峰，硕士生雷凤伟、尹立娜同学参与了本书编写的部分前期工作，在此一并致以衷心感谢。福建人民出版社赖炳伟先生在编写方案的拟定上提出宝贵意见，责任编辑江叔维先生对本书稿的修改付出大量心血，对此深表谢意。

本书在写作过程中既注重理论探讨又兼顾行业前沿动态和经验总结，力求深入浅出、循序渐进。本书既可作为高校文化产业专业的学习教材，又可作为文化从业人员的知识读本。如果本书能够对读者朋友有所裨益，我们将深感欣慰。同时也恳请大家提出意见和建议，以便日后对不足之处进行修改和补充。

张鲁君

2013年10月于山东大学